目で見る憲法

YUHIKAKU

第6版

編著　初宿正典
大沢秀介
高橋正俊
常本照樹
髙井裕之
上田健介

第６版　はしがき

この『目で見る憲法』の初版が『目で見る』教材シリーズの一つとして出版されたのは、一九九九年三月のことでした。幸い、たいへん多くの方々に利用していただき、その後、いく度も版を重ね、二〇一八年には第五版が出版されました。「日本国憲法」という法典自体は、一九四七（昭和二二）年五月三日の施行後、まだ一度も改正されていないことは誰もが知っていますが、実質的な意味での憲法は、そのあいだにもどんどん変化しています。そうした実質的な意味での憲法にかかわる資料は、法学のほかの分野以上に広い範囲にわたっています。そこで、このたび、第五版以降に改正されたり新しく制定された法律について触れたり、入手しうるかぎり最新の統計資料や申請書等の様式などと入れ替えたり追加したりして、第六版として出版することにしました。

この間、たいへん悲しいことながら、二〇二一年には、編著者の一人であった高橋正俊氏が逝去されました。そこでこの度の第六版には、新たに上田健介氏に編著者の一人として加わっていただきました。

この本は、多くの憲法の教材とは違って、憲法の条文の意味や解釈についてはあまり触れていません。むしろ、『目で見る』教材というこのシリーズの趣旨に沿って、各条文にかかわる写真や統計資料、あるいは、日頃入手しにくい法令の条文やフローチャートといったビジュアルな資料を、できるだけ多く盛り込んで、いわば資料そのものに語らせることに重点を置いています。資料のもつ価値を引き立たせて、よりいっそうビジュアルにするために、PARTⅠの八頁分をカラーにしている点も、この本の大きな特色のひとつでしょう。

こうした資料の中には、一般には入手しにくいものも相当ありました。また、ぜひ収めたいと思っても結局は入手できなかった資料や、収載の許諾がされなかった資料もあり、条文に関連する適当な資料が見つからなかった箇所もいくつかありました。

さらに、この本には、多少の〝遊び心〟も取り入れて、頁下の欄外一〇カ所にクイズを作ってあります。クイズの答えの中には、知っているようで意外に知らないものもいくつかあるのではないかと思います。

この新しい第六版も、これまでの版と同様に、わたしたちの憲法を学ぶさいの副教材としてはもちろん、コンパクトな教科書としても十分にご利用いただけるものと確信しています。資料の選択や内容などについて、この本を利用していただく皆様からの率直なご意見をお寄せください。

初版以来この本の編集に携わってくださった満田康子さん、藤本依子さん、高橋俊文さん、島袋愛未さんを引き継いで、今回新たに担当してくださった入田萌衣さんには、新たな資料の収集・追加やレイアウトなどの作業でたいへんお手を煩わせました。本作りは、著者と編集者との共同作業であることを改めてつくづく思わされ、心から感謝すると同時に、この本のために貴重な資料を提供してくださった各方面のご好意にも、この場を借りて感謝する次第です。

二〇二四年一月末

編著者を代表して　初宿正典

目次

この本の利用にあたって

1 この本には、全部で（判例を除いて）約一八〇もの資料が収められています。その中には、一般にはなかなか見られない、たいへん貴重な資料もいくつか含まれています。

2 この本には、いくつかの頁の下段に、憲法にかかわる重要な判例の中から合計一六を選んで、その内容が簡単にまとめられていますが、スペースの都合上、裁判所の判決（または決定）の趣旨の部分は、カギかっこでくくられている箇所も含めて、必ずしも原文そのものではありません。条文などの漢字は新字体に改めました。

3 各項目の説明の文章は、それぞれの資料に即してその意味や位置づけを中心に書かれており、該当条文についての全般的な説明にはなっていないところもあります。また資料の種類や大きさによって、説明にあてるスペースが左右されますので、説明文の長さは必ずしもそれぞれの問題の重要性とは関係ありません。

4 この本では、資料の内容や性格からして、紛れをなくするためにも、年月日については、ごく一部の例外を除いて、原則として元号（和暦）で表記してあります。

5 この本では、日本国憲法の条文については、それぞれの項目ごとに関連条文を掲げるという形がとられていますので、必ずしも順番ではなく、順番がとんでいたり前後している条文や、二カ所に分かれて載っている条文もあります。また適当な「目で見る」資料がなかったり、その他の理由で、各項目の中で取り上げられなかった条文もいくつかあります。もし探している条文が見つからないときは、巻末（113-114頁）の条文索引を見て下さい。必ずこの本のどこかに見つかるはずです。

6 憲法以外の法令の名称は、スペースの節約のために略記してありますので、もし何という名称の法律かがわからないときは、次頁の略語表に正式名称が載っていますので、それを見て下さい。

7 各頁の下には、合計一〇個のクイズのほか、参照してほしい条文などが指示されていますので、これらにも目を遣って下さい。

目で見る憲法

本書のための略語表

判例

最（大）判（決）　最高裁判所（大法廷）判決（決定）
高判　高等裁判所判決
地判　地方裁判所判決

判例集

民（刑）集　最高裁判所民事（刑事）判例集
集民　最高裁判所裁判集（民事）
判時　判例時報

法令略語

＊本文・図表中にある法令の略称ないし通称について、正式名称をあげました（五十音順）。本文中の（　）にあげてあるもののうち、表示のないものは、すべて日本国憲法です。
＊略語表にない法令名については、適宜通称を使用しました。

アイヌ施策推進法　アイヌの人々の誇りが尊重される社会を実現するための施策の推進に関する法律
アイヌ文化振興法　アイヌ文化の振興並びにアイヌの伝統等に関する知識の普及及び啓発に関する法律
ＬＧＢＴ理解増進法　性的指向及びジェンダーアイデンティティの多様性に関する国民の理解の増進に関する法律
議院証言（法）　議院における証人の宣誓および証言等に関する法律
行訴　行政事件訴訟法
刑　刑法　　**警察**　警察法
刑事収容　刑事収容施設及び被収容者等の処遇に関する法律
憲　日本国憲法　　**公選**　公職選挙法
国際平和協力法　国際連合平和維持活動等に対する協力に関する法律
国民保護法　武力攻撃事態等における国民の保護のための措置に関する法律
個人情報保護法　個人情報の保護に関する法律
国会　国会法
国会議員歳費　国会議員の歳費、旅費及び手当等に関する法律
国公　国家公務員法
災害対策　災害対策基本法
裁　裁判所法
裁判員　裁判員の参加する刑事裁判に関する法律
参院規　参議院規則　　**自衛**　自衛隊法
自治　地方自治法　　**衆院規**　衆議院規則
銃刀　銃砲刀剣類所持等取締法
障害者雇用促進法　障害者の雇用の促進等に関する法律
少年　少年法
生活保護　生活保護法　　**請願**　請願法
男女雇用機会均等法　雇用の分野における男女の均等な機会及び待遇の確保等に関する法律
地公　地方公務員法
地公労　地方公営企業労働関係法
道交　道路交通法
内閣　内閣法
風営　風俗営業等の規制及び業務の適正化等に関する法律
武力攻撃・存立危機事態法　武力攻撃事態等及び存立危機事態における我が国の平和と独立並びに国及び国民の安全の確保に関する法律
プロバイダー責任制限法　特定電気通信役務提供者の損害賠償責任の制限及び発信者情報の開示に関する法律
ヘイトスピーチ解消法　本邦外出身者に対する不当な差別的言動の解消に向けた取組の推進に関する法律
民　民法　　**民訴**　民事訴訟法
労基　労働基準法　　**労組**　労働組合法

本書の編著者

✍ 初宿正典（しやけ　まさのり）

京都大学名誉教授

『憲法2　基本権〔第3版〕』（成文堂，2010年）

『日独比較憲法学研究の論点』（成文堂，2015年）

『憲法判例〔第8版〕』（共編，有斐閣，2018年）

✍ 大沢秀介（おおさわ　ひでゆき）

国士舘大学特任教授，慶應義塾大学名誉教授

『司法による憲法価値の実現』（有斐閣，2011年）

『アメリカの司法と政治』（成文堂，2016年）

『判例憲法〔第3版〕』（共著，有斐閣，2016年）

✍ 高橋正俊（たかはし　まさとし）

元香川大学教授

「憲法制定とその運用」佐藤幸治・初宿正典・大石眞編『憲法五十年の展望I』（有斐閣，1998年）

「日本国民の観念」佐藤幸治先生還暦記念『現代立憲主義と司法権』（青林書院，1998年）

『いちばんやさしい憲法入門〔第6版〕』（共著，有斐閣，2020年）

✍ 常本照樹（つねもと　てるき）

北海道大学名誉教授

『憲法裁判50年』（共著，悠々社，1997年）

『日本国憲法解釈の再検討』（共編著，有斐閣，2004年）

『基本的人権の事件簿〔第6版〕』（共著，有斐閣，2024年）

✍ 髙井裕之（たかい　ひろゆき）

大阪大学教授

「ハンディキャップによる差別からの自由」『自己決定権と法（岩波講座現代の法14）』（岩波書店，1998年）

「憲法と医事法との関係についての覚書」前掲『現代立憲主義と司法権』

『憲法 Cases and Materials 憲法訴訟』（共著，有斐閣，2007年）

✍ 上田健介（うえだ　けんすけ）

上智大学教授

『首相権限と憲法』（成文堂，2013年）

『世界の憲法・日本の憲法』（共編著，有斐閣，2022年）

『憲法判例50！〔第3版〕』（共著，有斐閣，2023年）

日本国憲法制定史略年表

昭和20（1945）．8.14	御前会議で「ポツダム宣言」受諾を決定し，連合国側に通告
10．2	総司令部（GHQ）が民政局を設置
10．4	マッカーサー元帥，近衛文麿公に憲法改正を示唆
10.13	憲法問題調査委員会（いわゆる松本委員会）設置
12.15	新選挙法成立（婦人参政権の実現），総司令部の神道指令
昭和21（1946）．1．4	松本国務相，「憲法改正私案」を脱稿
1．7	SWNCC（国務・陸軍・海軍三省調整委員会）-228「日本の統治体制の改革」
2．1	毎日新聞，松本委員会案なるものを掲載
2．3	マッカーサー，総司令部草案作成を決意し民政局に作成を指示
2．5	総司令部草案（マッカーサー草案）の作成に着手（12日に完成）
2．8	「憲法改正要綱」（甲案）を総司令部に提出
2.13	外相官邸において「マッカーサー草案」を松本国務相・吉田茂外相に手交
2.22	幣原（しではら）首相，「マッカーサー草案」に沿った憲法改正案の作成を決定
3．2	「三月二日案」作成
3．6	「憲法改正草案要綱」（三月六日案）を作成
4.10	新選挙法による戦後最初の衆議院議員総選挙
16	第90回臨時帝国議会召集
17	「憲法改正草案」（政府草案）公表
6.25	「憲法改正草案」を帝国議会に提出
8.21	衆議院憲法改正特別委員会で可決
24	衆議院本会議，委員会案を可決（賛成421，反対8）
10．6	貴族院，憲法改正案を修正可決し，衆議院へ回付
7	衆議院，貴族院からの回付案を可決し，日本国憲法成立
29	枢密院，改正案をそのまま可決
11．3	日本国憲法公布
昭和22（1947）．5．3	日本国憲法施行

PART I

日本国憲法の誕生とその基本原理

衆議院議場

政府（ガバメント）というものは，人民，国または社会の公共の利益，保護および安全のために樹立されるもの，また樹立されるべきものであり，そのさまざまな様式および形体すべてのうちで最善のものは，最大限の幸福と安全とをもたらすことができ，かつ，失政の危険に対する保障が最も実効的になされている政府である。

——ヴァージニア権利章典第3条より

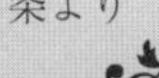

写真一覧

図表・書式一覧

日本国憲法の誕生

第一〇〇条
①この憲法は、公布の日から起算して六箇月を経過した日から、これを施行する。
②この憲法を施行するために必要な法律の制定、参議院議員の選挙及び国会召集の手続並びにこの憲法を施行するために必要な準備手続は、前項の期日よりも前に、これを行ふことができる。

■私たちの憲法は、昭和二一（一九四六）年一一月三日に公布され（I**1**-**4**参照）、一〇〇条一項の規定にあるように、公布後六カ月を経過した昭和二二年五月三日に施行されました。その後一度も改正されずに今日まで効力を保っています。この憲法の制定は、形の上では、帝国憲法七三条の手続による「帝国議会の議決を経た帝国憲法の改正」です（I**1**-**3**参照）が、帝国憲法（いわゆる明治憲法）とは異なる「国民主権」という新しい原理に立脚した新しい憲法と解されています。

■この憲法の誕生の歴史は、政府が昭和二〇年八月にポツダム宣言を受諾した時から始まりますが、新憲法制定のきっかけを与えたのは連合国軍最高司令官マッカーサー元帥でした。元帥の示唆を受けた当時の日本政府は、憲法問題調査委員会等を設置して憲法改正作業を始めましたが、政府は当初、帝国憲法の小幅な修正で事足りると考えていました。ところが昭和二一年二月一日付毎日新聞のスクープで政府案の内容を知ったマッカーサーは、民政局に密かに総司令部草案の作成を指示し、この「マッカーサー草案」（I**1**-**1**）を二月一三日に政府に示しました。基本的にこの草案に沿って作成された政府の憲法改正草案が、四月一七日に公表され、これをもとに作業が進められることになります。もちろん、六月二〇日以降の衆議院での審議の過程でも、総司令部とのあいだでさまざまなやりとりがあり、その過程でいくつもの修正がなされました（なかでも九条の修正がもっとも有名です）。八月二四日の衆議院本会議で可決されたあと、政府草案は貴族院に送られ、貴族院でもいくつかの重要な点で修正がなされました（たとえば一五条三項や六六条二項がその好例です）。その後、再び衆議院に回付された草案が、一〇月七日に衆議院で可決されました（I**1**-**2**）。こうして成立したのが日本国憲法です。

日本国憲法は、このようにマッカーサー草案が基になっていることもあり、なかにはアメリカ憲法の影響を受けた規定も多くあります（たとえば一三条・三一条・三六条・三九条など）が、他方で、たとえば二五条一項の生存権の規定や一七条・四〇条（63頁）のように、もともとの草案にはなかった条文もいくつかあります。

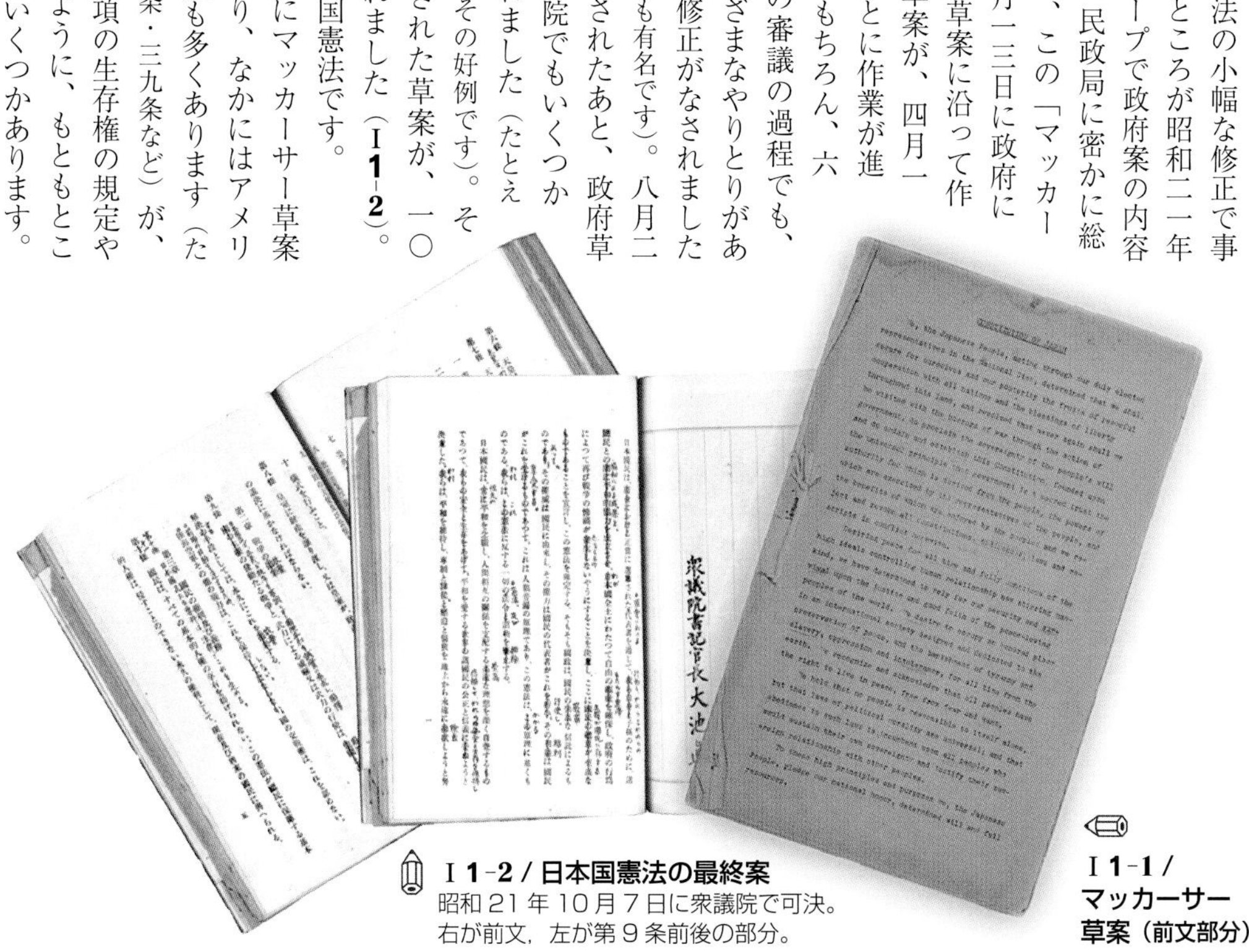

I 1-1 / マッカーサー草案（前文部分）

I 1-2 / 日本国憲法の最終案
昭和 21 年 10 月 7 日に衆議院で可決。
右が前文，左が第 9 条前後の部分。

日本国憲法制定過程の概略については，viii 頁の略年表を見て下さい。

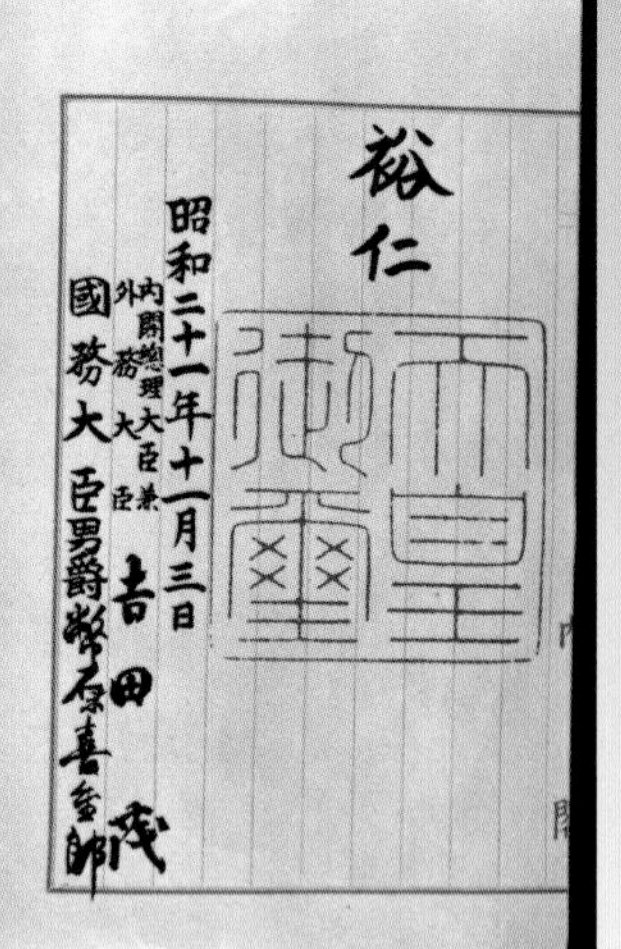
裕仁

御璽

昭和二十一年十一月三日
内閣總理大臣兼外務大臣 吉田茂
國務大臣 男爵 幣原喜重郎

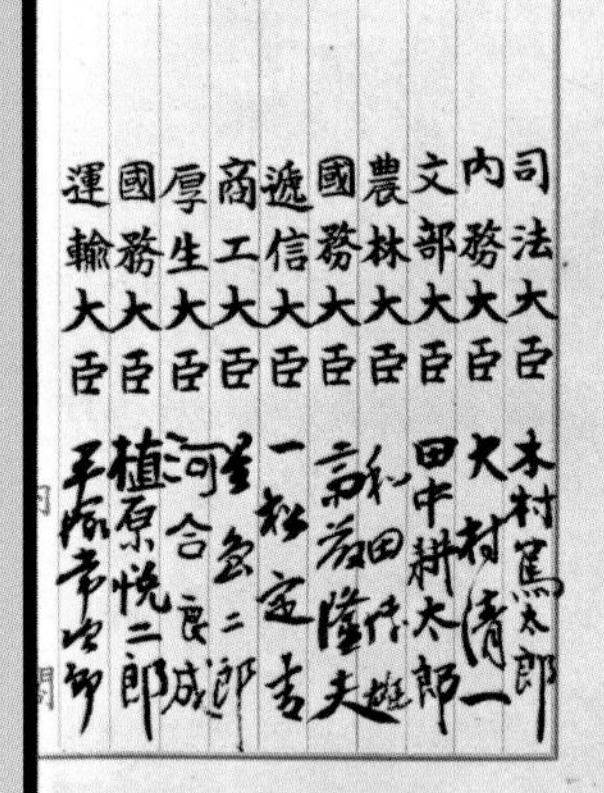
司法大臣 木村篤太郎
内務大臣 大村清一
文部大臣 田中耕太郎
農林大臣 和田博雄
國務大臣 斎藤隆夫
逓信大臣 一松定吉
商工大臣 星島二郎
厚生大臣 河合良成
國務大臣 植原悦二郎
運輸大臣 平塚常次郎

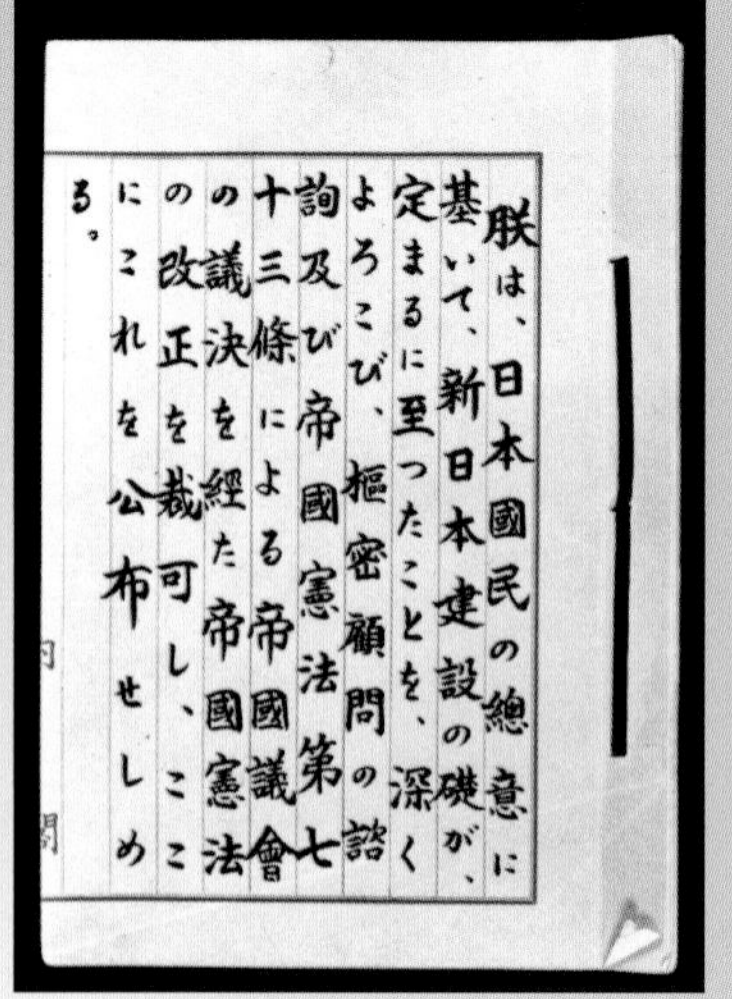
朕は、日本國民の總意に基いて、新日本建設の礎が、定まるに至つたことを、深くよろこび、樞密顧問の諮詢及び帝國憲法第七十三條による帝國議會の議決を經た帝國憲法の改正を裁可し、ここにこれを公布せしめる。

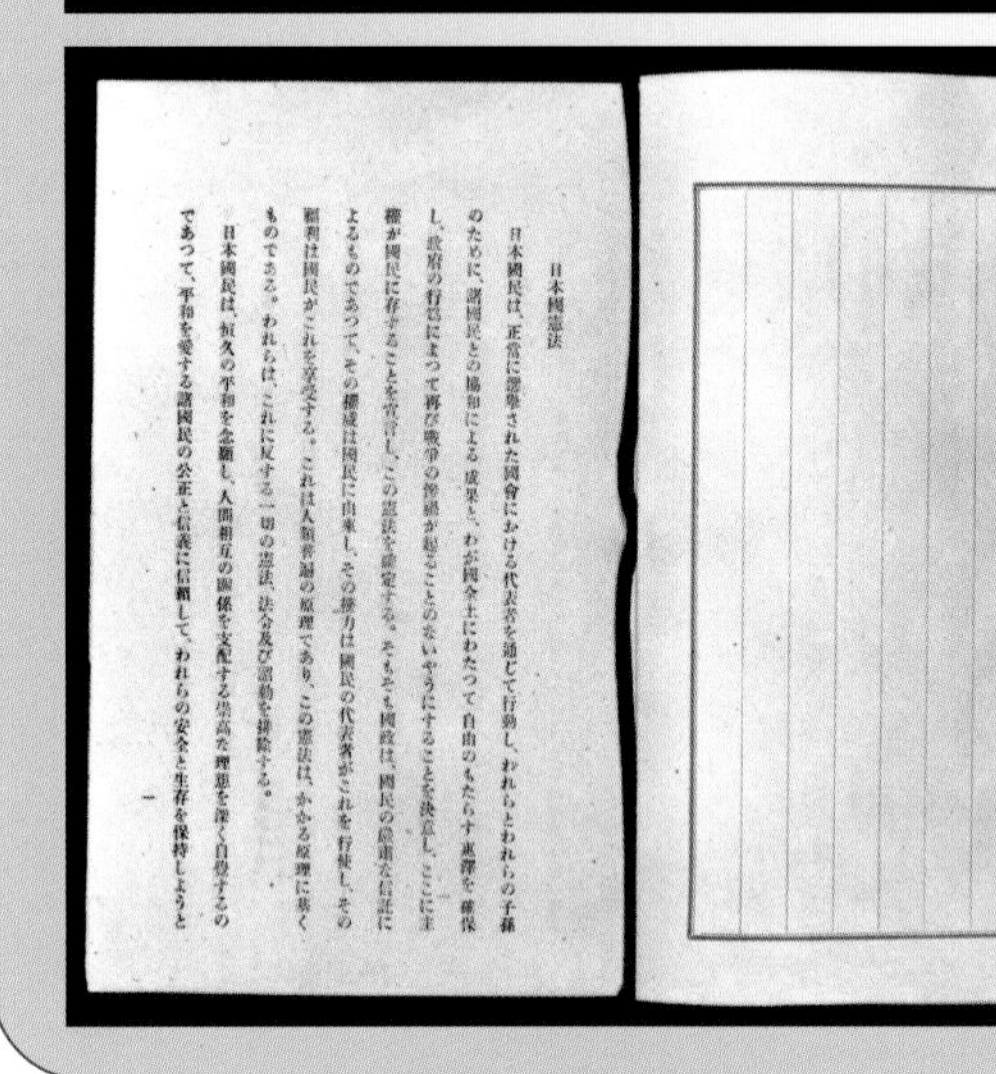
大藏大臣 石橋湛山
國務大臣 金森德次郎
國務大臣 膳桂之助

日本國憲法

日本國民は、正當に選擧された國會における代表者を通じて行動し、われらとわれらの子孫のために、諸國民との協和による成果と、わが國全土にわたつて自由のもたらす惠澤を確保し、政府の行爲によつて再び戰爭の慘禍が起ることのないやうにすることを決意し、ここに主權が國民に存することを宣言し、この憲法を確定する。そもそも國政は、國民の嚴肅な信託によるものであつて、その權威は國民に由來し、その權力は國民の代表者がこれを行使し、その福利は國民がこれを享受する。これは人類普遍の原理であり、この憲法は、かかる原理に基くものである。われらは、これに反する一切の憲法、法令及び詔勅を排除する。

日本國民は、恒久の平和を念願し、人間相互の關係を支配する崇高な理想を深く自覺するのであつて、平和を愛する諸國民の公正と信義に信頼して、われらの安全と生存を保持しようと

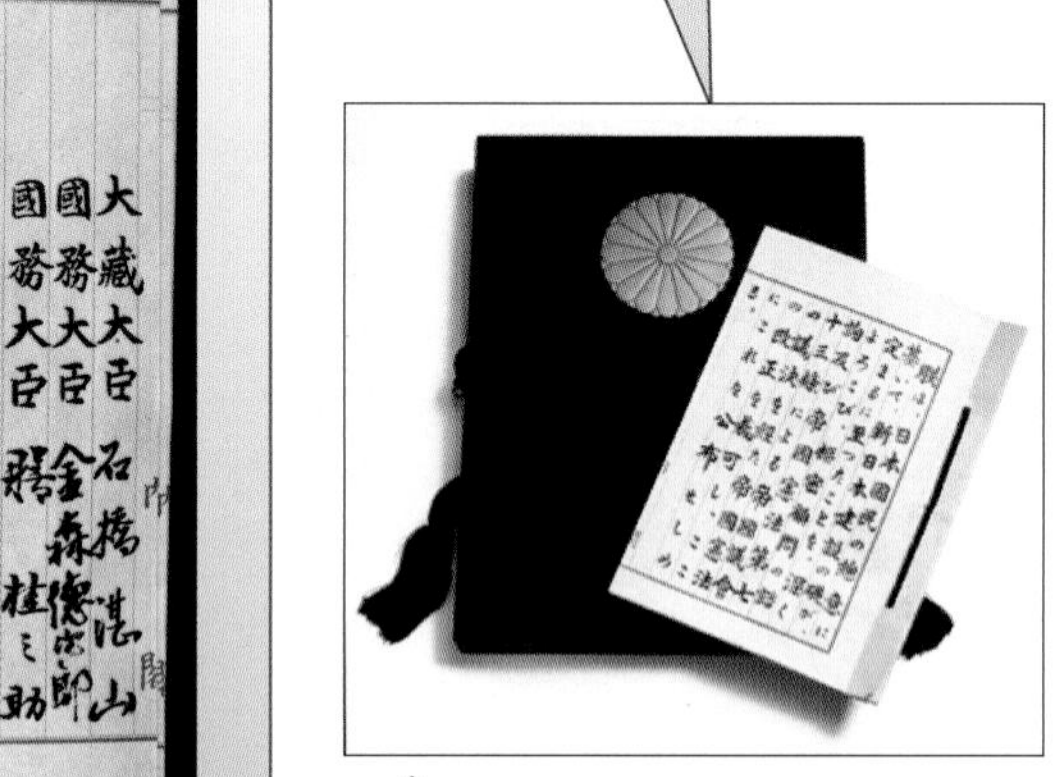

I 1-3 / 日本国憲法の原本とその冒頭部分

I 1-4 / 日本国憲法公布記念祝賀都民大会（昭和 21. 11. 3）

Q1. 右下の写真の 2 人の人物はだれ？（答えは 117 頁）

2 基本原理

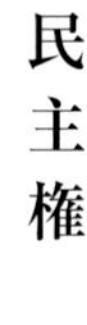

前文　一項〔二項以下⇒8頁〕

日本国民は、正当に選挙された国会における代表者を通じて行動し、われらとわれらの子孫のために、諸国民との協和による成果と、わが国全土にわたつて自由のもたらす恵沢を確保し、政府の行為によつて再び戦争の惨禍が起ることのないやうにすることを決意し、ここに主権が国民に存することを宣言し、この憲法を確定する。そもそも国政は、国民の厳粛な信託によるものであつて、その権威は国民に由来し、その権力は国民の代表者がこれを行使し、その福利は国民がこれを享受する。これは人類普遍の原理であり、この憲法は、かかる原理に基くものである。われらは、これに反する一切の憲法、法令及び詔勅を排除する。

第九七条

この憲法が日本国民に保障する基本的人権は、人類の多年にわたる自由獲得の努力の成果であつて、これらの権利は、過去幾多の試錬に堪へ、現在及び将来の国民に対し、侵すことのできない永久の権利として信託されたものである。

❶ 国民主権

日本国憲法の基本原理は、しばしば、前文一項で宣言されている内容から、「国民主権」「基本的人権の尊重」「平和主義」の三つだと説かれます。

国民主権とは、この国の政治のあり方、政治のしくみを決めるのが国民であることを意味します。日本国憲法は、大日本帝国憲法（明治憲法）の「改正」というかたちをとってできたものですが、当時のポスター（Ⅰ２❶-１）にもみられるように、「新憲法」と呼ばれていました。それは、明治憲法での主権者が「統治権の総攬者」である天皇であったのに対し、日本国憲法では国民主権へと根本的に転じたからでした。一条（102頁）が天皇の地位を「主権の存する日本国民の総意」に基づくと定めたのは、その端的な現れです。

Ⅰ２❶-１／新憲法普及のために使われたポスター（1）

❷ 基本的人権の尊重

基本原理の二番目は、基本的人権の尊重です。6～7頁のポスターを見て下さい。④から⑯にわたって描かれているように、日本国憲法は多くの自由や権利を保障しています。これらの権利のカタログは、諸外国の憲法と比べても行き届いたもので、現在なお通用する水準の内容だといえます。これらの権利の詳細は、PARTⅡで説明します。

基本的人権は、私たち一人ひとりが生きていく上で重要な基盤となるもので、九七条（や一一条⇒13頁）にあるように、「侵すことのできない永久の権利」として与えられています。しかし、これらの権利が日本国憲法に書き込まれるようになったのは、「人類の多年にわたる自由獲得の努力の成果」だとされます。基本的人権とは、世界史の大きな流れの中で、世界の人々の努力によって獲得されたものだというのです。そうである以上、一二条（13頁）が定めるとおり、これらの権利は「国民の不断の努力によって、これを保持しなければ」なりません。私たちも権利の上に眠るのではなく、自由と権利を維持するために下支えをしなければならないことを明らかにしています。

憲法１条や天皇の国事行為については，102～103頁を見て下さい。

I 2❶-1 / 新憲法普及のために使われたポスター（2）

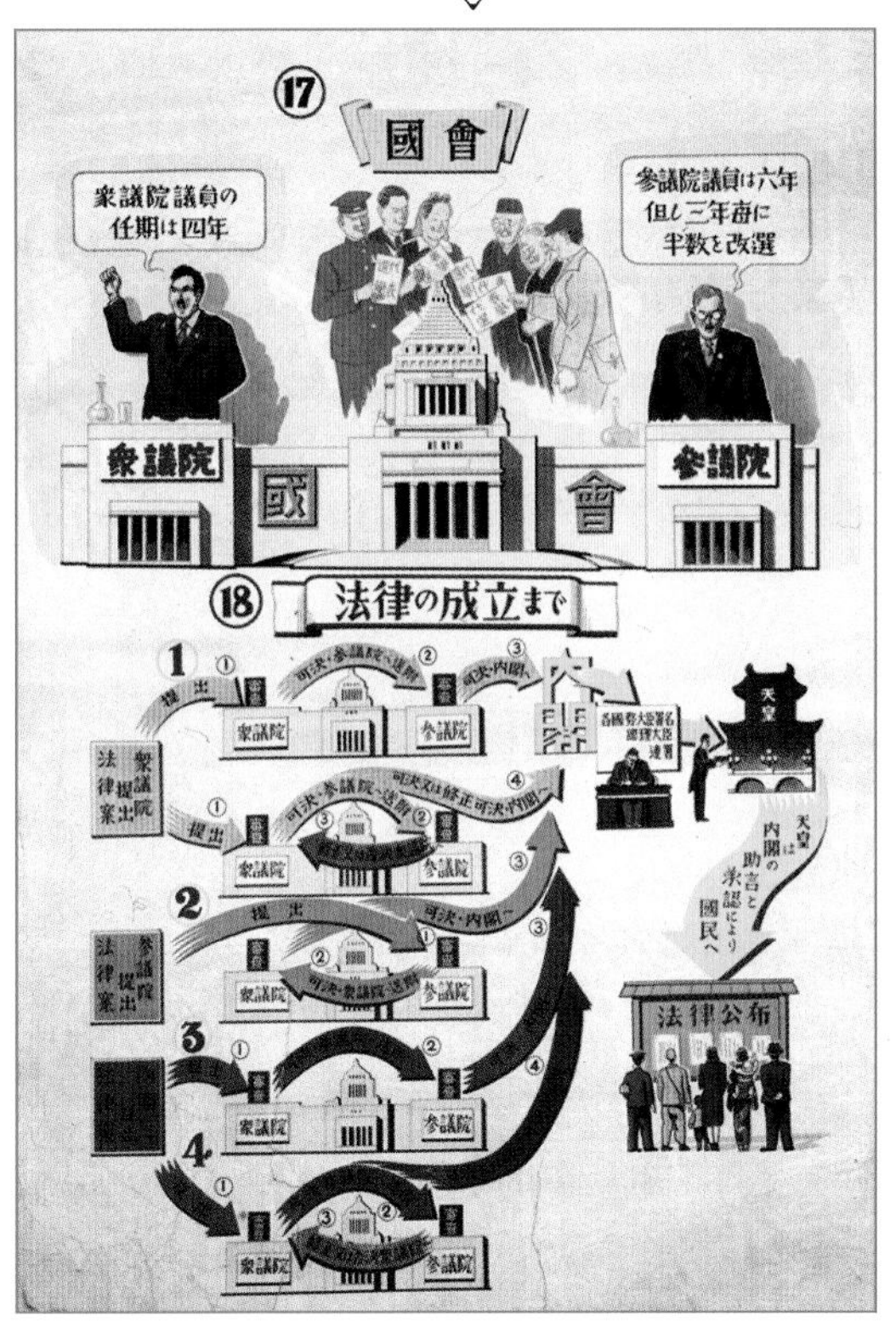

上の絵の⑰から㉑は，この本の PART III を見るときにも参考にして下さい。

❸ 平和主義

前文 二項〜四項 〔**一項⇒5頁**〕

日本国民は、恒久の平和を念願し、人間相互の関係を支配する崇高な理想を深く自覚するのであつて、平和を愛する諸国民の公正と信義に信頼して、われらの安全と生存を保持しようと決意した。われらは、平和を維持し、専制と隷従、圧迫と偏狭を地上から永遠に除去しようと努めてゐる国際社会において、名誉ある地位を占めたいと思ふ。われらは、全世界の国民が、ひとしく恐怖と欠乏から免かれ、平和のうちに生存する権利を有することを確認する。

われらは、いづれの国家も、自国のことのみに専念して他国を無視してはならないのであつて、政治道徳の法則は、普遍的なものであり、この法則に従ふことは、自国の主権を維持し、他国と対等関係に立たうとする各国の責務であると信ずる。

日本国民は、国家の名誉にかけ、全力をあげてこの崇高な理想と目的を達成することを誓ふ。

第九条

①日本国民は、正義と秩序を基調とする国際平和を誠実に希求し、国権の発動たる戦争と、武力による威嚇又は武力の行使は、国際紛争を解決する手段としては、永久にこれを放棄する。

②前項の目的を達するため、陸海空軍その他の戦力は、これを保持しない。国の交戦権は、これを認めない。

基本原理の三番目は、平和主義です。前文がその理念を示し、九条が戦争放棄と戦力不保持、交戦権の否認という基本的なあり方を定めています。この憲法の定める理念・あり方と、国際情勢の変化の中で日本政府がとる施策との関係がしばしば問題とされてきています。日本の周辺地域では、北朝鮮が不穏な動きをしているほか、中国が軍を増強してインド太平洋地域に進出する動きがあり、日本の防衛関係費のあり方も問題となっています（**I 2❸-2〜4**）。

日本国憲法の制定後しばらく日本は占領下にありましたが、一九五〇年に朝鮮戦争が勃発すると、日本に駐留していた連合国軍がこれに参加したため、日本の警備のために警察予備隊が作られました。これがその後、保安隊を経て自衛隊となりました。自衛隊の合憲性が問題となります。政府は、国には自衛権が認められる以上、自衛のための必要最小限度の実力は日本国憲法も認めているはずだと解釈しています。裁判でも争われ、下級審で違憲だとの判決もありますが、統治行為論（99頁）で判断を避ける判決もあり、最高裁も、今まで一度も判断をしたことがありません。

自衛権の行使のあり方について、かつては、

I 2❸-1 / 在日米軍配置の概要（2022年度末現在）

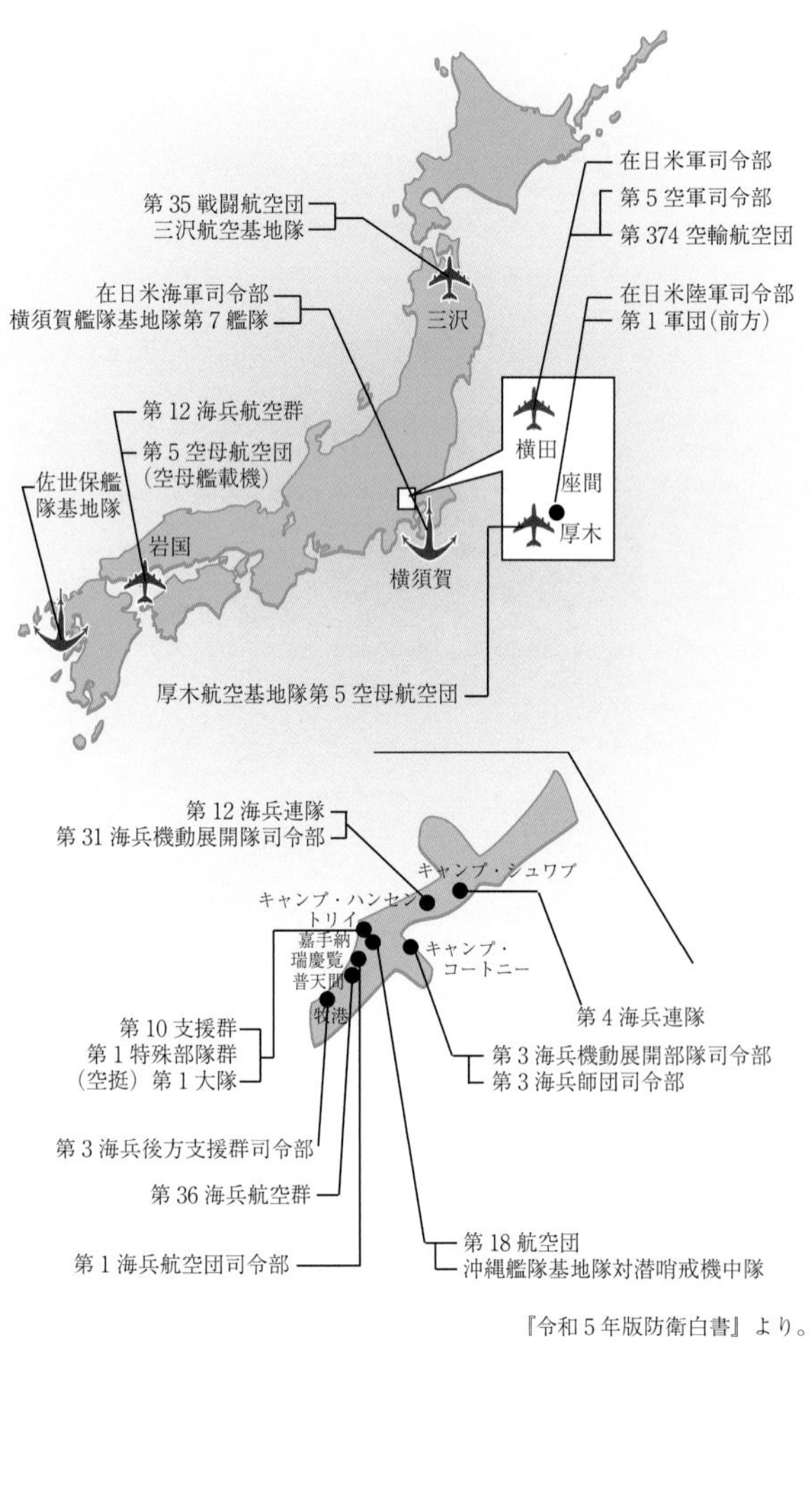

『令和5年版防衛白書』より。

①わが国に対する急迫不正の侵害があること、②これを排除するために他の適当な手段がないこと、③必要最小限度の実力行使であることという三要件が示されてきました。しかし、政府は、二〇一四年にいわゆる平和安全法制の整備を進める際に、新しい三要件を示しました。そこでは、①が「我が国に対する武力攻撃が発生した場合」に加え、「我が国と密接な関係にある他国に対する武力攻撃が発生し、これにより我が国の存立が脅かされ、国民の生命、自由及び幸福追求の権利が根底から覆される明白な危険がある場合」にま

I 2❸-2 / アジア太平洋地域における主な兵力の状況（概数）

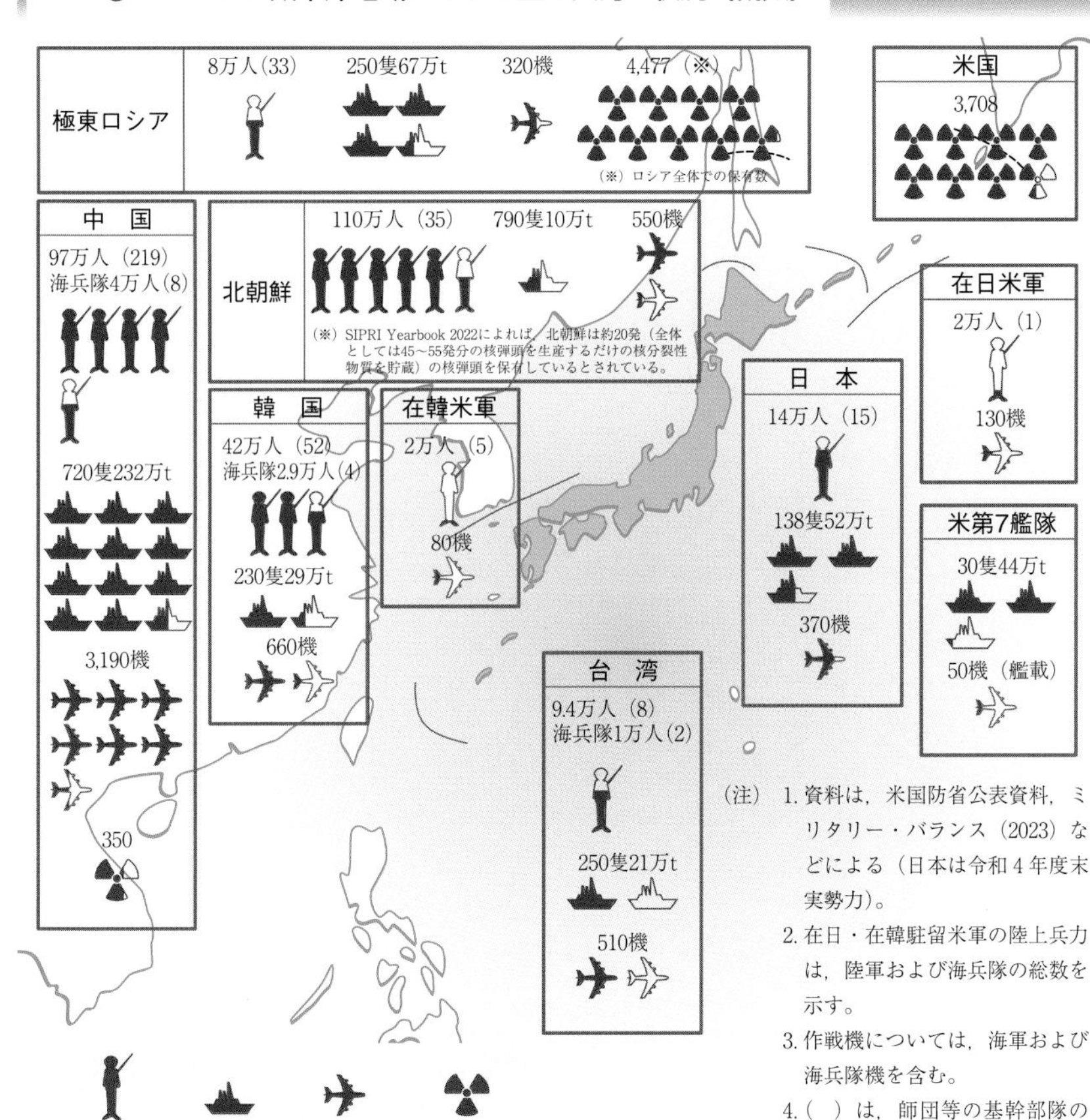

（注）1. 資料は，米国防省公表資料，ミリタリー・バランス（2023）などによる（日本は令和4年度末実勢力）。
2. 在日・在韓駐留米軍の陸上兵力は，陸軍および海兵隊の総数を示す。
3. 作戦機については，海軍および海兵隊機を含む。
4.（ ）は，師団等の基幹部隊の数の合計。
5.『令和5年版防衛白書』より。

I 2❸-4 / 各国の国防費と対GDP比率（2022年度）

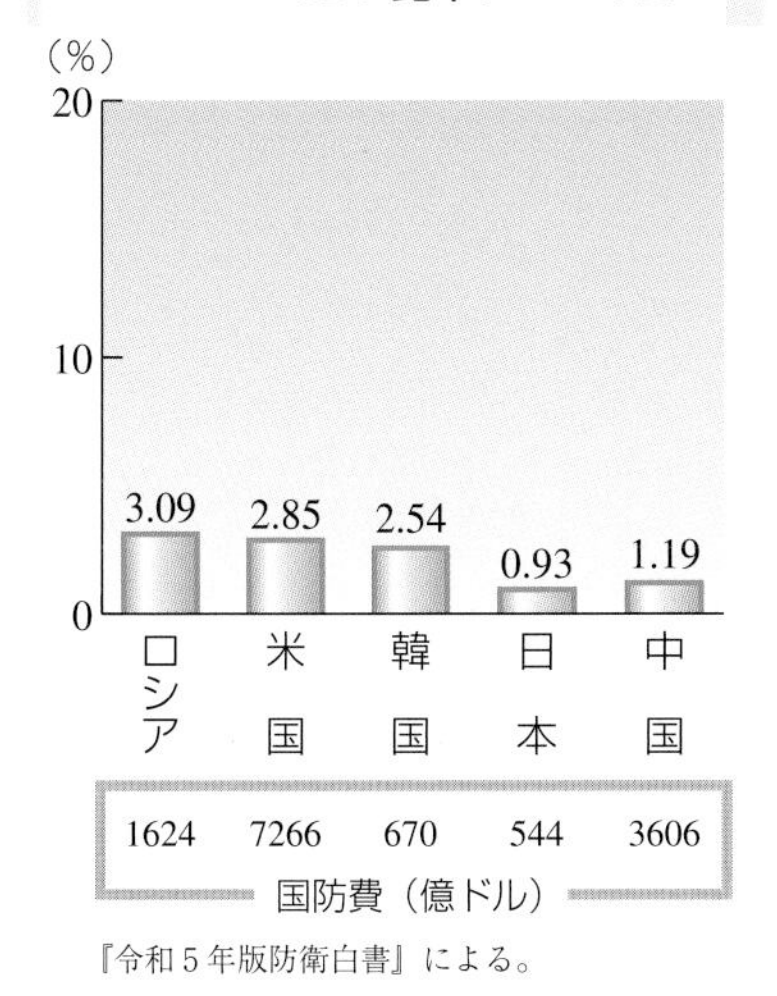

『令和5年版防衛白書』による。

I 2❸-3 / 一般会計歳出主要経費の推移

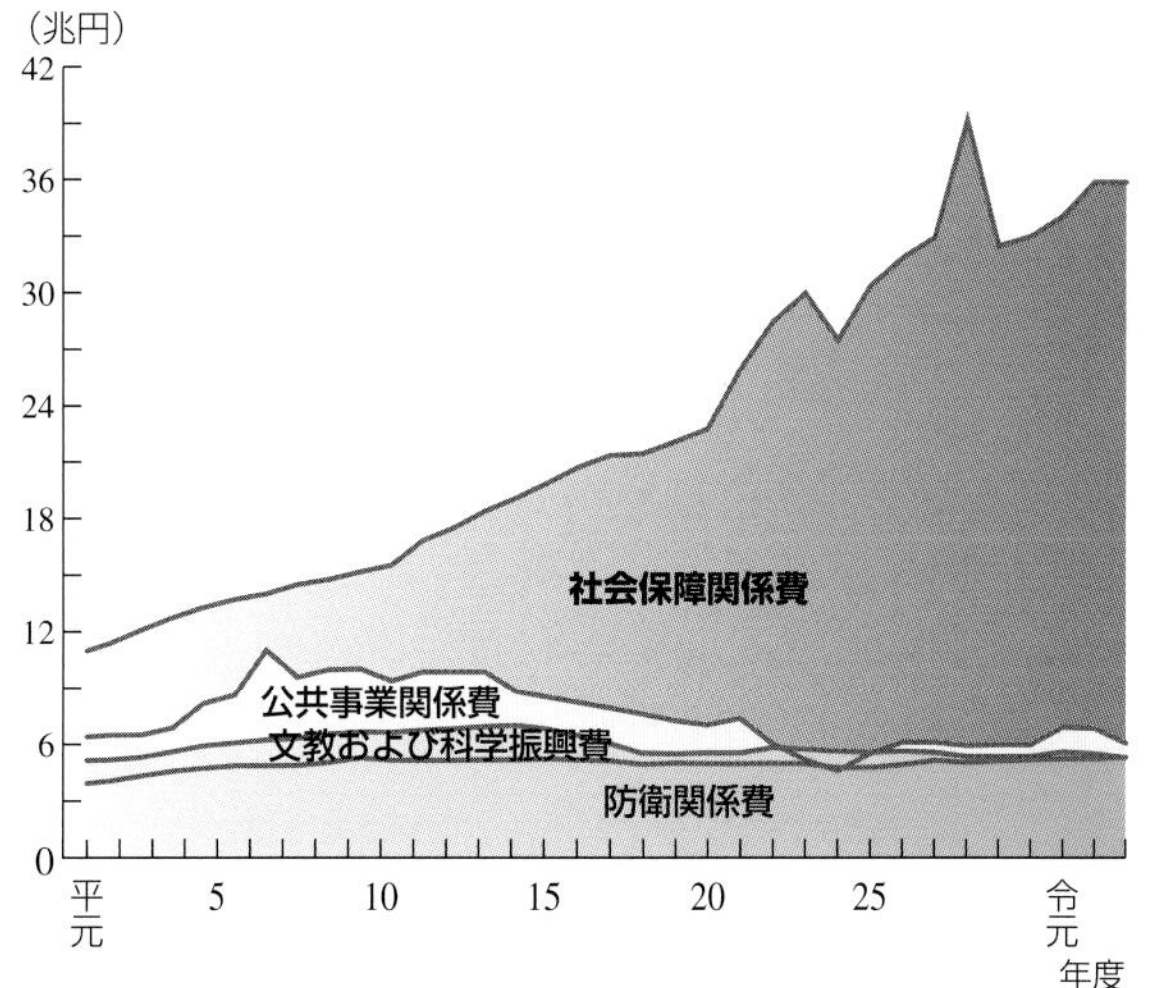

財務省統計をもとに作成。

で拡大されています。これが憲法の禁止する集団的自衛権の行使（密接な関係にある他国への攻撃に共同して反撃する行為）に踏み込むものだとの批判も強いですが、国民の生命等に対する明白な危険が生じるのは日本に対する攻撃といえる場合にひとしいとも考えられます。

日本は一九五二年に独立を回復しますが、その際に、米国と安全保障条約を締結し米軍が日本に引き続き駐留しています。一九六〇年に新しい安全保障条約が締結される際には激しい反対闘争が繰り広げられました。在日米軍は日本の直接の指揮管理下にないので憲法九条二項が禁止する「戦力」には当たらないとされています（砂川事件＝最大判昭和三四・一二・一六刑集一三巻一三号三二二五頁）。在日米軍の基地のうち、面積でいうと七割が沖縄に集中しています。沖縄が戦略上重要な位置を占めるからですが、沖縄における負担の軽減が課題となっています（I 2❸-1）。

I 2❸-5／ハイチでのＰＫＯ

日本は以前から国連などにおける外交や経済援助を通じて世界の平和維持に向けての努力をしてきましたが、一九九〇年の湾岸戦争が契機となり、「人的貢献」が叫ばれるようになりました。九二年に国際平和協力法が制定され、自衛隊がＰＫＯ（国際連合平和維持活動）に参加しています（I 2❸-5・6）。

その後、二〇〇一年のアメリカ同時多発テロ事件を契機に「テロとの戦い」が世界的な課題となりました。日本でも同年にテロ特措法が制定され、自衛隊が海外派遣されました。

ＰＫＯへの参加の場合も含め、自衛隊が海外派遣される場合でも、「武力の行使」は九条に反するとして認められていません。

I 2❸-6／国際平和協力法に基づくわが国の国際平和協力業務の近年の実績（2020年3月末現在）

回	名　称	主な派遣先国	派遣期間	業務分野	人数	主な業務内容
24	ハイチ国際平和協力業務	ハイチ	平成22年2月～25年1月	司令部要員	最大2名（延べ6回，12名）	MINUSTAH司令部における施設業務等に関する企画及び調整
			～25年2月	施設部隊等	最大346名（延べ8回，2184名）	がれきの除去，整地，道路補修，軽易な施設建設及び耐震診断等（耐震診断作業は平成22年4月に終了）
			～25年1月	連絡調整要員	最大5名（逐次交代）	関係機関との連絡調整
25	東ティモール国際平和協力業務	東ティモール	平成22年9月～24年9月	軍事連絡要員	2名（延べ4回，8名）	武力紛争の停止の遵守状況の監視
				連絡調整要員	1名	関係機関との連絡調整
26	スーダン住民投票監視	スーダン	平成22年12月～23年1月	住民投票監視要員	15名	南部スーダンの独立の是非を問う住民投票の公正な執行の監視
27	南スーダン国際平和協力業務	南スーダン	平成23年11月～★	司令部要員	最大4名（延べ11回39人）	軍事部門の兵站全般の需要に関するUNMISS部内の調整、データベースの管理の用に供する電子情報処理組織の保守管理、施設業務及び航空機の運航支援に関する企画・調整
				施設部隊等	最大401名（延べ12回3912人）	道路などのインフラ整備などの活動等
				連絡調整要員	最大3名（逐次交替）	関係機関との連絡調整
28	シナイ半島国際平和協力業務	エジプト及びイスラエル	平成31年4月～★	司令部要員	2名	エジプト及びイスラエルの政府その他の関係機関とMFOとの間の連絡調整
				連絡調整要員	1名（逐次交替）	関係機関との連絡調整

（注）1. この他，ハイチ国際平和協力業務においては航空自衛隊の部隊が，輸送，補給等の支援活動を実施した。
2. 派遣期間については，我が国要員の日本出国から帰国までとした。
3. ★印は現在活動中。

内閣府国際平和協力本部事務局監修・平和への道（令和2年3月版）より

PART II

人としての基本的権利

国連難民高等弁務官事務所（UNHCR）のある国連欧州本部（ジュネーブ）

仮に一人を除く全人類が同じ意見をもっていて，ただ一人だけがそれとは反対の意見を抱いているとしても，人類がその一人を沈黙させることは不当である。それは，仮にその一人が全人類を沈黙させる権力をもっていても，それをあえてすることが不当であるのと異ならない。

── J. S. ミル『自由論』より

写真一覧

図表・書式一覧

そ の 他

1 権利の主体

第一〇条 日本国民たる要件は、法律でこれを定める。

第一一条 国民は、すべての基本的人権の享有を妨げられない。この憲法が国民に保障する基本的人権は、侵すことのできない永久の権利として、現在及び将来の国民に与へられる。

第一二条 この憲法が国民に保障する自由及び権利は、国民の不断の努力によつて、これを保持しなければならない。又、国民は、これを濫用してはならないのであつて、常に公共の福祉のためにこれを利用する責任を負ふ。

❶ 外国人

◪日本国籍をもつ人という意味での日本国民が、憲法の保障する基本的人権を享有することは、もちろんです。しかし、現実には、日本国の主権（統治権）の及ぶ日本国内には、日本国籍をもたない人（外国人・無国籍人）が多くいます。憲法の基本的人権の保障は外国人にも及ぶのでしょうか。憲法の条文で「国民」という表現を用いているものを含めて、その権利が外国人にも保障されるかどうかは、その権利の性質によって決まるというのが判例の立場です（**判例1**）。

◪憲法一〇条を受けて、国籍法が日本国籍を取得するための要件を定めています。国籍の取得には、大別して、⑴出生による取得、⑵父または母による出生後の認知と法務大臣への届出による取得、⑶帰化による取得があります。⑴と⑵に関しては、わが国籍法は、原則として血統主義をとり、いずれかの親が日本国民であれば、その子も日本国民となります。しかし、両親とも知れないか国籍がないときは、日本で生まれた人が日本国籍を取得するという出生地主義（土地主義）を部分的に採用しています（Ⅱ**1❶**-**1**）。なお、かつての国籍法3条は、日本人の父と外国人の母の間に生まれた婚外子が出生後に父の認知を受けた場合、届出によって日本国籍を取得するためには父母が婚姻することを要件としていましたが、最高裁判所がこの規定は憲法一四条一項の法の下の平等に反すると判断したため（最大判平成二〇・六・四民集六二巻六号一三六七頁）、⑵のように改正されました。

◪わが国に在留する外国人といっても、さまざまな立場の人がいて、定住外国人、難民、一般外国人に分けられます（Ⅱ**1❶**-**2**・**3**参照）。定住外国人に韓国・朝鮮籍の人が多いのは、わが国の戦前の植民地支配の歴史と深い関係があります。難民については、昭和五六年の難民条約締結を機にその法的地位が整えられました。もっとも、わが国の場合、地理的に近隣地域で大量の難民が発生していないという事情もありますが、欧米諸国に比べて難民受入数は少ない状

Ⅱ1❶-1／国籍法第2条

（出生による国籍の取得）

第二条 子は、次の場合には、日本国民とする。

一 出生の時に父又は母が日本国民であるとき。

二 出生前に死亡した父が死亡の時に日本国民であつたとき。

三 日本で生まれた場合において、父母がともに知れないとき、又は国籍を有しないとき。

Ⅱ**1❶**-**2**／大阪市生野区のコリアンタウン

父系優先主義を改めた昭和59年の国籍法改正については25頁を見て下さい。

Ⅱ1❶-3 / 在留外国人の内訳（国別，一般・定住別等）

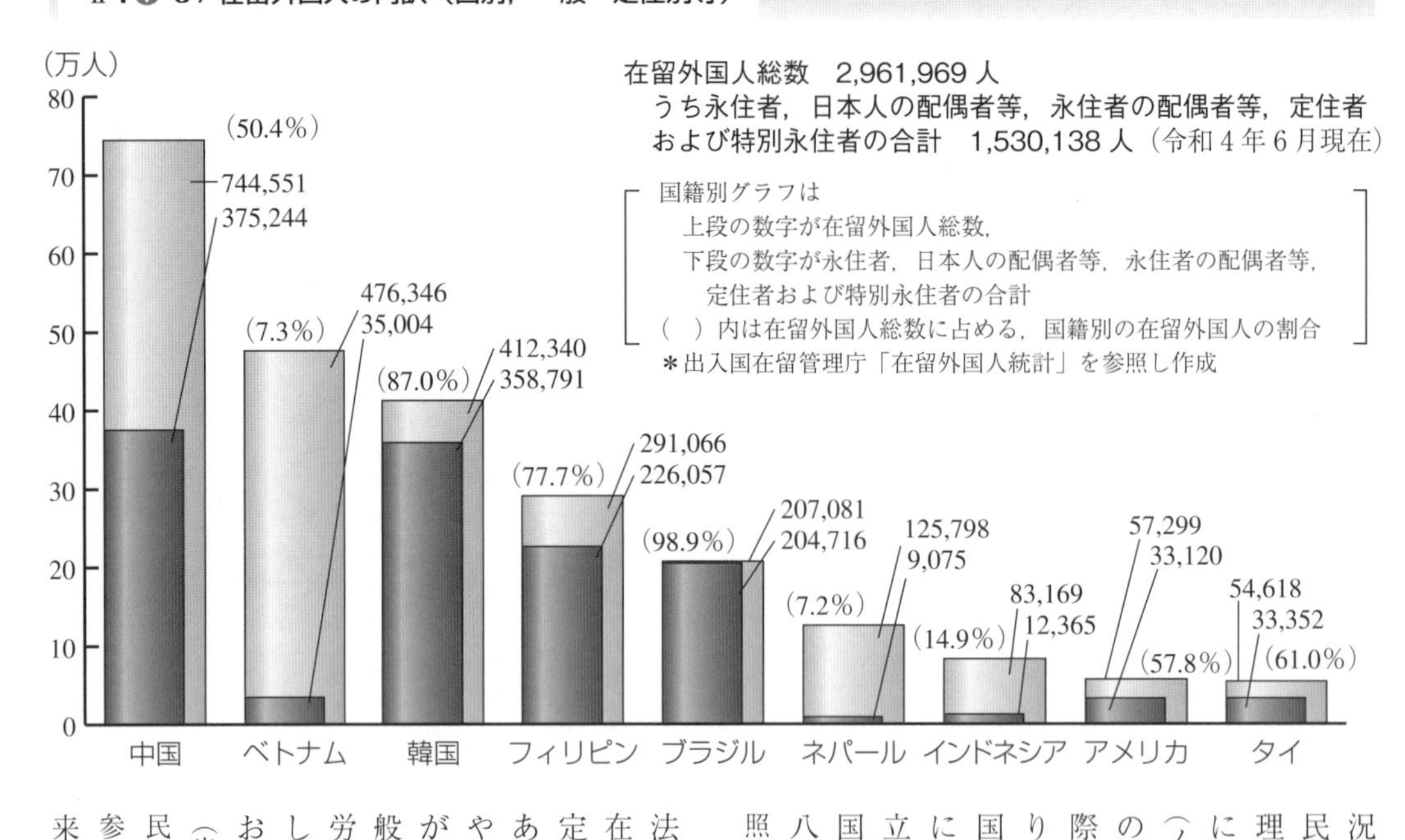

況です。難民条約など国際法上、難民を、人種、宗教、政治的意見等の理由で迫害を受けるおそれのある国に送還することは禁止されています（ノン・ルフルマンの原則）。令和五年の出入国管理及び難民認定法改正の際には、難民認定申請者の処遇のあり方が議論になりました。他方で、国の政策として外国人観光客の誘致には積極的で、平成一八年には観光立国推進基本法が制定され、訪日外国人旅行者数は令和元年には三一八八万人に達しています（Ⅱ1❶-5参照）。

一般にわが国の法制は、外国人の在留資格を細かく定めており、観光あるいはビジネスや就学のためにわが国に滞在する一般の外国人は、就労などに関して厳しい制限のもとにおかれています（出入国管理及び難民認定法の別表第一参照）。なお、従来は、国（法務省）による出入国管理とは別に市町村が外国人登録業務を行ってきましたが、平成二一年の法律改正（平成二四年施行）で外国人登録制度は廃止され、国による在留管理に一元化されました（Ⅱ1❶-4）。

◪憲法上、外国人に入国・再入国の自由、あるいは「引き続き在留することを要求しうる権利」はない、と判例は述べています（**判例1**）。国際慣習法上も、国家は外国人を入国させる義務はないこともあわせて指摘されます。他方、政治活動の自由を含む精神的自由、経済的自由などの自由権は、原則として外国人にも保障されると考えられます。社会権に関しては、かつては生活の配慮・保障はその人が国籍を有する

（表面）

日本国政府　在留カード　番号 AB12345678CD
氏名 TURNER ELIZABETH
生年月日 1985年12月31日 性別 女 F. 国籍・地域 米国
住居地 東京都千代田区霞が関1丁目1番1号霞が関ハイツ202号
在留資格 留学 Student
就労制限の有無 就労不可
在留期間（満了日） 4年3月（2023年07月01日）
許可の種類 在留期間更新許可（東京出入国在留管理局長）
許可年月日 2019年04月01日 交付年月日 2019年04月01日
このカードは 2023年07月01日まで有効 です。
見本・SAMPLE

（裏面）

住居地記載欄
届出年月日	住居地	記載者印
2019年4月1日	東京都港区港南5丁目5番30号	東京都港区長

資格外活動許可欄
許可：原則週 28 時間以内・風俗営業等の従事を除く
在留期間更新等許可申請欄
在留資格変更許可申請中

Ⅱ1❶-4 / 在留カードのイメージ図

国の責任と考えられていましたが、近年は実際の社会生活をしている国が保障すべきだとの考えも有力です。難民条約は、難民に対する公的扶助等について締約国が自国民と同一の待遇を与えなければならないと定めています。

　なお、テロ未然防止対策の一環として、平成一八年五月の出入国管理及び難民認定法改正により、特別永住者などを除き外国人がわが国に入国する際には指紋や顔写真など個人識別情報を提供しなければならないことになりました。

◪問題は参政権です。現在、選挙権も被選挙権も日本国民に限定されています（公選九条・一〇条）。国レベルでは、国民主権の要請から、選挙権・被選挙権は日本国民に限定されなければならないと考えるのが通説です。しかし、日常生活に密接に関連する地方自治体の運営に住民の意思を反映するという地方自治制度の趣旨にかんがみ、その長（都道府県知事・市町村長）や議会の議員については、立法裁量で定住外国人に選挙権を認めることができるという判例があります（最判平成七・二・二八民集四九巻二号六三九頁）。

　いまひとつ注目を集めているのは、外国人の公職就任権の問題、すなわち、外国人が日本の公務員になることができるかどうかという問題です。東京都に保健婦として採用された在日韓国人が管理職選考試験を受けようとしたところ日本国籍を有しないことを理由に受験を拒否された事件で、最高裁判所は、地方公務員法は地方公共団体が在留外国人を公務員にすることを禁止するものではないとしつつも、国民主権の原理に基づき、原則として日本の国籍を有する者が「住民の権利義務を直接形成し、その範囲を確定するなどの公権力の行使に当たる行為を行い、若しくは普通地方公共団体の重要な施策に関する決定を行い、又はこれらに参画することを職務とする」公務員になることを想定しているとして、管理職の資格要件として日本国籍を要求することは憲法に違反しないと判断しました（最大判平成一七・一・二六民集五九巻一号一二八頁）。

Ⅱ 1❶-5 / 各国の難民受入数および外国人旅行者受入数

国　名	難民認定者	人道的在留許可	外国人旅行者受入数
アメリカ	46,629	—	50,870,000
イギリス	18,551	1,293	30,740,000
ドイツ	46,787	98,413	28,463,000
フランス	41,681	11,689	79,400,000
イタリア	7,193	6,670	49,940,000
カナダ	30,598	—	12,820,000
ロシア	98,654	—	—
中　国	42	—	—
韓　国	85	85	3,200,000
日　本	203	1,750	3,830,000

＊データは2022年のもので，難民認定者と人道的在留許可人数はUNHCR Refugee Data Finder，外国人旅行者受入数はUNWTO Tourism Data Dashboardによる。

判例1　マクリーン事件判決

囫最大判昭和五三・一〇・四（民集三二巻七号一二二三頁）

　在留期間一年の上陸許可を得て入国し、英語教師として就職した原告マクリーン（米国国籍）は、在留期間の切れる直前の昭和四五年五月に一年間の在留期間の更新を申請し、出国準備期間として一二〇日間の更新が認められた。その後さらに一年の更新を申請したが、在留期間中の無断転職や政治活動への参加を理由に許可されなかったので、この処分の取消しを求めた裁判。最高裁判所は「基本的人権の保障は、権利の性質上日本国民のみをその対象としていると解されるものを除き、我が国に在留する外国人に対しても等しく及ぶものと解すべきであり、政治活動の自由についても、我が国の政治的意思決定又はその実施に影響を及ぼすものを除き、その保障が及ぶが、その保障は在留制度の枠内で与えられているにすぎないから、在留期間中の基本的人権の保障を受ける行為を在留期間の更新の際に消極的な事情としてしんしゃくされないことまでの保障が与えられていると解することはできない」として、不許可処分を正当とした。

❷ 子ども

◪子ども（未成年者）も基本的人権を享有します。しかし、一般に、子どもは未成熟で十分な判断能力をもたず、心身ともに傷つきやすい存在です。成人とは異なるこの特性を理由に、子

Ⅱ１❷-1／児童の権利条約のポスター

どもを成人と異なるように扱うことも許されるでしょう。わが国の法制度上、資格を与えたり能力を認めるのに一定の年齢に達したことを要件とすることが、しばしばみられます（Ⅱ１❷-２）。従来、一般にわが国では二〇歳で成人になると考えられてきましたが、実際にはいくつかの資格・能力はそれよりも低い年齢でも認められていました。憲法一五条三項は「成年者による普通選挙」を保障していますが、従来は公職選挙法九条等によりそれは二〇歳以上とされていました。しかし、平成二七年の改正により一八歳選挙権が実現し、国政選挙としては翌年七月の参議院選挙から適用されています。さらに、親の監督などを受けることなく一人で契約などをすることができる成年年齢（民四条）は、令和四年四月から、二〇歳から一八歳に引き下げられました。

◪憲法の保障する基本的人権の観点からは、保護と自由（自律）との調整が重要です。子どもは他者に傷つけられやすいことから、成人に比べて特に手厚い保護が必要です。憲法二七条三項が「児童は、これを酷使してはならない」としているのもそのひとつの表れです。親による子どもの虐待については、児童虐待防止法（平成一二年）により対策が強化され、さらに、令和四年の民法改正により、親権者は子の人格を尊重することを求められ、体罰等が禁止されることになりました（民八二一条）。また、自分の不適切な判断で自らを傷つけることから本人を保護するために、子どもの自由を制約すること（パターナリズム）もあります。さらに、積極的に子どもの成長を促すことも必要でしょう。憲法二六条が規定する教育を受ける権利↓は、まさにこの要請に応えるものです。

しかし、子どもに対する法的取扱いが保護にだけ向かうのは適切ではありません。子どもといえども年齢に応じて徐々に自律の能力を獲得します。また、自律の能力を発達させるためには、実際にそれを行使して、場合によっては失敗するという試行錯誤が不可欠です。パターナリズムが許されるのは、子どものこれからの人生に取り返しのつかない重大な損害を与えるような行為の防止に限られるという考え方もあります。

◪そこで、行使しようとすれば自分で選択する

Ⅱ１❷-2／法律と年齢

年　齢	事　項
胎　児	不法行為による損害賠償請求（民721条），相続能力（民886条），受遺者たる資格（民965条）
0歳以上	私法上の権利能力（民3条1項）
14歳以上	刑事責任能力（刑41条）
15歳以上	遺言能力（民961条），養子縁組同意能力（民797条）
16歳以上	普通二輪・原付免許（道交88条1項），民事訴訟証人宣誓能力（民訴201条2項）
18歳以上	民事成年（民4条），死刑による処罰（少年51条1項），婚姻（民731条），普通免許（道交88条1項），銃砲刀剣所持許可（銃刀5条1項），風俗営業での接客（風営22条），選挙権（公選9条）、選挙運動（公選137条の2），帰化（一般）（国籍5条1項），司法書士資格（司書5条），医師免許（医師3条）
19歳以上	サッカーくじ購入（スポーツ投票9条），大型・中型免許（特例）（道交88条1項）
20歳以上	飲酒（二十歳未満飲酒禁止法1条），喫煙（二十歳未満喫煙禁止法1条），中型免許（道交88条1項）
21歳以上	大型免許（道交88条1項）

教育を受ける権利については，52頁を見て下さい。

必要のある権利と、そうでない権利とを分けて考える必要があるでしょう。たとえば、表現の自由を行使するには、何をいつどこでどのように表現するのか、自ら決めないといけません。そのためには判断能力の成熟が必要ですから、選択を必要とする権利を子どもに保障するかどうかは、子どもの成熟状況などの検討を必要とします。他方、選択の契機のない権利（奴隷的拘束を受けない権利など）は、当然、子どもにも保障されます。

具体的には、自己決定権と精神的自由（特に表現の自由）がよく問題になります。自己決定権に関しては、学校の校則による髪型・服装の制限、あるいはほとんどの都道府県で制定されている青少年健全育成条例による性的行動の制約が問題になります（最大判昭和六〇・一〇・二三刑集三九巻六号四一三頁）。思想・表現の自由については、高校受験の際の中学校の調査書（内申書）に在学中の政治的活動を記載されたことを生徒が争った麹町中学事件（最判昭和六三・七・一五判時一二八七号六五頁）が有名です。

◪一九八九年国連総会で採択され、平成六年にわが国も批准した子ども（児童）の権利条約（Ⅱ1❷-1）は、子どもを一八歳未満の者と規定したうえで、性的その他の搾取や人身売買を防止する締約国の責務など子どもの保護の側面とともに、子どもの思想・良心・宗教の自由や意見表明権など自由の側面にも保障を及ぼしていることが注目されます。

3 団体・法人

株式会社や財団法人のような法人、あるいは法人格をもたない団体は、基本的人権をもつのでしょうか。憲法一三条前段が「すべて国民は、個人として尊重される」として個人主義を表明していることを理由に、個人だけが人権主体でありうるという考えもあります。しかし、多数の説は、現代社会において実態として法人が重要な役割を果たし、それを個人の活動に分解して考えることができないことや、憲法二一条が結社の自由を認めていることを理由に、法人も人権をもつと解しています。

では、法人はどのような権利をもつのでしょうか。最高裁判所は、権利の性質によると判示しました（**判例2**）。しかし、この判決に対しては、大企業のもつ経済力が政治に影響を与えると個人の政治参加の効果が弱まるのではないかなどの批判があります。他方、新聞社など報道機関が表現の自由をもち、宗教団体が信教の自由の保障をうけることは多くの説が認めています。結局、権利の性質と法人の性格との両方をみて、判断することになります。特に、団体の活動が個々のメンバーの権利を侵害しないか、注意が必要です。最高裁判所は、強制加入団体である税理士会が政党などに政治献金をすることは、会員の思想信条の自由との関係で許されないとの判断を示しています（最判平成八・三・一九民集五〇巻三号六一五頁）。

判例2 八幡製鉄政治献金事件判決

🄬最大判昭和四五・六・二四（民集二四巻六号六二五頁）

八幡製鉄（のちの新日鉄）の代表取締役二名が会社の名前で自民党に政治資金を寄附したところ、同社の株主が、この献金は事業目的外の行為であり、また取締役の忠実義務違反の行為であるとして、二名を被告として損害賠償請求訴訟を提起した事件。最高裁は判決の中で、法人が人権の享有主体たりうるかについて次のように判示した。「憲法は政党について規定するところがなく、これに特別の地位を与えてはいない」が、「憲法の定める議会制民主主義は政党を無視しては到底その円滑な運用を期待することはできないのであるから、憲法は、政党の存在を当然に予定しているものというべきであり、政党は議会制民主主義を支える不可欠の要素なのである。」同時に「政党は国民の政治意思を形成する最も有力な媒体であるから、政党のあり方いかんは、国民としての重大な関心事でなければ」ならず、「その健全な発展に協力することは、会社に対しても、社会的実在としての当然の行為として期待されるところ」であり、協力の一態様として政治資金の寄附についても例外ではない。「憲法第三章に定める国民の権利および義務の各条項は、性質上可能なかぎり、内国の法人にも適用されるものと解すべきである」から、「会社は、自然人たる国民と同様、国や政党の特定の政策を支持、推進しまたは反対するなどの政治的行為をなす自由を有する」のであり、「政治資金の寄附もまさにその自由の一環」であり、会社によってそれがなされた場合、政治の動向に影響を与えることがあったとしても、これを自然人たる国民による寄附と別異に扱うべき憲法上の要請があるものではない。

自己決定権については，20頁を見て下さい。

2 生命・自由・幸福追求権

第一三条　すべて国民は、個人として尊重される。生命、自由及び幸福追求に対する国民の権利については、公共の福祉に反しない限り、立法その他の国政の上で、最大の尊重を必要とする。

① 幸福追求権

憲法一三条は、個人の尊重を基本原理として掲げたうえで、生命・自由・幸福追求権を保障しています（ひとくくりで「幸福追求権」と呼びます）。幸福追求権とは、各条文で保障される具体的な権利の根幹にある権利であり、それゆえ、各条文ではカバーされないが個人の幸福追求にとり重要でその内容が明確な輪郭をもつ権利（「新しい人権」）が一三条によって保障されると解されます。その例として、学説上は、プライバシー権、自己決定権、環境権などが挙げられます。

最高裁判所も、警察官によるデモ隊の写真撮影の適法性が問題となった京都府学連事件で、憲法一三条が「国民の私生活上の自由」を保障し、そのひとつとして「みだりに容ぼう・姿態を撮影されない自由」があることを認めました（最大判昭和四四・一二・二四刑集二三巻一二号一六二五頁）。

幸福追求権は、権利の性質に応じ、他者との関係などによる制限があると考えられます。条文では「公共の福祉」により制限されると一括して書かれていますが、制限の可否は、具体的な状況で判断されることに注意が必要です。

② プライバシーの権利

プライバシー権は、当初は、「ひとりで放っておいてもらう権利」だと言われました。他者から私生活をのぞき見されないイメージです。プライバシーが権利として裁判で初めて認められたのは、『宴のあと』事件です。モデル小説における原告の私生活上の事実らしく受け取れる描写が権利侵害だとされました（**Ⅱ2❷-1・判例3**）。

その後、情報化社会の進展の中で、公権力による個人情報の収集や利用の仕方が問題だと認識されるようになりました。そこで、学説は、プライバシー権とは自分の情報を誰にどこまで開示するかをみずから決定しコントロールすることができる権利（自己情報コントロール権）だと捉え直すようになりました。

また、各地の自治体が条例を制定し、個人情報の取得や利用に関するルールや個人情報の本人による開示・訂正・利用停止の権利を定めました（**Ⅱ2❷-2・3**）。国も平成一五年に行政機関個人情報保護法を制定しました。その後、国や自治体の間でルールが異なるのは問題だとして、令和三年に個人情報保護法の中で統合され、現在は共通のルールが適用されるようになっています。

個人情報の収集や利用は、国や自治体といった公権力だけでなく民間事業者によるものも問題となります。個人情報保護法は、民間事業者に対して、個人情報の利用目的の特定、適正な取得、取得に際しての利用目的の通知、第三者への提供の制限などを義務づけています（なお、国・自治体の共通ルールと民間事業者のルールとは少し異なります）。

このような動きの中、人々のプライバシーに対する意識が高まったこともあり、プライバシー権で保障される個人情報の内容も、他人に知られたくない私生活上の秘密や思想・病歴とい

Ⅱ2❷-1／三島由紀夫『宴のあと』の表紙

ったセンシティブな情報に限らず（これらの情報は手厚く保護されるべきだと考えられていますが）、氏名・住所・生年月日といった個人を特定するための外形的な情報まで広く含まれると解されています。

近時はインターネットを通じた個人情報の流出、拡散が問題となっています。そこで、プライバシー権にはネットワークシステムの安全性確保の要請も含まれるとの学説も出てきています。

判例は、プライバシー権で保障される内容を具体的な事案の解決に必要な範囲で徐々に認めてきています。近時では、住基ネットの合憲性が問われた事件で、最高裁判所は「個人に関する情報をみだりに第三者に開示又は公表されない自由」が「私生活上の自由の一つとして」憲法一三条により保護されるとしつつも、住基ネットによる本人確認情報の管理・利用が法令等の根拠に基づき正当な行政目的の範囲内で行われていること、システムや法制度の整備により情報漏えいの具体的な危険がないことを理由として、住基ネットを合憲だと判断したことが知られます（最判平成二〇・三・六民集六二巻三号六六五頁）。

開　示　請　求　書

年　月　日

（提出先）

請求者（本人）
住所又は居所 〒
氏名
（法定代理人）
住所又は居所
氏名
（電話番号）
（　）

〇〇市個人情報保護条例第17条第1項の規定により、次のとおり保有個人情報の開示を請求します。

開示請求に係る保有個人情報を取り扱う事務の名称及び内容その他保有個人情報を特定するに足りる事項	
開示の実施方法の区分	1　文書又は図画の場合 □　閲覧 □　写しの交付　□　両面印刷を希望 □　片面印刷を希望 2　電磁的記録の場合 ア　閲覧に準ずる方法 □　用紙に出力したものの閲覧 □　専用機器により再生したものの聴取又は視聴 イ　写しの交付に準ずる方法 □　用紙に出力したものの写しの交付 □　フロッピーディスクに複写したものの交付 □　録音テープに複写したものの交付 □　ビデオテープに複写したものの交付 □　光ディスクに複写したものの交付 3　実施場所等の希望 □　市民相談室会議室での開示 □　担当局・区が指定する会議室等での開示 □　郵送
※本人等確認欄	1　運転免許証　2　旅券 3　健康保険の被保険者証 4　その他（　） 5　法定代理人（　）
※担当	（電話番号　）

注1　請求者が法定代理人であるときは、本人の住所又は居所及び氏名も記入してください。
2　開示の実施方法の区分欄の該当する□にレを付けてください。
3　※欄については、記入しないでください。
4　開示請求の際には、本人又は法定代理人であることを証明する書類（運転免許証、旅券、健康保険の被保険者証等）を提示し、又は提出してください。
5　電磁的記録については、用紙に出力したものの閲覧又は写しの交付に限らせていただく場合があります。
6　「担当局・区が指定する会議室等での開示」とは、市役所本庁舎以外に主たる事務所がある局又は区が開示の担当である場合に、その主たる事務所又は区役所庁舎内の会議室等で行う開示をいいます。ただし、開示の担当が市役所本庁舎に主たる事務所がある局の場合は、市民相談室会議室での開示となります。

II 2❷-2 / 個人情報開示請求書

非開示決定通知書

第　号
年　月　日

様

実施機関名　印

平成　年　月　日付けの保有個人情報の開示請求について、〇〇市個人情報保護条例第23条第2項の規定により、次のとおり保有個人情報の全部を開示しないことを決定したので通知します。

開示請求に係る保有個人情報	
開示しない理由	〇〇市個人情報保護条例第19条第　号に該当 （説明）
担当	（電話番号　）
備考	

注　この決定に不服がある場合は、行政不服審査法（昭和37年法律第160号）の定めるところにより、この通知を受けた日の翌日から起算して60日以内に、　に対して不服申立てをすることができます。
また、この通知を受けた日の翌日から起算して6箇月以内に、　を被告として処分の取消しの訴えを提起することもできます（訴訟において　を代表する者は、　となります。）。ただし、この決定について不服申立てをした場合には、当該不服申立てに対する　があったことを知った日の翌日から起算して6箇月以内に、当該訴えを提起することができます。

II 2❷-3 / 個人情報非開示決定通知書

判例3　『宴のあと』事件判決

東京地判昭和三九・九・二八（下民集一五巻九号二三一七頁）

作家三島由紀夫が昭和三五年に中央公論に発表した小説『宴のあと』に関し、原告は出版した新潮社と三島を相手取って、この小説が原告をモデルとしたものであり、原告のプライバシーを侵害するものだとして、謝罪広告と損害賠償を請求した事件。東京地裁は次のように判示して、原告の損害賠償請求を認めた。「近代法の根本理念の一つであり、また日本国憲法のよって立つところでもある個人の尊厳という思想は、相互の人格が尊重され、不当な干渉から自我が保護されることによってはじめて確実なものとなる。私事をみだりに公開されないという保障は、不法な侵害に対しては法的救済が与えられるまでに高められた人格的な利益であり、いわゆる人格権に包摂されるが、なおこれを一つの権利と呼ぶことを妨げるものではなく、プライバシーの侵害に対し法的な救済が与えられるためには、公開された内容が、私生活上の事実または私生活上の事実らしく受け取られるおそれがあり、一般人の感受性を基準にして当該私人の立場に立った場合公開を欲しないであろうと認められ、一般の人々にいまだ知られていない事柄であることを必要とする。」

❸ 自己決定権

個々の権利ではカバーされていないものの、個人の生活や人生における私的な事柄に関する決定を公権力によって妨げられない自由が、自己決定権として一三条で保障されると学説は主張しています。具体的には、ⓐ自己の生命・身体の処分にかかわる事項、ⓑ家族の形成・維持やリプロダクション（子どもを産む・産まない）にかかわる事項、ⓒその他の個人のライフスタイルにかかわる事項（髪型・服装、飲酒・喫煙など）が挙げられます（もっとも、保障される自由の範囲について、学説は、㋐個人の幸福追求にとって重要なものに限られるとする説と、㋑個人の生活の中の行為を広く含むとする説とに分かれており、㋐説に立つとⓒは保障されづらくなります）。

ⓐの例としては、尊厳死や臓器提供の決定が挙げられます（Ⅱ**2**❸-**2**・**3**）。ⓑの例としては、堕胎の決定があります。

みなさんに身近なⓒの例として、高校の校則における髪型の規制やバイク通学の禁止の問題があります（Ⅱ**2**❸-**1**）。これらの校則は、生徒が自分のライフスタイルとして髪型やバイク通学をみずから決定する自由を妨げているので、自己決定権の制限となります。他方で、高校は教育という目的を達成するため規律を行うことができますので、結局、その目的との関係から校則の必要性や合理性を個別に検討して合憲性・適法性を判断することになります。

最高裁判所はこれまで自己決定権を正面から認めたことがありません。旧優生保護法に基づく強制的な不妊手術の合憲性が問題となった裁判で、「子を産み育てるかどうかを意思決定する権利は、……人格的生存の根源に関わるものであり、……憲法一三条の法意に照らし、人格権の一内容を構成する権利として尊重される」として「リプロダクティブ権」を認めた下級審判決があります（仙台地判令和元・五・二八判時二四一三＝二四一四合併号三頁）。

また、性同一性障害者の戸籍上の性別変更に生殖腺除去を必要とする規定の合憲性が問題となった裁判で、最高裁判所が、「自己の意思に反して身体への侵襲を受けない自由」が「人格的生存に関わる重要な権利として」憲法13条により保障されることを認めました（最大決令和五・一〇・二五裁判所ウェブサイト、100頁のⅢ**3**❺**b**-**1**も参照）。

Ⅱ2❸-1／パーマ禁止やバイク通学禁止などの校則

A私立高校

校外生活

1、夜間外出は原則として午後10時までとする。
2、風紀上好ましくない飲食店および娯楽施設に立入らない。
3、校外の団体に加入する場合は事前に関係職員に許可を得なければならない。
4、休暇中のアルバイト、旅行、キャンプ等は保護者の承諾を得てから学校長の許可を得なければならない。
5、いかなる場合でも、私刑、恐喝、暴力等は禁ずる。
6、不慮の事故に遭遇した場合は、すみやかに状況を学校、担任に連絡する。また交通に関しては「4＋1ない運動」の主旨を厳守しなければならない。

服装

1、服装は清潔簡素を旨とし、常に制服を着用する。
2、登下校時は必ず制服を着用する。
3、定められた制服には、手を加えてはいけない。
4、頭髪は学生らしい形に整え、パーマ・ウェーブ・染色・脱色などは厳禁する。
5、通常、定められた通学カバンを用いる。
6、衣替えは6月、10月の指示した日とする。
7、冬期着用するコートは、定められたものに限る。
8、マフラーに関しては、無地で華美でないものを着用する。
9、規定外で登校する場合は、必ず異装許可証を常時携帯する。

B私立高校

以下の行為を行った場合、謹慎、停学または退学とする。

1、飲酒、喫煙、賭博遊戯（パチンコ、麻雀等）を行った場合
2、暴力行為をふるった場合
3、窃盗、万引き、恐喝を行った場合
4、食堂で無銭飲食した場合
5、無免許運転をした場合
6、無断で運転免許を取得した場合
7、バイクで登校した場合

注意事項　保険医療機関等において診療を受けようとするときには、必ずこの証をその窓口で渡してください。

住所

備考

※　以下の欄に記入することにより、臓器提供に関する意思を表示することができます。記入する場合は、１から３までのいずれかの番号を○で囲んでください。

１．私は、脳死後及び心臓が停止した死後のいずれでも、移植の為に臓器を提供します。
２．私は、心臓が停止した死後に限り、移植の為に臓器を提供します。
３．私は、臓器を提供しません。
《１又は２を選んだ方で、提供したくない臓器があれば、×をつけてください。》
【心臓・肺・肝臓・腎臓・膵臓・小腸・眼球】
〔特記欄：　　　　　　　　　　　　　　　　　〕
署名年月日：　　年　　月　　日
本人署名(自筆)：　　　　　　家族署名(自筆)：

II 2❸-3 / 健康保険証の意思表示欄（例）

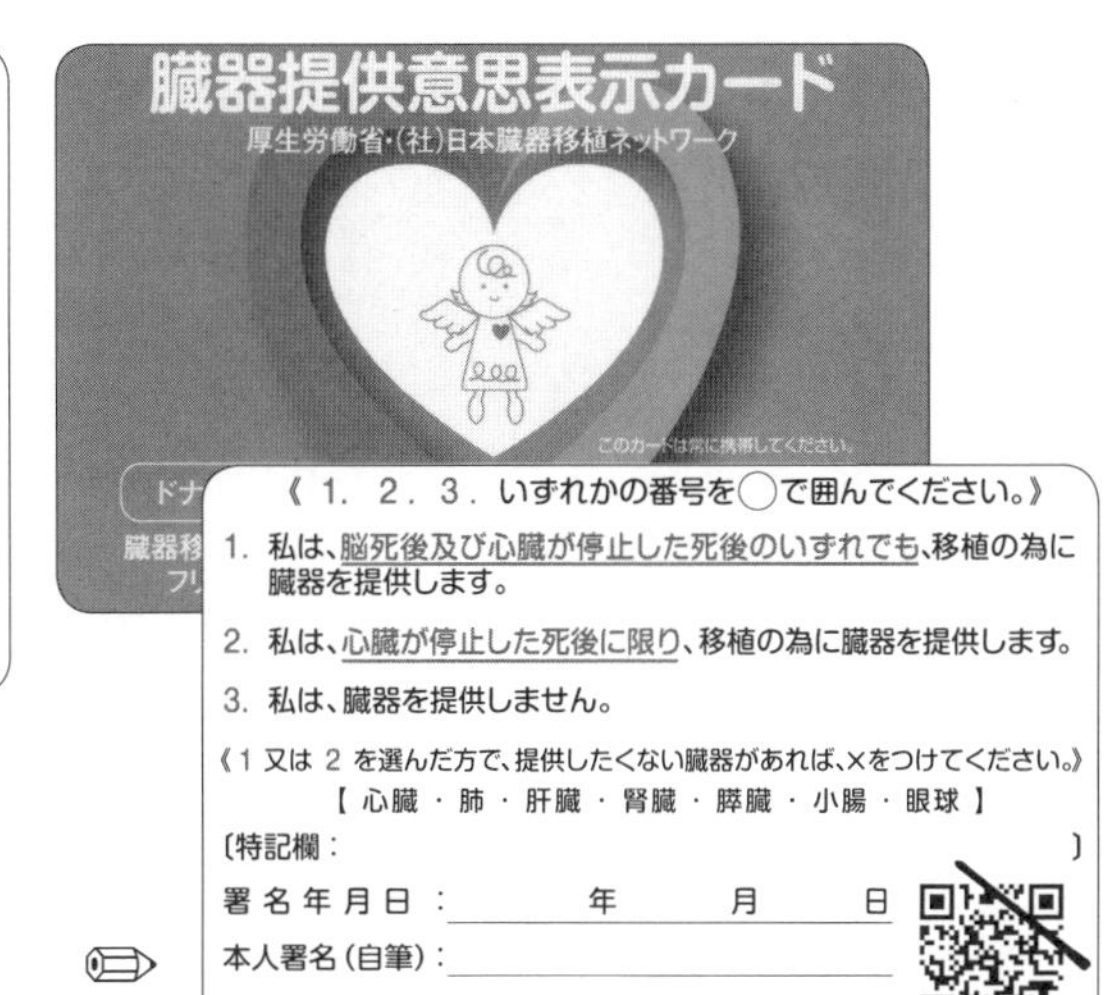
臓器提供意思表示カード
厚生労働省・(社)日本臓器移植ネットワーク
このカードは常に携帯してください。
《１．２．３．いずれかの番号を○で囲んでください。》
1. 私は、脳死後及び心臓が停止した死後のいずれでも、移植の為に臓器を提供します。
2. 私は、心臓が停止した死後に限り、移植の為に臓器を提供します。
3. 私は、臓器を提供しません。
《1 又は 2 を選んだ方で、提供したくない臓器があれば、×をつけてください。》
【心臓・肺・肝臓・腎臓・膵臓・小腸・眼球】
〔特記欄：　　　　　　　　　　　　　　　　　〕
署名年月日：　　年　　月　　日
本人署名(自筆)：
家族署名(自筆)：

II 2❸-2 / ドナー・カード

4 環境権

地球温暖化などの環境問題が、現在、世界的に重要となっていることに異論はないでしょう（II 2❹-2）。環境権が「新しい人権」のひとつとして主張されるのもよく理解できます。

もっとも、その内容について、「良い環境を支配し享受する権利」とはいうものの、「環境」とは自然環境だけを指すのか、景観や文教施設、また歴史遺産といった文化的・歴史的環境も含むのかなど、学説は一致していません。

このように、権利の内容の輪郭が見えづらいこともあってか、また個人の生命や健康と切り離された「環境」を個人の人権として法的構成することが難しいこともあるのか、今まで、環境権を認めた判例はありません。

環境権が主張された有名な事件として、大阪空港の騒音公害事件があります（II 2❹-1）。大阪高裁の判決は、「個人の生命、身体、精神および生活に関する利益」の「総体を人格権ということができ」るとして、これに基づき夜間の空港使用差止め、過去・将来の損害賠償という原告の請求をすべて認めましたが、「人格権の外延を守り、広範な環境破壊の違法性を追及する」ものとしての環境権は認めませんでした（大阪高判昭和五〇・一一・二七判時七九七号三六頁）。最高裁判所は、過去の損害賠償だけを認めています（最大判昭和五六・一二・一六民集三五巻一〇号一三六九頁）。

II 2❹-1 / 大阪（伊丹）空港

II 2❹-2 / 南極で解けだした氷の上に立つペンギン

3 法の下の平等

第一四条
①すべて国民は、法の下に平等であつて、人種、信条、性別、社会的身分又は門地により、政治的、経済的又は社会的関係において、差別されない。
②華族その他の貴族の制度は、これを認めない。
③栄誉、勲章その他の栄典の授与は、いかなる特権も伴はない。栄典の授与は、現にこれを有し、又は将来これを受ける者の一代に限り、その効力を有する。

◪憲法一四条一項は、「すべて国民は、法の下に平等であつて」と定める前段で、法の制定と適用における国民の平等を一般的に保障し、「人種、信条……差別されない」とする後段で、平等の具体的内容を例をあげて示しています。

　なお、後段に列挙されている人種・信条等の事項に関する差別は、民主主義の理念に照らしてとりわけ不合理であると考えられるために特に憲法が明記したと考え、これらに関する差別（区別）については違憲の疑いが強くなるという考え方もあります。

◪平等の保障について考える際には、憲法だけをみるのでは十分ではありません。日本が一九七九（昭和五四）年に批准した国際人権規約は、B規約二六条が個人の「法律による平等の保護を受ける権利」を保障しており、「人種、皮膚の色、性、言語、宗教、政治的意見その他の意見、国民的若しくは社会的出身、財産、出生又は他の地位等のいかなる理由による差別」に対しても「効果的な保護」を受けるべきものとしています。また、女子差別撤廃条約や人種差別撤廃条約など、差別禁止を直接の目的にした重要な条約もあります（Ⅱ**3**-**1**）。

Ⅱ3-1／人権に関する主要な国際条約

名　称	採択	発効	日本の批准
集団殺害罪の防止及び処罰に関する条約	48. 12. 09	51. 1. 12	未批准
人身売買及び他人の売春からの搾取の禁止に関する条約	49. 12. 02	57. 7. 25	58. 5. 1
難民の地位に関する条約（難民条約）	51. 7. 28	54. 4. 22	81. 10. 3
婦人の参政権に関する条約	52. 12. 20	54. 7. 7	55. 7. 13
あらゆる形態の人種差別の撤廃に関する国際条約（人種差別撤廃条約）	65. 12. 21	69. 1. 4	95. 12. 15
経済的，社会的及び文化的権利に関する国際規約（国際人権規約A規約）	66. 12. 16	76. 1. 3	79. 6. 21
市民的及び政治的権利に関する国際規約（国際人権規約B規約）	66. 12. 16	76. 3. 23	79. 6. 21
市民的及び政治的権利に関する国際規約の選択議定書（個人通報制度）	66. 12. 16	76. 3. 23	未批准
難民の地位に関する議定書	67. 1. 31	67. 10. 4	82. 1. 1
アパルトヘイト犯罪の禁止及び処罰に関する国際条約	73. 11. 30	76. 7. 18	未批准
女子に対するあらゆる形態の差別の撤廃に関する条約（女子差別撤廃条約）	79. 12. 18	81. 9. 3	85. 6. 25
拷問及び他の残虐な，非人道的な又は品位を傷つける取扱い又は刑罰に関する条約（拷問等禁止条約）	84. 12. 10	87. 6. 26	99. 6. 29
児童の権利に関する条約	89. 11. 20	90. 9. 2	94. 4. 22
市民的及び政治的権利に関する国際規約の第2選択議定書（死刑廃止条約）	89. 12. 15	91. 7. 11	未批准
女子差別撤廃条約の選択議定書（個人通報制度）	99. 10. 6	00. 10. 22	未批准
武力紛争における児童の関与に関する児童の権利に関する条約の選択議定書	00. 5. 25	02. 2. 12	04. 8. 2
児童売春，児童買春および児童ポルノに関する児童の権利に関する条約の選択議定書	00. 5. 25	02. 1. 18	05. 1. 24
障害者の権利に関する条約及び選択議定書（個人通報制度）	06. 12. 13	08. 5. 3	12. 1. 20
児童の権利に関する条約の選択議定書（個人通報制度及び調査制度）	11. 12. 19	14. 4. 14	未批准
強制失踪からのすべての者の保護に関する国際条約	06. 12. 20	10. 12. 23	09. 7. 23

これらの条約の実現については、国際人権規約B規約のように裁判所によって直接適用されるものもあり、近年では、実際にB規約を適用して国の行為を違法とする判決もみられるようになりました（たとえば、札幌地判平成九・三・二七判時一五九八号三三頁）。ただ、条約違反を理由とする最高裁判所への上告については訴訟法上の制約があるという問題もあるようです。

また、条約の内容を実現するための立法や行政措置も行われています。国際人権規約の批准に際しては、公共住宅に外国人が入居できるように法改正がなされましたし、公立小中学校への外国籍児童の受け入れも義務化されました。また、難民条約への加入に伴い、国民年金法と児童手当三法から国籍条項が撤廃されました。さらに、女子差別撤廃条約も立法などに多くの影響を与えています（25頁を見て下さい）。

◪一四条三項にいう栄典の授与としては、憲法七条七号（103頁）が予定する天皇によるもののほか、国会や政府、地方自治体が永年勤続議員の表彰や国民栄誉賞の授与、名誉市民の称号の授与などを行うことがあります。

❶ 人種

◪ヒトという生物種を、その身体形質（皮膚、毛髪、体型等）に基づいて分類したものが人種ですが、今日では人種概念の学問的意義は再検討されています。憲法上の概念としては、個人の人格価値とかかわらない、故なき差別を防ぐという意味から、文化概念としての民族も含めて考えるべきでしょう。

日本では「単一民族国家」論が自明視されてきたこともあり、問題が表面化しにくかったといわれますが、北海道を中心に数万人存在するアイヌ民族や、数十万人といわれる朝鮮民族に対する差別は厳然と存在してきました。

日本政府は、長年にわたって国内における異民族の存在を認めませんでしたが、平成九年に制定された「アイヌ文化振興法」によって、アイヌ民族の伝統と文化の独自性を認めました。さらに、二〇〇七年に「先住民族の権利に関する国際連合宣言」が採択されたのに続き、翌年六月に衆参両院が「アイヌ民族を先住民族とすることを求める決議」を行い、政府もこれを認めて総合的な政策作りに乗り出しました。

II 3❶-1 / 国連総会で演説する北海道ウタリ（現・アイヌ）協会理事長

令和元年に施行された「アイヌ施策推進法」は、法律として初めてアイヌを先住民族と認めるとともに、アイヌ政策推進のための交付金制度を設けたり、国立アイヌ民族博物館などを含む民族共生象徴空間（愛称ウポポイ）を北海道白老町に設置するなど、アイヌと日本の実情に即した先住民族政策の展開を目指しています。

❷ 信条

◪信条とは、日本国憲法の解釈としては、宗教上の信仰だけではなく、広く思想・政治上の主義を含むと考えられています。

信条による差別は、主に労働関係で問題になります。国家公務員法二七条は、同法三八条四号に定める欠格事由（憲法または政府の暴力的破壊を主張する団体への加入等）にあたる場合を除き、政治的意見や政治的所属関係によって差別してはならないと定めていますが、職員の採用・昇進等は、その性格上、「密室」で決定されるために、不合理な差別が行われていないかどうか検証することには困難があります。

民間企業の場合も、労働基準法三条が信条による差別を禁じていますが、判例は社員の採用にあたって思想・信条を調査することは違法ではないとしています（29頁の**判例5**）。ただ、信条そのものを理由として解雇することは、憲法一四条、労基法三条に反することを示唆する判例もあります（最判昭和三〇・一一・二二民集九巻一二号一七九三頁）。

信条の問題については，さらに29頁を見て下さい。

❸ 性　別

第二四条
①婚姻は、両性の合意のみに基いて成立し、夫婦が同等の権利を有することを基本として、相互の協力により、維持されなければならない。
②配偶者の選択、財産権、相続、住居の選定、離婚並びに婚姻及び家族に関するその他の事項に関しては、法律は、個人の尊厳と両性の本質的平等に立脚して、制定されなければならない。

◪明治憲法体制の下では、妻の法的無能力や「家」の制度など（Ⅱ**3**❸-**1**）のほか、いわゆる「不倫」行為について女性だけを処罰する刑法一八三条の姦通罪など、女性を差別する法制度が多く存在していました。

日本国憲法の制定に伴い、これらの諸制度は廃止または改正され、その他多くの法律でも両性の平等の実現が図られました。しかし、社会における事実上の差別は直ちに解消するものではなく、労働関係においても、採用における差別をはじめ、結婚や出産に伴う退職や男性より早く定年とする若年退職等が就業規則等で定められていることが珍しくありませんでした。これらの違憲違法を訴える訴訟が各地で提起され、ついに最高裁判所が若年定年制について憲法の

Ⅱ3❸-1／民法旧規定の男女差別規定

第一四条　妻カ左ニ掲ケタル行為ヲ為スニハ夫ノ許可ヲ受クルコトヲ要ス
一　第十二条第一項第一号乃至第六号ニ掲ケタル行為ヲ為スコト
二　贈与若クハ遺贈ヲ受諾シ又ハ之ヲ拒絶スルコト
三　身体ニ羈絆ヲ受クヘキ契約ヲ為スコト
前項ノ規定ニ反スル行為ハ之ヲ取消スコトヲ得
第一五条　一種又ハ数種ノ営業ヲ許サレタル妻ハ其営業ニ関シテハ独立人ト同一ノ能力ヲ有ス
第一六条　夫ハ其与ヘタル許可ヲ取消シ又ハ之ヲ制限スルコトヲ得但其取消又ハ制限ハ之ヲ以テ善意ノ第三者ニ対抗スルコトヲ得ス
第一七条　左ノ場合ニ於テハ妻ハ夫ノ許可ヲ受クルコトヲ要セス
一　夫ノ生死分明ナラサルトキ
二　夫カ妻ヲ遺棄シタルトキ
三　夫カ禁治産者又ハ準禁治産者ナルトキ
四　夫カ瘋癲ノ為メ病院又ハ私宅ニ監置セラルルトキ
五　夫カ禁錮一年以上ノ刑ニ処セラレ其刑ノ執行中ニ在ルトキ
六　夫婦ノ利益相反スルトキ
第一八条　夫カ未成年者ナルトキハ第四条ノ規定ニ依ルニ非サレハ妻ノ行為ヲ許可スルコトヲ得ス
第七八八条
①妻ハ婚姻ニ因リテ夫ノ家ニ入ル
②入夫及ヒ壻養子ハ妻ノ家ニ入ル

（注）昭和二二年の法改正で、第一四～一八条の規定は削除され、また七八八条もまったく別の規定になっている。

Ⅱ3❸-2／平等にかかわる現行民法の条文

第七三一条
婚姻は、十八歳にならなければ、することができない。
第七三三条
①女は、前婚の解消又は取消しの日から起算して百日を経過した後でなければ、再婚をすることができない。
②前項の規定は、次に掲げる場合には、適用しない。
一　女が前婚の解消又は取消しの時に懐胎していなかった場合
二　女が前婚の解消又は取消しの後に出産した場合
第七五〇条
夫婦は、婚姻の際に定めるところに従い、夫又は妻の氏を称する。
第九〇〇条
同順位の相続人が数人あるときは、その相続分は、次の各号の定めるところによる。
一　子及び配偶者が相続人であるときは、子の相続分及び配偶者の相続分は、各二分の一とする。
二　配偶者及び直系尊属が相続人であるときは、配偶者の相続分は、三分の二とし、直系尊属の相続分は、三分の一とする。
三　配偶者及び兄弟姉妹が相続人であるときは、配偶者の相続分は、四分の三とし、兄弟姉妹の相続分は、四分の一とする。
四　子、直系尊属又は兄弟姉妹が数人あるときは、各自の相続分は、相等しいものとする。ただし、父母の一方のみを同じくする兄弟姉妹の相続分は、父母の双方を同じくする兄弟姉妹の相続分の二分の一とする。

Q2. 上の民法旧規定中，「羈絆」，「瘋癲」，「壻養子」は何と読む？（答えは117頁）

趣旨に基づき違法としたのが**判例4**です。

また、民法七三三条一項は、子の父親を確定するため、女性に対してだけ六カ月の再婚禁止期間を設けていましたが、民法七七二条には、離婚から三〇〇日以内に生まれた子どもは前夫の子、再婚から二〇〇日たてば現在の夫の子とする「嫡出推定」規定があり、期間が重複していずれの子とも推定できるのは最大一〇〇日であるため、最高裁は、これを超える約八〇日について「合理性を欠いた過剰な制約」として違憲との判決を下しました（最大判平成二七・一二・一六民集六九巻八号二四二七頁）。これを受け、七三三条は再婚禁止期間を一〇〇日に短縮するとともに、女性が離婚時に妊娠していないことを証明すれば、離婚後一〇〇日以内でも再婚を認めるように改正されました。

社会の中での性差別撤廃に関しては、女子差別撤廃条約の批准とそれに伴う国内法の整備が見逃せません。男女の性役割に基づく差別や偏見を撤廃し、両性の平等の実現をめざす同条約は、一九七九（昭和五四）年の国連総会で採択され、一九八一年に発効しました。日本は昭和五五年に署名し、父系血統主義を父母両系血統主義に改めた昭和五九年の国籍法改正、昭和六〇年の男女雇用機会均等法制定、家庭科教育の見直しなどの国内法制度の整備を行ったうえ、昭和六〇年に批准しました。

男女雇用機会均等法では、募集・採用、配置・昇進等の雇用管理の各ステージにおける性別を理由とする差別の禁止や婚姻、妊娠・出産等を理由とする不利益取扱いの禁止等が定められています。また、平成二九年一月から、上司・同僚からの職場における妊娠・出産等に関するハラスメント防止対策の措置を義務づけるよう改正されています。

また、同法の着実な履行確保を図るため、厚生労働省は、法の周知や法違反の事実が認められる企業に対し是正指導等を行うとともに、実質的な男女均等取扱いの実現を目指し、男女労働者の間に事実上生じている格差を解消するための企業の自主的かつ積極的な取組（ポジティブ・アクション）を促進する施策を実施しています。

なお、女性の活躍を一層進めるため、女性活躍推進法が成立し、令和四年四月から、常時雇用する労働者数が一〇一人以上の企業は、(1)自社の女性の活躍に関する状況把握・課題分析、(2)その課題を解決するのにふさわしい数値目標と取組を盛り込んだ行動計画の策定・届出・周知・公表、(3)自社の女性の活躍に関する情報の公表を行わなければなりません。取組が優良な企業は、国などによる物品・サービスの調達の際に優遇されます。

◪平成一一年六月には、両性が対等な構成員としての社会の全分野における活動に参画する機会が保障される「男女共同参画社会」の実現に向けて、基本理念および国・地方公共団体と国民それぞれが果たすべき責務と役割を定めた「男女共同参画社会基本法」が公布・施行されました。政府では、内閣総理大臣を本部長とし、

Ⅱ3❸-3 / 従来おもに男性が従事していた職業にも女性が進出

判例4　日産自動車事件判決

最判昭和五六・三・二四（民集三五巻二号三〇〇頁）

日産自動車株式会社（被告）では、就業規則で男子の定年年齢を五五歳、女子の定年年齢を五〇歳としていた（昭和四八年以降は男子六〇歳、女子五五歳と改めた）。昭和四四年に満五〇歳に達したため定年退職を命ぜられた原告が、この就業規則は違法であるとして、雇用関係存続確認等を求めて提訴した。最高裁判所は次のように判示して、原告が勝訴となった。「会社の就業規則中女子の定年年齢を男子より低く定めた部分は、専ら女子であることのみを理由として差別したことに帰着するものであり、性別のみによる不合理な差別を定めたものとして民法九〇条の規定により無効であると解するのが相当である（憲法一四条一項、民法一条ノ二参照）。」

II 3③-4 / 女子大学の役割

奈良女子大学は、世界トップクラスの研究を進め、国際的プレゼンスを高め、女性の理工系分野への進出を促すために、次の取組を行う。

(1) 理学部を持つ女子大学という特色と、理系女性リーダーの育成拠点として人材を育成してきた実績を活かし、理工系の知識と素養を持つ女性人材を社会へ輩出する。基礎研究の充実と促進のための基盤を整備し、ミッションの再定義により本学の強みとされ、小規模大学ながら実績を積みあげてきた高エネルギー物理学を含む基礎物理学、分子科学、基礎生物学の研究を中心に、最先端の理工系基礎研究を推進する。

○出願資格

奈良女子大学では、従前から入学資格として設定していた「女子」の概念（日本国籍をもつ場合は戸籍の性別が「女性」、日本国籍以外の場合は法的性別が「女性」）に、女性としての性自認を持つトランスジェンダー女性（MtF）を含めます。

（国立大学法人奈良国立大学機構「第４期中期目標・中期計画」および奈良女子大学「学生募集要項」より抜粋）

全閣僚をメンバーとする男女共同参画推進本部を設置して関連施策の円滑で効果的な推進を図るとともに、内閣府に内閣官房長官を議長とし、大臣と学識経験者各一二名で構成する男女共同参画会議を設置して、基本方針や政策の審議のほか、施策実施状況の監視、施策の影響の調査などを行っています。

男女共同参画社会基本法に基づき、政府は平成一二年に男女共同参画基本計画を定め、「政策等の立案及び決定への共同参画」を基本理念の一つとして、女性の国家公務員や国の審議会等の女性委員など政府が直接取り組むことができる分野については、具体的な数値目標を設定して取組を進めています。令和二年策定の第五次基本計画においては、令和七年までに国会議員の三五％（現状二〇～三〇％）、検察官の三〇％（現状二五％）、国家公務員課長職の一〇％（現状五％）を女性が占めることを目標としています。

近時は「身体の性」だけでなく、「心の性（性自認）」や性的指向に基づく性的少数者への偏見や差別を防止するための取組が進められています。令和五年に制定された「ＬＧＢＴ理解増進法」は、「性的指向及びジェンダーアイデンティティの多様性に寛容な社会の実現に資する」ことを目的とし、差別を禁止するほか、国と地方自治体は理解増進施策の策定・実施に努めることとし、企業に対しても、雇用する労働者の理解増進に関して、普及啓発、就業環境の整備、相談の機会の確保などを行うことを努力義務としています。

また、このような性差別撤廃の流れの中で、女性のみの入学を認める国公立大学の合憲性も議論されるようになっています（II 3③-4）。

④ 社会的身分・門地など

◪社会的身分の意味については、「出生によって決定され、自分の意思で変えられない社会的な地位」と狭く解する説、反対に「社会においてある程度継続的に占めている地位」と広く解する説、そして中間的なものとして「社会において後天的に占める地位で一定の社会的評価を伴うもの」とする説など、いろいろな考え方があります。一四条の後段列挙事項を単なる例示とみる立場に立てば、どの説をとっても結局は同じことになりますが、列挙事項に特別な意味を認めるならば、社会的身分を広く解するのは適当ではないでしょう。

狭く捉えた場合の具体的内容としては、いわゆる被差別部落出身者などが含まれると考えられ、また嫡出子・非嫡出子という立場に関わる差別もここでの問題になります。なお、

「部落差別の解消の推進に関する法律」が平成28年12月16日から施行されました。

同和問題は今も身近な課題です。

同和問題とは

日本社会の歴史的過程で形づくられた身分差別により、日本国民の一部の人々が長い間、経済的、社会的、文化的に低位の状態におかれ、現在でもいろいろな差別を受けるという、我が国固有の重大な人権問題です。

同和問題は、現在も続いている重大な社会問題です

残念ながら、現在でも、各地で様々な差別事件が発生し、苦しんでいる人たちがいます。特に最近ではインターネット上での差別的な書き込みが問題となっています。

同和問題を正しく理解し、差別や偏見をなくしましょう

人を出身地によって差別するという行為そのものが不当であり、同和地区出身者を差別することは決して許されることではありません。私たち一人ひとりが、身近な問題として同和問題を正しく理解し、差別意識や偏見をなくすなど、自らの問題として取り組んでいきましょう。

新潟県　お問い合わせ先／新潟県福祉保健総務課 人権啓発室 TEL025-280-5181

詳しくは新潟県HPへ　新潟県の人権　検索

II 3④-1 / 同和問題啓発の新聞広告
（新潟県・令和 5. 8. 19）

Ⅱ③④-2 / 同和対策審議会答申

いわゆる同和問題とは、日本社会の歴史的発展の過程において形成された身分階層構造に基づく差別により、日本国民の一部の集団が経済的・社会的・文化的に低位の状態におかれ、現代社会においても、なおいちじるしく基本的人権を侵害され、とくに、近代社会の原理として何人にも保障されている市民的権利と自由を完全に保障されていないという、もっとも深刻にして重大な社会問題である。

（中略）

その特徴は、多数の国民が社会的現実としての差別があるために一定地域に共同体的集落を形成していることにある。最近この集団的居住地域から離脱して一般地区に混在するものも多くなってきているが、それらの人々もまたその伝統的集落の出身なるがゆえに陰に陽に身分的差別のあつかいをうけている。

（中略）

歴史をかえりみても、同和地区住民がその時代における主要産業の生産過程から疎外され、賤業とされる雑業に従事していたことが社会的地位の上昇と解放への道を阻む要因となったのであり、このことは現代社会においても変らないからである。したがって、同和地区住民に就職と教育の機会均等を完全に保障し、同和地区に滞留する停滞的過剰人口を近代的な主要産業の生産過程に導入することにより生活の安定と地位の向上をはかることが、同和問題解決の中心的課題である。

門地とは家柄を意味すると解されていますが、その顕著な例である華族は憲法一四条二項によって廃止されています。

判例は後段事項を例示とみています。代表的判例としては、議員定数に関する一連の判決や、

Ⅱ③④-3 / 尊属殺

刑法第二〇〇条
自己又ハ配偶者ノ直系尊属ヲ殺シタル者ハ死刑又ハ無期懲役ニ処ス
（平成七年法九一号により削除）

刑法二〇〇条（Ⅱ③④-3）を違憲無効とした尊属殺事件、非嫡出子の相続分を嫡出子の二分の一と定めていた民法九〇〇条四号ただし書前段を不合理な差別として違憲無効とした判例（最大決平成二五・九・四民集六七巻六号一三二〇頁）があります。

◪もっとも、社会的身分による差別の多くは法律によるものではなく、事実上の差別ですから、従来は憲法一四条の問題とはなりづらいと考えられてきました。しかし、このような差別の解消をも国の責務とするのが国際的潮流です。

◪いわゆる被差別部落に関する同和対策審議会答申は、住民代表を含む学識経験者が構成する審議会が昭和四〇年八月に政府に提出した答申です（Ⅱ③④-2）。同和問題の解決を「国の責務」「国民的課題」とした同答申に基づき、昭和四四年から同和対策事業特別措置法による国と地方自治体の取組が始まりました。

改善対策地域に指定された被差別部落は同和地区と呼ばれ、平成五年に政府が行った実態調査では約八九万人の人口があるとされました。昭和四四年以来三度にわたり制定された特別措置法に基づく施策により、住環境をはじめとする生活環境等は一定の改善をみたとされ、平成一四年三月で同和地区だけを対象とする国の特別対策は終了し、他の地域と同じ一般対策に移行しました。

他方、人権侵害に至る差別はなお残存しているという認識の下に、同和問題も含めて、広く社会における人権の擁護を促進するために平成九年に人権擁護推進審議会が設置されました。審議会は、平成一一年に人権教育・啓発のあり方に関する諮問第一号への答申を、一三年に人権救済のあり方に関する諮問第二号への答申を行い、一四年に解散しました。一号答申の内容に法的裏付けを与えるために、平成一二年に人権教育・啓発推進法が議員立法で制定され、また、主として二号答申の実施に向けて、人権委員会（仮称）を設置し人権救済、人権啓発等を行わせようとする人権擁護法の構想もあります。

人権教育・啓発推進法八条に基づき、政府は、毎年、政府が講じた人権教育および人権啓発に関する施策の報告を国会に提出するとともに、「人権教育・啓発白書」として刊行しています。令和四年度の報告では、人権一般の普遍的な視点からの取組、女性、こども、高齢者、障害のある人、部落差別（同和問題）、アイヌの人々、外国人、インターネット上の人権侵害、性的マイノリティその他個別の人権課題に対する取組、人権に関わりの深い特定の職業に従事する者に対する研修等が扱われています。

個別の人権課題のなかでも、最近とくに注目

議員定数不均衡の問題については，57頁以下を見て下さい。

されているものとして障害者の社会参加の促進があります。その一環として、障害者雇用促進法は、主に差別禁止と合理的配慮の提供義務、職業訓練や職業紹介などの職業リハビリテーションの推進のほか、障害者雇用率制度を定めており、令和三年三月以降は、民間企業は障害者を二・三%、国、地方自治体の非現業的機関は二・六%雇用することを義務づけています。

障害者施策の基本的枠組は障害者基本法が定めており、政府に障害者基本計画の策定を義務づけるとともに、その実施状況について監視や勧告等を行うために、内閣府に「障害者政策委員会」が設置されています。

また、二〇〇六年に国連総会で採択された障害者権利条約は、障害者の人権や基本的自由の享有を確保し、障害者の尊厳の尊重を促進することを目的として、市民的・政治的権利、教育・保健・労働・雇用の権利、社会保障、余暇活動へのアクセスなど、さまざまな分野における取組を締約国に対して求めています。日本は、条約締結に先立ち、国内法の整備をはじめとする諸改革を進めることとし、障害者基本法の改正（平成二三年）、障害者総合支援法の制定（二四年）、障害者差別解消法の制定および障害者雇用促進法の改正（二五年）などを経て、平成二六年に批准、発効しました。

Ⅱ3④-4 / 一般の民間企業における障害者数および実雇用率の推移
（厚生労働省「障害者雇用状況の集計結果」を参照し作成）

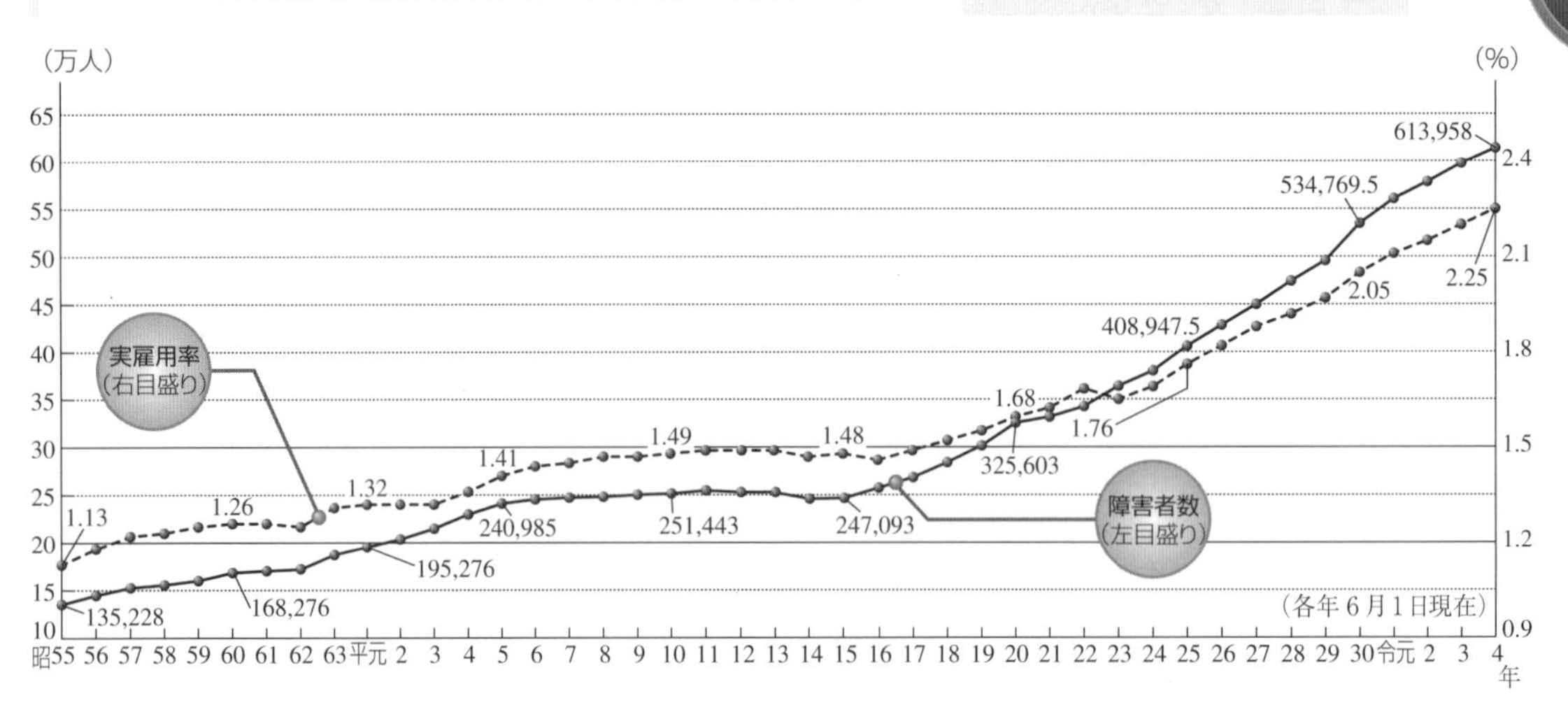

（注） 障害者とは，次に掲げる者の合計数である。
〜昭和62年 身体障害者（重度身体障害者はダブルカウント）。
昭和63年〜平成4年 上記に知的障害者を加えた。
平成5年〜平成17年 上記の知的障害者のうち重度障害者をダブルカウントとし，さらに，重度身体障害者である短時間労働者および重度知的障害者である短時間労働者を加えた。
平成18年〜平成22年 上記に精神障害者および精神障害者である短時間労働者（短時間労働者は0.5人でカウント）を加えた。
平成23年以降 上記に身体障害者である短時間労働者および知的障害者である短時間労働者（それぞれ0.5人でカウント）を加えた。

＊ 上記の障害者数のカウントの変更は，それぞれグラフ中の翌年の値から反映されている。

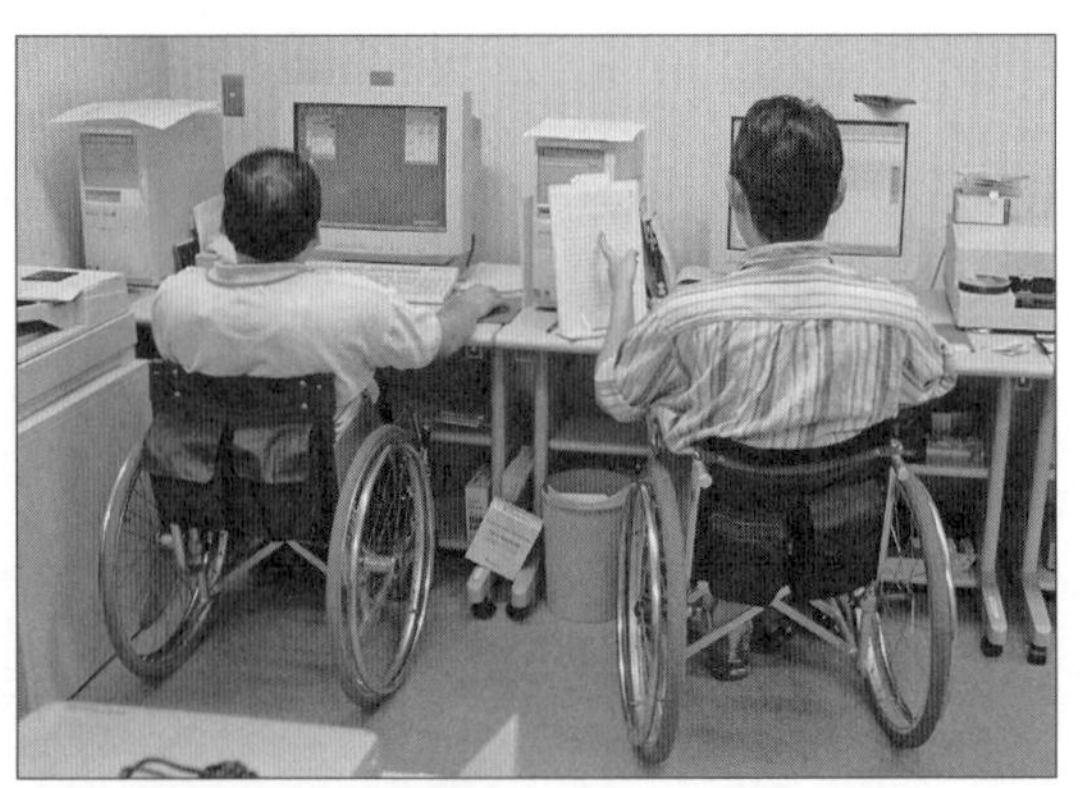

Ⅱ3④-5 / 働く障害者

精神的自由

❶ 思想・良心の自由

第一九条
思想及び良心の自由は、これを侵してはならない。

私たちの内心での「思い」とか「人生観」や「信念」などは、外に出して言ったり書いたりしない限り、誰にも分からないはずです。では思想や良心の自由を保障することにはどんな意味があるのでしょうか。

判例5では良心を「信条」の意味に解しているようですが、これを（思想と良心を区別せずに）広く人の「内心」全般を保障しているとする見解もあります。

諸外国の憲法でも「良心の自由」を宗教信仰の自由との関わりで保障する例は少なくありませんが、「良心の自由」とは別に「思想の自由」を定めている憲法はほとんどありません。

対立候補者の名誉を毀損する発言をしたとして、「謝罪広告」（Ⅱ4❶-1）を新聞に出すよう判決で命じられた加害者が、自分は正しいと思っているのに「謝れ」と言われるのは「良心の自由」の侵害だと主張しましたが、真実と違っていたことを陳謝させる程度の広告であれば憲法違反ではないとされた事例が有名です。

最近では、市立小学校の入学式で「君が代」伴奏を求める校長の職務命令を拒否した音楽専科の教師が懲戒処分（戒告）等を受けた事例（最判平成一九・二・二七民集六一巻一号二九一頁等）で、ピアノ伴奏行為自体は特定の思想の表明行為ではないとされ、また、公立中学校の卒業式等で国旗掲揚の下での国歌（君が代）の起立斉唱を拒否して同じく職務命令違反で戒告された教諭が争った事例（最判平成二三・六・一四民集六五巻四号二一四八頁）でも、個人の歴史観ないし世界観と異なる外部的行為（起立斉唱）を求めることは、教諭の思想・良心の自由についての間接的な制約にはなるが、憲法一九条に違反するものとはいえないとされました。

Ⅱ4❶1／謝罪広告

私は昭和二十七年十月一日施行された衆議院議員の総選挙に際し日本共産党公認候補として徳島県より立候補し、その選挙運動に当って、…三回に亘り日本放送協会徳島放送局で候補者政見放送を行った際、右放送中に「○○前副知事はＳ発電所の発電機購入に関し八百万円の周旋料をとっている」旨述べ、又九月二十九日発行の徳島新聞紙上で前徳島県知事△△氏が「公開状」と題して右放送事実を指摘し之について釈明を求めたのに対し、翌三十日附同紙上に私は同じく「公開状」と題しその文中に「当時東芝が多数の業者の競争をよそに高い値段で県に売りつける権利を獲得し、○○君がこの斡旋に奔走して八百万円のそでの下をもらった事実は打ち消すことが出来ない」……と記載いたしましたが右放送及び記事は真実に相違して居り、貴下の名誉を傷け御迷惑おかけいたしました。ここに陳謝の意を表します。

××××

○○○○殿

民集 10 巻 7 号 817～8 頁により作成。

判例5　三菱樹脂事件判決

㊫最大判昭和四八・一二・一二（民集二七巻一一号一五三六頁）

大学卒業後、三カ月の「試用期間」付きで雇用された原告が、大学在学中の学生運動参加等の政治的活動についての身上書中の虚偽の記載や、面接時の虚偽の回答を理由に、管理職要員として不適格だと判断した会社が、試用期間満了時に本採用を拒否したので、原告が雇用契約関係の存在確認と賃金支払いを求めた事例で、最高裁判所は次のように判示して高裁に差し戻した。「憲法の自由権と平等権の規定は、……専ら国又は公共団体と個人との関係を規律するものであり、私人相互の関係を直接規律することを予定するものではない。私人間においては、権利の矛盾、対立の調整は原則として私的自治にゆだねられ、その侵害の態様、程度が社会的に許容し得る限界を超えるときは、立法措置によって是正を図り、又は、民法一条、九〇条や不法行為に関する諸規定等によって適切な調整を図る方途も存在する。…企業者は、経済活動の一環としてする契約締結の自由を有し、自己の営業のために労働者を雇い入れるか、いかなる条件でこれを雇うかについて、法律その他による特別の制限がない限り、原則として自由にこれを決定することができるのであって、企業者が特定の思想、信条を有する者をそのゆえをもって雇い入れることを拒んでも、それを当然に違法視することはできない。…企業者が、雇用の自由を有し、思想、信条を理由として雇入れを拒んでもこれを目して違法とすることができない以上、企業者が、労働者の採否決定に当たり、労働者の思想、信条を調査し、そのためその者からこれに関連する事項についての申告を求めることも、違法ではない。」なおこの判決後、和解が成立して、原告は職場復帰した。

「信条」については，23頁を見て下さい。

❷ 信教の自由

第二〇条
①信教の自由は、何人に対してもこれを保障する。いかなる宗教団体も、国から特権を受け、又は政治上の権力を行使してはならない。
②何人も、宗教上の行為、祝典、儀式又は行事に参加することを強制されない。
③国及びその機関は、宗教教育その他いかなる宗教的活動もしてはならない。

◪憲法二〇条は、「信教の自由」を定める部分（一項前段・二項）と政教分離原則を定める部分（一項後段・三項）とに分かれます。「信教の自由」（つまり宗教を信じる自由）といっても、「宗教」が何かということは憲法や法律では定められていません。富士山も多くの日本人の信仰の対象となっています（Ⅱ4❷-1）。

◪日本人の中には、お宮参りや七五三や初詣は神社へ参拝し、結婚式は教会で挙げ、お葬式は仏式で、というのにさほど違和感のない人が多いといわれます（多重信仰）。これを特徴的に示すのがグラフⅡ4❷-2で、信者数が日本人の総人口（約一・二億人）をはるかに上回っています。もっとも、神社の氏子や寺の檀家の数え方に問題があるかもしれませんが、欧米ではこういう現象はないように思われます。

(a) 宗教法人

◪憲法は宗教団体の結成を「結社の自由」として保障し（二一条一項）、二〇条一項はこれを前提としています。戦後の昭和二〇年一二月の宗教法人令によって、それまでの宗教団体への規制が撤廃された結果、宗教法人の設立が急増し、昭和二四年末ですでに宗教法人の数は一八万を超えていました。その後、現行の宗教法人法の下で、さらに多少増加しましたが、この数字に

Ⅱ4❷-1 / 富　士　山
本栖湖より眺める富士山。この頁下のQ3参照。

Ⅱ4❷-2 / わが国の信者数（令和4.12.31現在）

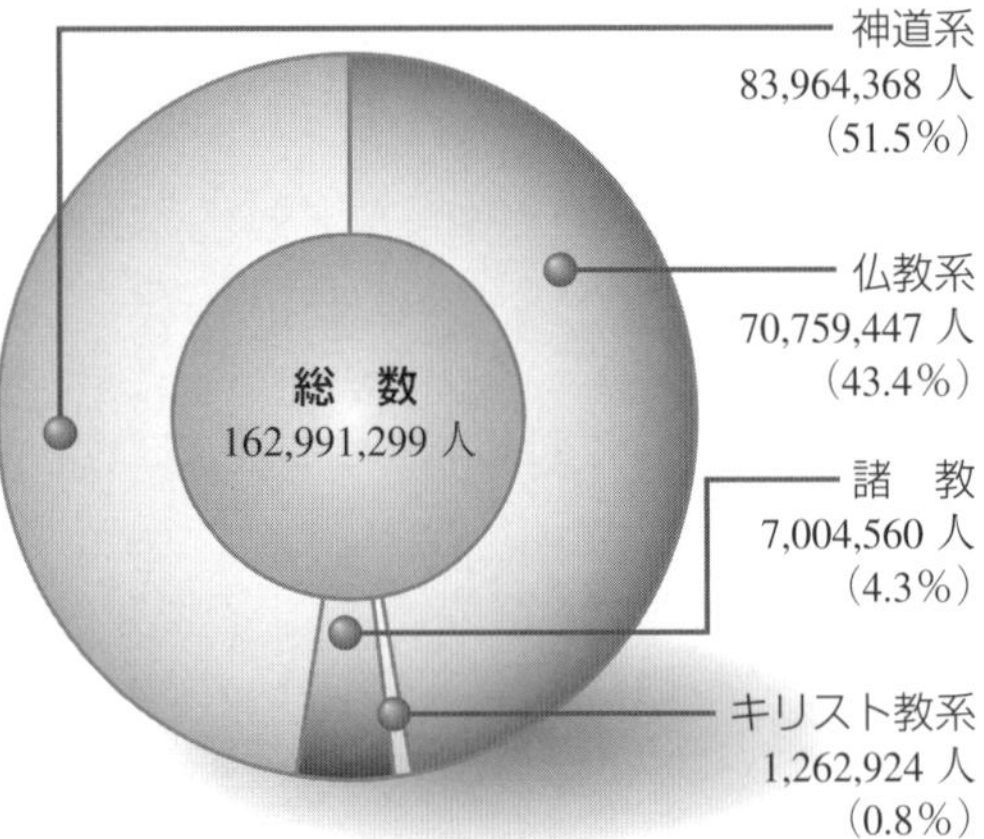

『宗教年鑑令和5年版』より。

Ⅱ4❷a-1 / わが国の社寺教会等単位宗教法人数（令和4.12.31現在）

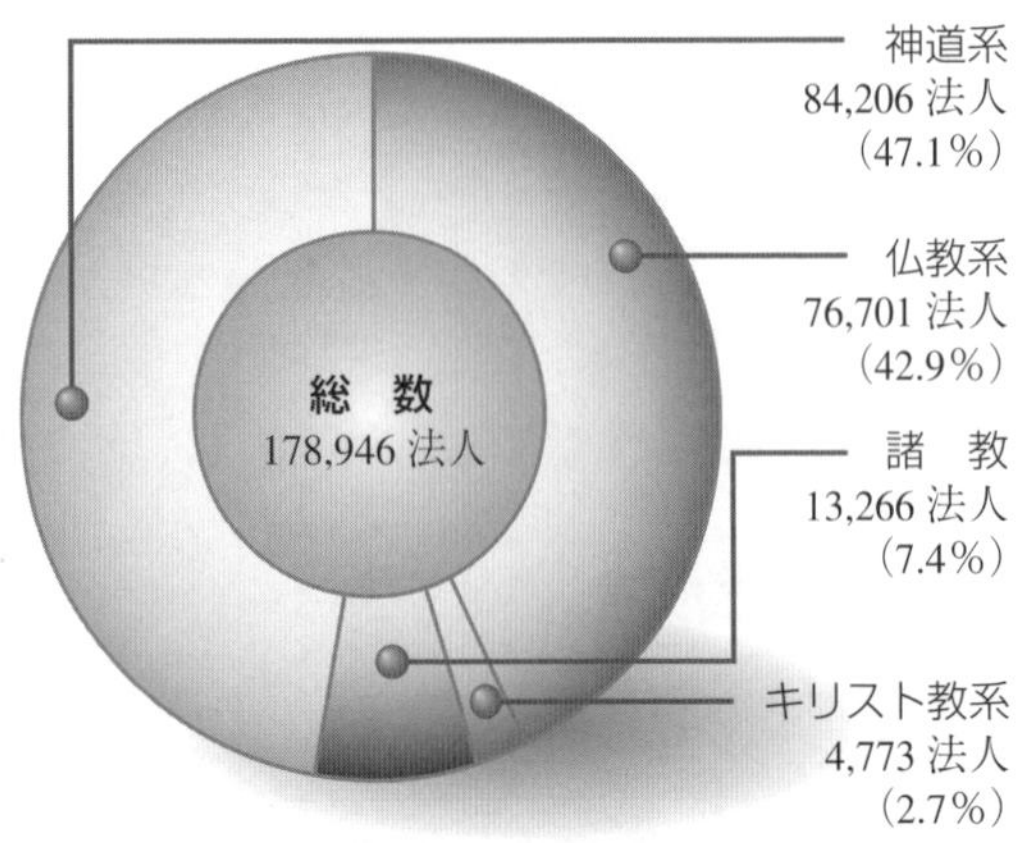

『宗教年鑑令和5年版』より。

Question
Q3. 富士山頂はだれのもの？（答えは117頁）

は最近までそれほど目立った変化がありません（Ⅱ4❷a-1）。

◪令和四年末までの統計では、文化庁が把握している宗教団体の総数は二一万三八〇で、その約八五％が宗教法人法に基づいて法人格を取得しています。宗教団体が宗教法人になるためには、その団体が同法二条に該当する宗教団体であることを立証し、同法一二条に定める規則を定めて、同法五条により都道府県知事（場合により文部科学大臣）の認証を受けなくてはなりません（Ⅱ4❷a-2・a-3）。

宗教法人法は「礼拝の施設その他の財産を所有し、これを維持運用し、その他その目的達成のための業務及び事業を運営することに資する」（同法一条）ための法律ですから、この法律によって宗教団体の結成が制限されたり、法人格を取得することによって宗教活動に規制が加えられることはありません。ただし、「法令に違反して、著しく公共の福祉を害すると明らかに認められる行為をしたこと」や「宗教団体の目的を著しく逸脱した行為をしたこと」などの事由があると認められるとき（同法八一条）は、裁判所によって解散が命じられます（オウム真理教解散命令事件決定＝最決平成八・一・三〇民集五〇巻一号一九九頁もそのひとつ）。

(b) 政教分離原則

憲法二〇条一項・三項および八九条の定める「政教分離規定」が争われた住民訴訟についての古典的な判例としては、津地鎮祭事件判決（最大判昭和五二・七・一三民集三一巻四号五三三頁）があり、そこでは、政教分離原則とは、国家と宗教とのかかわり合いが、それをもたらす行為の目的および効果に鑑み、わが国の社会的・文化的諸条件に照らして、信教の自由の保障の確保という制度の根本目的との関係で相当とされる限度を超えるものと認められる場合に、これを許さないとするものだとし、この原則に違反するかどうかは、当該行為の目的および効果が「宗教的活動」にあたるようなかかわり合いかどうかを、社会通念に従って客観的に判断すべきだとしました。

（様式第1号）

（宗教法人規則認証申請書）

第〇　〇号
年　月　日

文部科学省大臣（都道府県知事）　殿

申請人
都道府県郡市区町村大字番地
（宗教法人「〇〇〇」）
〇〇〇（団体名）
住　所
［主管者
代務者］
代表者　氏　名　㊞

宗教法人規則認証申請

宗教法人「〇〇〇」を設立したいので、宗教法人法第13条の規定により（附則第5項の規定により同法第13条の規定に従い）規則2通に下記関係書類を添えて、規則の認証を申請します。

記

（旧宗教法人名）
1．〇〇〇（団体名）が宗教団体であることを証する書類
2．公告をしたことを証する書類
（旧宗教法人名）
3．申請人が〇〇〇（団体名）を代表する権限を有することを証する書類
4．代表役員及び定数の過半数に当たる責任役員に就任を予定されている者の受諾書

以上

Ⅱ4❷a-2 / 規則認証申請書の例

（様式第15号）

（規則認証書）

第〇〇号
〇〇〇（団体名）代表者
宗教法人「〇〇〇」主管者

年　月　日附（第　号）で申請のあった宗教法人「〇〇〇」の規則を、宗教法人第14条の規定によって（附則第5項（第6項）の規定により同様第14条の規定に従って）認証します。

年　月　日

文部科学大臣（都道府県知事）　〇〇〇〇　㊞

Ⅱ4❷a-3 / 規則認証書の例

憲法89条の条文については，104頁を見て下さい。

Ⅱ４❷ b-1 / 孔子廟 

その後、愛媛玉串料訴訟等違憲判決（**判例６**）では、愛媛県が靖国神社や県護国神社に何年にもわたって公金を支出していたことは、憲法二〇条三項・八九条に違反するとされました。また、砂川市（北海道）が同市の市有地を、空知太連合町内会に対し、神社の建物や鳥居などの神社施設の敷地として、長らく無償で利用に供していたことについても、最高裁判所は、市と神社・神道とのこのようなかかわり合いは「相当とされる限度を超えるもの」で、憲法八九条に違反し、ひいては宗教団体への特権の付与（憲二〇条一項後段）にも当たり違憲であるとしました（最大判平成二二・一・二〇民集六四巻一号一頁）。

さらに、最近では、那覇市（沖縄県）が管理する市有地内の公園の敷地の一部を無償貸与（使用料免除）していたことが裁判で争われました（孔子廟訴訟）。この住民訴訟は、久米三十六姓（約六百年前から約三百年前に中国福建省とその周辺から琉球に渡来してきた人々）の末裔で構成する久米崇聖会（参加人）が上記の公園内に、儒教の祖である孔子等を祀った久米至聖廟（孔子廟）を設置し、市がこれを許可した上、公園使用料を全額免除したことが違法であるとして争ったものです。市はこれらの施設の観光資源等としての意義や歴史的価値を主張しましたが、最高裁判所は、この公園使用料免除は、一般人の目から見て、市が参加人のこれらの施設での宗教的活動（宗教性を有する施設の公開、宗教的意義を有する釋奠祭禮の挙行）を行うことを容易にするもので、その効果は間接的、付随的なものにはとどまらないとし、上記（31頁下段参照）の規準に照らせば、市と宗教とのかかわり合いは「相当とされる限度を超えるもの」として憲法二〇条三項に違反すると判断しました（最大判令和三・二・二四民集七五巻二号二九頁）。

ただ、この判決ではこうした宗教的施設としての性格をもつ施設であっても、そこに同時に歴史的・文化的な価値や、観光資源、国際親善、地域の親睦の場などとしての意義などがあれば、一般人の評価など諸般の事情を考慮して無償提供などが許される場合がありうることも示唆しており、東京の湯島聖堂をはじめ各地にある類似の施設について、同様の判断がなされるかどうかは別の問題でしょう。

判例６　愛媛玉串料等違憲判決

最大判平成九・四・二（民集五一巻四号一六七三頁）

愛媛県知事が靖国神社・護国神社が挙行した宗教上の祭祀である例大祭等に際して、玉串料等を奉納したことが憲法二〇条・八九条に違反するとして同県の住民が地方自治法に基づいて起こした裁判について、最高裁判所は、このような公金の支出は、「県が特定の宗教団体の挙行する重要な宗教上の祭祀にかかわり合いを持ったことになり、慣習化した社会的儀礼とはいえず、また、そのかかわり合いは、一般人に対して、県が特定の宗教団体を特別に支援しており、それらの宗教団体が特別のものとの印象を与え、特定の宗教への関心を呼び起こす。本件玉串料の奉納は、その目的が宗教的意義をもち、その効果が特定の宗教に対する援助、助長、促進になり、県と靖国神社等とのかかわり合いが我が国の社会的・文化的諸条件に照らし相当とされる限度を超えるものであって、本条三項の禁止する宗教的活動に当たる」とした。

❸ 集会・結社・表現の自由

第二一条
①集会、結社及び言論、出版その他一切の表現の自由は、これを保障する。
②検閲は、これをしてはならない。通信の秘密は、これを侵してはならない。

(a) 集会・結社の自由

◪憲法二一条一項は、集会の自由、結社の自由と表現の自由を保障しています。集会の自由の保障は、多くの人が共通の目的をもって集会を開くことにより互いの意見や情報を交換したり、集団としての意思を形成するために必要です。集団としての意思の表明は、表現の自由として重要です。デモ行進も動く集会といえます。集会には、道路、公園や公会堂などの市民に開かれた公共施設が使われます。これらの施設は、アメリカでいうパブリック・フォーラムにあたり、利用の規制は最小限であることが求められます。施設の適正な管理は認められますが、集会の内容や混乱のおそれを理由として、利用を不許可にすることはできません。地方自治法は、地方公共団体が住民のための公の施設の利用を正当な理由なく拒否することはできないとしています(自治二四四条二項)。泉佐野市が市民会館の利用申請を拒否したために争われた事件で、最高裁判所は公の秩序が乱されることを正当な理由として集会を不許可とするには、人の生命、身体、財産が侵害される危険性が集会の自由の重要性を上回り、その危険の発生が明らかな差し迫ったものとして具体的に予見されることが必要であると判示しました(**判例7**)。

デモ行進は、多くの人に訴えるには効果的ですが、昭和三五年の日米安保条約締結の際には、反対派の人々が連日国会を取り巻き、死者が出るほどの大きな混乱をもたらしました(Ⅱ4❸

判例 7　泉佐野市民会館事件判決

図最判平成七・三・七(民集四九巻三号六八七頁)

泉佐野市民会館ホールで「関西新空港反対全国総決起集会」を開始するために同市条例に基づいて行った使用許可申請について、同市長が、「公の秩序をみだすおそれ」がある「その他会館の管理上支障があると認められる場合」にあたるとして不許可処分をしたため、原告らが損害賠償を請求したが、第一審も控訴審も請求を棄却し、最高裁判所も次のように判示して上告を棄却した。すなわち、集会の用に供される公共施設の利用を拒否できるのは、施設を利用させることによって、他の基本的人権が侵害され、公共の福祉が損なわれる危険がある場合に限られる。その制限が必要かつ合理的なものとして肯認されるかどうかは、集会の自由の重要性と、当該集会の開催によって侵害されることのある他の基本的人権の内容や侵害の発生の危険性の程度等を較量して決せられるべきものであり、その際には、精神的自由である集会の自由の制約として、経済的自由の制約における以上に厳格な基準の下になされなければならない。本件条例は、集会の開催によって人の生命、身体または財産が侵害され、公共の安全が損なわれる危険を回避し、防止することの必要性が優越する場合をいうものと限定して解すべきであり、その危険性の程度としては明らかな差し迫った危険の発生が客観的な事実に照らして具体的に予見されることが必要である。本件不許可処分は、本件会館内やその付近の路上等において、対立するグループ間での暴力の行使を伴う衝突が起こるなどの事態が生じ、その結果、グループ構成員だけでなく会館職員、通行人、付近住民等の生命、身体または財産が侵害される事態が具体的に明らかに予見されることを理由とするものと認められる。

Ⅱ4❸a-1 / 日米安全保障条約締結反対のデモ
(昭和 35. 6. 15)

a-1)。公共の安全と秩序維持のため、多くの地方公共団体は、公安条例を制定しデモ行進を規制しています。そのため、公安条例は集会の自由に反するとして裁判で争われてきました。最高裁判所は、当初集団行動の意義を尊重する姿勢を示しましたが、昭和三五年の東京都公安条例事件判決でやや強引に公安条例を合憲としました（最大判昭和三五・七・二〇刑集一四巻九号一二四三頁）。公安条例以外の条例や道路交通法で集会が規制されることもあります。たとえば、広島市の暴走族追放条例は、暴走族が公共の場所で集会を行うことを禁じていましたが、規制の対象となる「暴走族」の定義が過度に広汎であるとして争われました。最高裁判所は、条例を合憲的に限定解釈し、二一条一項に反しないとしました（最判平成一九・九・一八刑集六一巻六号六〇一頁）。

◪共通の目的をもって人々が団体を形成するのが結社です。結社の自由には結社への加入、脱退の自由、団体の活動の自由などが含まれます。結社には政党も含まれますが、宗教的結社は二〇条で、労働組合は二八条によってさらに保障されます。結社の自由も犯罪結社の禁止など一定の制約に服しますが、破壊活動防止法にある団体解散指定の制度（破防七条）については違憲の疑いも指摘され、これまで適用された例はありません。

(b) 表現の自由

◪表現の自由は、人権の中で最も中心的なものです。人々は、内心の思想や意見などを外部に表現したり、他の人と意見を交わすことによって人格を発展させます（自己実現の価値）。また、国民として政治情報を得て政治の意思決定に参与することにより民主主義を活性化させます（自己統治の価値）。さらに、さまざまな思想や意見を自由に表現し合うことによって、最も真理に近づきうるという思想の自由市場論も表現の自由を支えています。表現の規制は、表現を差し控えさせる萎縮効果を持っているのでとくに慎重さが求められます。

表現の手段や内容は社会の発展とともに拡大してきました。印刷や放送による情報の伝達に加えて、最近ではメールや動画などをインターネットで発信したり視聴するという手段も登場しています。最高裁判所は、検索事業者による検索結果の提供も表現行為としました（最決平成二九・一・三一民集七一巻一号六三頁）。一方、象徴的表現もあります。たとえば国旗を焼却することによって反戦のメッセージを伝えることなどです。またテレビなどでの営利的表現（商業広告）や民族差別などを伴う表現を行うヘイトスピーチ（差別的表現）も、表現の自由の中で語られます。もちろん、表現の自由も外部とのかかわりをもちますから絶対的保障を受けるわけではありません。ただ、表

Ⅱ4③c-1／谷崎潤一郎『赤い屋根』

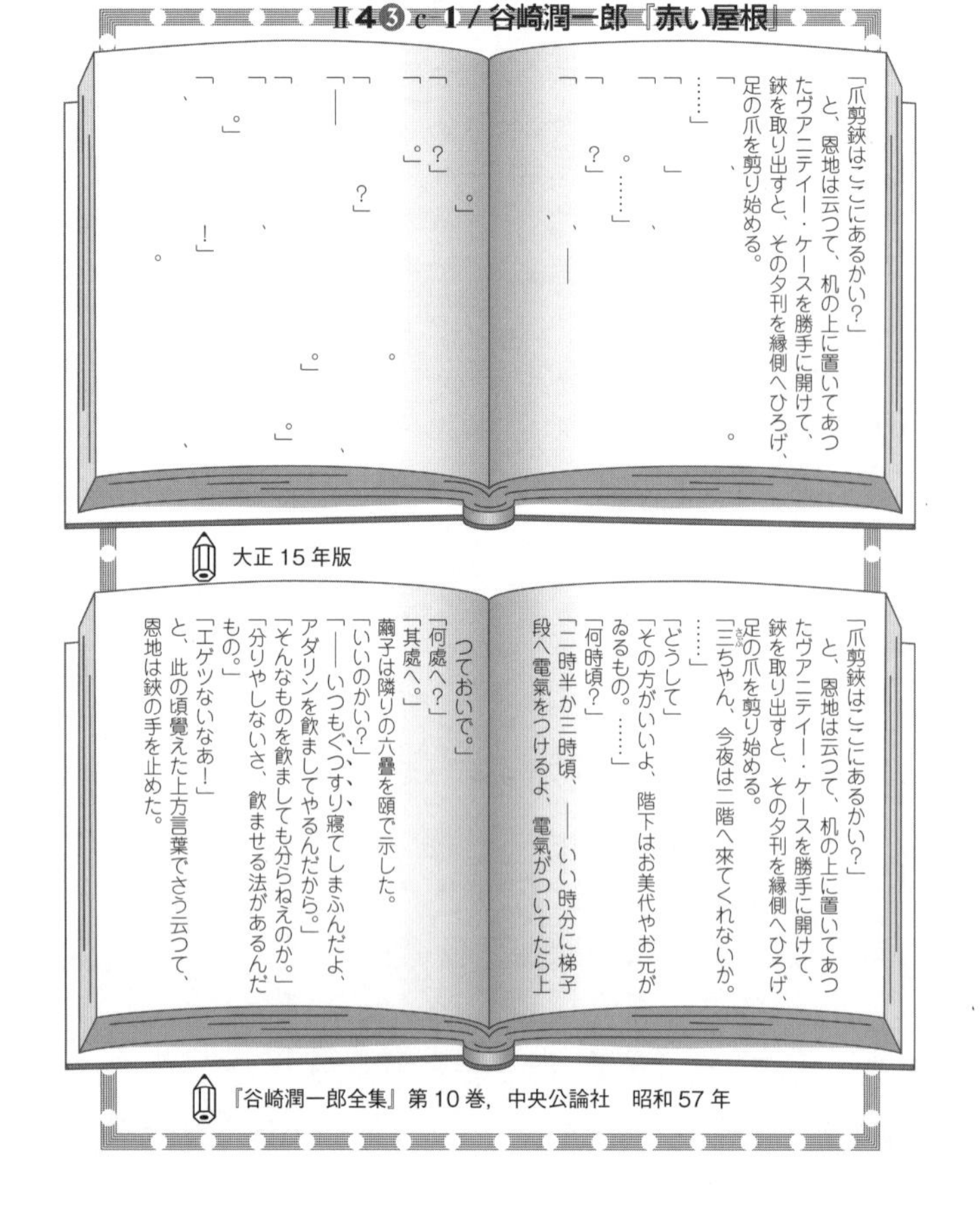

「爪剪鋏はここにあるかい?」
と、恩地は云つて、机の上に置いてあつたヴァニテイー・ケースを勝手に開けて、鋏を取り出すと、その夕刊を縁側へひろげ、足の爪を剪り始める。
「……」

大正15年版

「爪剪鋏はここにあるかい?」

と、恩地は云つて、机の上に置いてあつたヴァニテイー・ケースを勝手に開けて、鋏を取り出すと、その夕刊を縁側へひろげ、足の爪を剪り始める。

「三ちゃん、今夜は二階へ来てくれないか。……」

「どうして」

「その方がいいよ、階下はお美代やお元がゐるもの。……」

「何時頃?」

「二時半か三時頃、――いい時分に梯子段へ電氣をつけるよ、電氣がついてたら上つておいで。」

「何處へ?」

「其處へ。」

繭子は隣りの六疊を頤で示した。

「いいのかい?」

「――いつもぐつすり寝てしまふんだよ、アダリンを飲ましてやるんだから。」

「そんなものを飲ましても分らねえのか。」

「分りやしないさ、飲ませる法があるんだもの。」

「エゲツないなあ!」

と、此の頃覺えた上方言葉でさう云つて、恩地は鋏の手を止めた。


『谷崎潤一郎全集』第10巻，中央公論社　昭和57年

現の自由の規制は、経済的自由の規制よりも厳格に合憲性を判断しなければなりません（二重の基準論）。また規制する法令の文言は明確であり、萎縮効果を伴ってはなりません（明確性の基準）。最高裁判所は、一般人の理解において規制を受けるかどうかの判断が可能な基準を読みとれることが求められると判示しました（最大判昭和五〇・九・一〇刑集二九巻八号四八九頁）。また、せん動を処罰する法律についてアメリカでは「明白かつ現在の危険の法理」がありますが、わが国の判例では用いられていません。もちろん、具体的な規制は、表現の多様性に応じてその方法はさまざまです。大きく分けると事前抑制と事後抑制、内容規制と内容中立規制という二つの軸が見られます。

Ⅱ４❸ c-2／「中央公論」1947年４月号の目次
GHQによる検閲をうけた目次の校正刷

市販された同誌の目次

中央公論 第六十二年 四月號 目次
（巻頭言）議會主義の再吟味……蠟山政道
民主主義過程としての總選擧……服部之總
絕對主義の史的展開……
アメリカ政局の動き……H・ディーン
＝使徒パウロ＝……矢内原忠雄
メモラビリア（ハルマヘラより歸りて）……福田定良
哀傷と孤獨の文學……宇野浩二
狩野亨吉（人と思想）……久野收
勞農派理論を批判す……石渡貞雄
隨筆 砂糖……内田誠
春秋左氏傳の稱の非……幸田露伴
（小說）二つの庭（第三回）……宮本百合子

(c) 検閲と事前抑制

事前抑制は、表現がなされる前の規制です。事前抑制は萎縮効果が大きく違憲となる可能性の高いものですが、その代表例が憲法二一条二項が絶対的に禁止する検閲です。検閲は、一七世紀にイギリスに始まったものですが、わが国でも戦前に谷崎潤一郎の小説『赤い屋根』の男女間の会話が伏せ字にされたり（Ⅱ４❸c-1）、戦後の占領期に総司令部の手によって雑誌の記事の内容が革命を支持しているとして、出版前に他の記事への差し替えが命じられました（Ⅱ４❸c-2）。検閲が行われると、政府により事前に内容に基づく審査が行われ、規制が主観的・恣意的に広くなされます。その結果、発表が禁止されたものは思想の自由市場に登場せず公的批判の機会が減ってしまうという弊害をもっています。検閲の定義は長い歴史を反映してさまざまですが、最高裁判所は、税関検査により輸入した映画フィルムや書籍が輸入禁制品にあたるとする税関の通知とそれに対する異議申立ての棄却決定処分の取消しが求められた事件で、検閲を「行政権が主体となって、思想内容等の表現物を対象とし、その全部又は一部の発表の禁止を目的として、対象とされる一定の表現物につき網羅的一般的に、発表前にその内容を審査した上、不適当と認めるものの発表を禁止すること」とかなり狭く定義しました。そして、税関検査は検閲

Ⅱ４❸ c-3／検定不合格教科書
（家永三郎『検定不合格 日本史』三一書房刊）

ではないとしました（**判例8**）。この定義に従うと、不合格でも一般の出版物として出版できる教科書検定は合憲となります（最判平成五・三・一六民集四七巻五号三四八三頁）（Ⅱ4③c-3）。

行政権ではなく裁判所による出版物の事前差止めは、検閲にはあたらないとしても、公権力による事前抑制にはあたりますので、表現の自由を広く保障する二一条一項の下で原則として禁止されます。裁判所の事前差止めが例外として許される場合として、最高裁判所は、知事選挙に立候補を予定していた者が雑誌に掲載予定の記事を自己の名誉を傷つけるものだとして、裁判所に出版差止めを求めた事件で、表現内容が真実ではなくまた公益を図る目的でないことが明白であって、被害者が重大で著しく回復困難な被害をこうむるおそれのあるときに限られるとしました（最大判昭和六一・六・一一民集四〇巻四号八七二頁）。

Ⅱ4③d-1／押収された『チャタレイ夫人の恋人』ほか

(d) 内容規制と内容中立規制

もう一つの規制の軸は、内容規制と内容中立規制です。内容規制は、表現によって伝えようとするメッセージの内容や観点に基づいて規制を図るもので、恣意的に広く規制が及びやすいものです。そのため、内容規制の合憲性は厳格に審査するべきとされてきました。ただ、表現の中でもせん動表現、名誉毀損表現、わいせつ表現については、これまでしばしば多くの弊害が見られてきたとして、表現の自由の保障外とする立場もありました。もっとも、最近は表現の自由に取り込んだ上で、わいせつや名誉毀損の概念を絞り込み広く保障すべきであるとされます。政治目的で犯罪行為を実行する決意を生じさせたり助長するような刺激を与えるせん動表現（破防三八条～四〇条等）については、公共の安全を脅かす社会的に危険な行為であり、処罰しても違憲ではないとされます。

わいせつ表現は長く規制されてきました。D・H・ロレンスの『チャタレイ夫人の恋人』（Ⅱ4③d-1）の翻訳書が、わいせつ文書頒布罪（刑一七五条）にあたるとして起訴された事件で、最高裁判所は伝統的なわいせつ概念に拠り、規制は性的秩序・性道徳の保持のためであるとして合憲と判断しました（最大判昭和三二・三・一三刑集一一巻三号九九七頁）。わいせつ性の判断基準である社会通念は、時代とともに大きく変化します。いま『チャタレイ夫人の恋

判例8　税関検査事件

最大判昭和五九・一二・一二（民集三八巻一二号一三〇八頁）

外国の商社に注文し輸入しようとした八ミリ映画・書籍等の物品が「輸入禁制品」（現在の関税法六九条の一一）にあたるとする税関の通知とそれに対する異議申立ての棄却決定処分が検閲にあたるかどうかが争われた事件。最高裁判所は、「『検閲』とは、行政権が主体となつて、思想内容等の表現物を対象とし、その全部又は一部の発表の禁止を目的として、対象とされる一定の表現物につき網羅的一般的に、発表前にその内容を審査した上、不適当と認めるものの発表を禁止することを、その特質として備えるものを指すと解すべき」だと定義した。そのうえで、税関検査によって輸入が禁止される表現物は、「国外においては既に発表済みのもの」であって、輸入の禁止はその表現物について「事前に発表そのものを一切禁止するというものではない」し、輸入が禁止されるだけであって、「税関により没収、廃棄されるわけではない」から、「発表の機会が全面的に奪われてしまうというわけのものでもない」から事前規制そのものとはいえない、また税関検査は「思想内容等それ自体を網羅的に審査し規制することを目的とするものではない」し、行政機関によって行われるとはいえ、税関長の通知に対する司法審査の機会が与えられており、行政機関の判断が最終的なものではないなどの理由で憲法の禁じる検閲にはあたらないと結論した。

Ⅱ4❸d-2 / アダルトサイト

人』を読んでも、その内容はインターネットのアダルト動画サイトに比べれば穏やかなものです（Ⅱ4❸d-2）。最高裁判所もその後わいせつか否かは、性描写の程度、手法などの諸々の要素を文書全体との関連で判断すべきとしています（最判昭和五五・一一・二八刑集三四巻六号四三三頁）。もっとも、わいせつ表現を規制することによってえられる利益もあります。たとえば、わいせつなものを見たくない人もいますし、青少年の育成のために健全な社会環境を維持する必要も考えられます。最高裁判所は、岐阜県の青少年保護条例による有害図書の規制を合憲としました。国際的に進む児童ポルノの規制は、児童を性的搾取や虐待から保護するという目的を持っています（児童買春一条）。

名誉毀損表現もかつて表現の自由の保障外とされていました。名誉毀損表現は相手の社会的評価を下げるものですが、マスメディアが政治家を批判することは、むしろ民主主義の観点からは必要な場合が多いといえます。実際に報道がきっかけで元首相が辞任するに至ったこともあります（Ⅱ4❸d-3）。マスメディアの報道が、名誉毀損の責任を免除されるためには、表現が真実であることの証明をしなければなりませんが（刑二三〇条の二第一項）、最高裁判所は真実性の証明について「行為者が真実であると誤信し、確実な資料、根拠に照らし相当な理由」があれば足りると判示しました（最大判昭和四四・六・二五刑集二三巻七号九七五頁）。

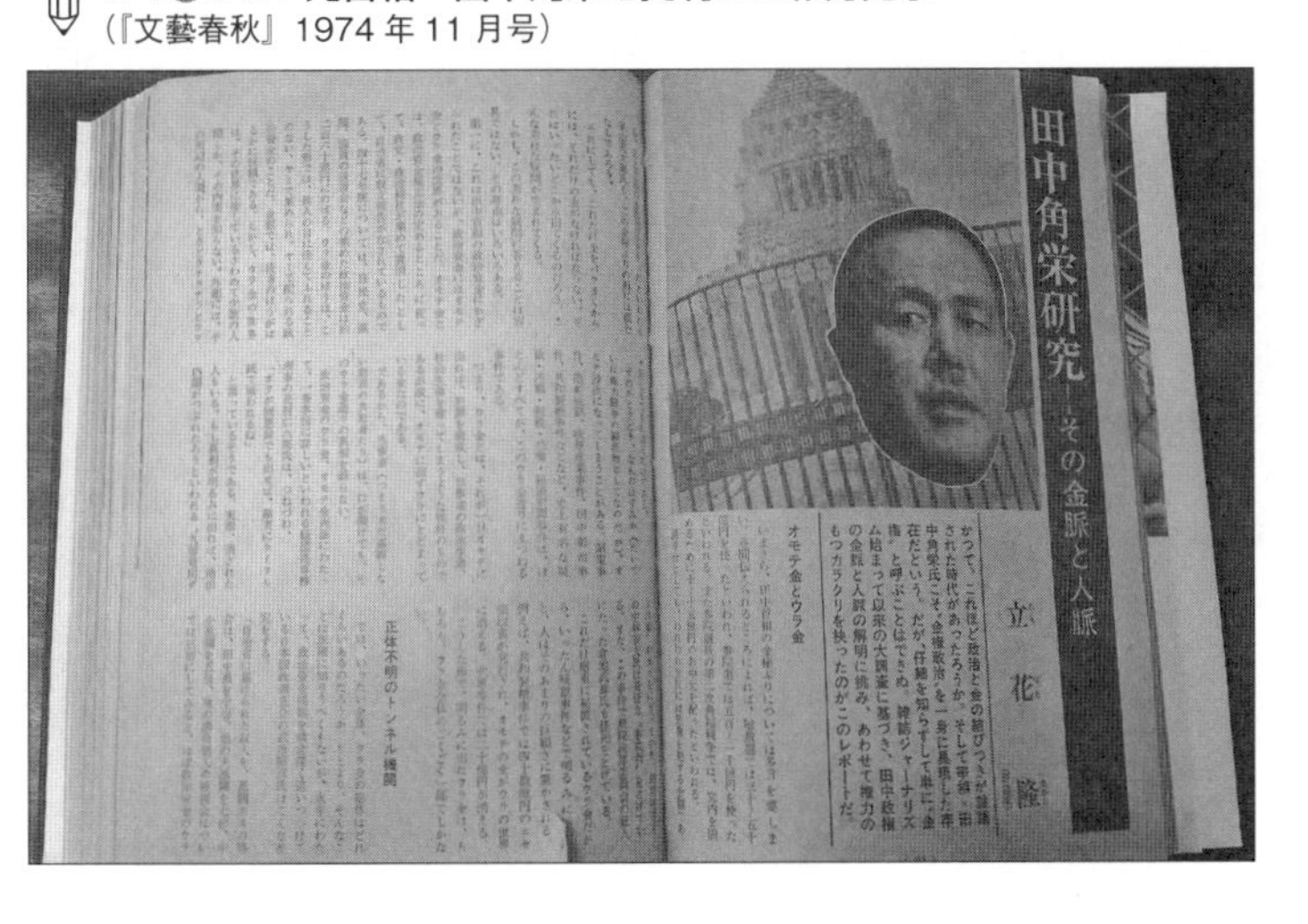

Ⅱ4❸d-3 / 元首相・田中角栄を批判した雑誌記事
（『文藝春秋』1974年11月号）

名誉毀損表現と似ているものに、プライバシーを侵害する表現があります。プライバシーは、それが真実であっても他人に知られたくない私的な事柄ですので、真実性の証明は意味を持ちません。もっとも、プライバシーをあまり広く認めると表現ができなくなりますから、その表現が「公共の利益」に関わり、どの程度の公益性を有するかを、侵害による害悪の重大性とのかねあいで個別事例ごとに比較衡量して判断していくことになります。

最近、表現の自由との関係で議論されるものに、営利的表現とヘイトスピーチがあります。営利的表現は商業広告を意味し、経済的自由とも関係しますが、最近では消費者の知る権利の観点から重要であるとして、表現の自由の保障を及ぼした上で、中間的な審査基準が適用されると考えられています。虚偽広告はもちろん保障の対象となりません。ヘイトスピーチは、マイノリティ・グループの人たちに差別的、憎悪的表現を行うことをいい、個人ではなく集団が表現の対象となっているという特徴を持っています。わが国でも民族などに基づいて特定の集団をおとしめ、差別をあおる主張がなされています（Ⅱ4❸d-4）。ヘイトスピーチに対する法律の規制は難しいとされてきましたが、平成二八年にヘイトスピーチ解消法が施行されました。最高裁判所は、大阪市のヘイトスピーチ条例についてヘイトスピーチを抑止することには

II 4❸d-4 / ヘイトスピーチをめぐるデモ

合理性があり、拡散防止措置などをとることは違憲ではないと判示しました（最判令和四・二・一五民集七六巻二号一九〇頁）。

◪内容中立規制は、街頭演説やビラ貼りやビラ配布の規制のように、表現内容に関わりなく表現の行われる時・所・方法を規制するものです。街頭演説は、拡声器による暴騒音防止のために規制されることがあります。また、ビラを他人の家屋に貼ることは軽犯罪法一条三三号で禁じられていますが、電柱などにビラを貼ったり看板を貼り付けたりすることも屋外広告物条例で禁じられています（II **4**❸ **d-5**）。最高裁判所は、大分県の条例について美観風致維持を公共の福祉にかない必要で合理的な制限として簡単に合憲としていますが（最判昭和六二・三・三刑集四一巻二号一五頁）、表現の規制手段についてより慎重な審査が望まれます。街中で見かけるビラ配りやビラ貼りは、表現を伝える上で安価で容易な手段として重要ですが、他人の財産権、管理権を害することはできません。ただ、多くの人が利用する駅前広場などはパブリックフォーラムの性質を有しているともいえます。この点で自衛隊官舎の集合ポストと各戸の新聞受けに自衛隊イラク派遣反対のビラを無断で配ったとして起訴された事件が注目されます。最高裁判所は、表現の手段として管理権者の意思に反して立ち入ることは、管理権を侵害し、私的生活を営む者の私生活の平穏を害するから、住居侵入罪（刑一三〇条）にあたるとして、起訴を違憲ではないとしました（最判平成二〇・四・一一刑集六二巻五号一二一七頁）。広告チラシなどのポストへの投函はよく見られることから、この判示には、ビラの内容に基づく内容規制になっているおそれも指摘されています。

II 4❸d-5 / 屋外広告の例（静岡県屋外広告物条例に関する下田市の説明）

はり札、はり紙等	広告旗（のぼり旗）	立看板
電柱 / はり紙 / はり紙 / はり紙 / はり札	電柱 / 広告旗 / 広告旗	電柱 / 立看板 / 立看板

(e) 知る権利と報道の自由

◪思想の自由市場は、現代では崩壊しているといわれます。マスメディアの登場によって、国民は情報を受け取るだけになってしまったからです。それを回復するために、知る権利の主張がなされています。そこでは、国民がさまざまな事実を知ることが、とくに自己統治のために必要だとされ、情報の自由な流通という考え方が説かれます。具体的には、情報収集—情報提供—情報受領という流れが想定されています。情報の収集と提供は、マスメディアの報道の自由とかかわります。最高裁判所も博多駅フィルム提出命令事件決定で、報道機関の報道は国民の知る権利に奉仕するものであり、事実の報道の自由は、二一条によって保障されるとしました。また、取材の自由についても二一条の精神に照らし、十分尊重に値すると判示しました（Ⅱ4❸e-1・判例9）。

取材活動は行き過ぎが指摘されることもありますが、十分な取材活動なしには報道の自由は意味をもちません。取材活動に対する大きな制約として、公務員の守秘義務を定める国家公務員法があります。実際にも沖縄返還協定に関する極秘電文が国会で明らかにされたために、その秘密を漏えいした女性事務官が秘密を守る義務に反したとして（同法一〇九条一二号・一〇〇条）、そして女性事務官と肉体関係をもって秘密の漏えいをそそのかしたとして取材記者がそそのかし罪（同法一一一条）に問われた事件があります。最高裁判所は取材活動について、真に報道の目的から出たもので、手段・方法が「法秩序全体の精神に照らし相当なものとして社会観念上是認されるものである限りは、実質的違法性を欠き正当な業務行為」であるとしました。この基準は一見したところ、取材行為に好意的のように見えますが、判決はこの事件の取材行為が女性事務官の人格を著しく蹂躙（じゅうりん）したもので、正当な業務行為とはいえないと判示しました（最決昭和五三・五・三一刑集三二巻三号四五七頁）。この最高裁判所の示した基準は、平成二五年に制定された特定秘密保護法にも反映されています（同法二二条二項）。

取材の自由に関して、公正な裁判の実現のために裁判所から取材資料の提出が求められた場合、それに応じるべきでしょうか。取材資料の提出は、将来の取材活動に支障を来すおそれがあります。ただ、公正な裁判の実現も重要ですので、両者を衡量して判断するべきだというのが裁判所の見解です（前出博多駅フィルム提出命令事件参照）。また、将来の取材活動を十分に行

Ⅱ4❸e-1／博多駅フィルム提出命令事件

Ⅱ4❸e-2／NHK放送ガイドライン2020改訂版

5取材・制作の基本ルール

③取材源の秘匿

●取材源の秘匿は、報道機関が長い時間をかけて培ってきた職業倫理の一つである。

●重要な情報は、時により提供者や取材協力者の名前を秘すことを条件にしなければ入手できないことがあり、秘匿を条件に得た情報の取材源は第三者に明かしてはならない。この保証がなければ、取材相手は真実を話さなくなり、真実の究明によって国民の知る権利に応えることができなくなることを常に忘れてはならない。

判例9　博多駅フィルム提出命令事件決定

㊙最大決昭和四四・一一・二六（刑集二三巻一一号一四九〇頁）

博多駅で昭和四三年一月一六日に起こった学生と機動隊との衝突事件に関連する付審判請求の審理にあたって、福岡地裁がＮＨＫ福岡放送局ほかに対して、ニュースフィルムの提出命令を発した。この命令が報道の自由・取材の自由の侵害であるとして争った事件で、最高裁判所は、報道機関の報道は、国民が国政に関与するにつき、重要な判断の資料を提供し、国民の「知る権利」に奉仕するものであるから、事実の報道の自由は憲法二一条の保障の下にあり、また取材の自由も本条の精神に照らし、十分尊重に値するとする。しかし、取材の自由も公正な裁判の実現というような憲法上の要請があるときは、ある程度の制約を受けることがある。このような場合に、犯罪の性質、態様、軽重及び取材したものの証拠としての価値、ひいては、公正な刑事裁判を実現するに当たっての必要性の有無を考慮するとともに、他面において、取材したものを証拠として提出させられることによって報道機関の取材の自由が妨げられる程度及びこれが報道の自由に及ぼす影響の度合いその他諸般の事情を比較衡量した結果、報道機関の取材活動によって得られたものを証拠として提出させることによって将来の取材の自由が妨げられるおそれがあっても、なおその程度の不利益は忍受されなければならないとした。

うために欠かせない報道倫理の一つとされているのが取材源の秘匿です（Ⅱ4❸e-2）。裁判で記者が証人として呼ばれた場合に、記者が取材源の秘匿を理由に証言を拒むことがありますが、刑事事件の場合には証言拒否できる者は限定列挙されており（刑訴一四九条）認められないというのが裁判所の立場です。一方、最高裁判所は、民事事件の場合には民事訴訟法一九七条一項三号の「職業の秘密」を根拠に、取材源に関する証言を拒否する場合を認めています（最決平成一八・一〇・三民集六〇巻八号二六四七頁）。情報の自由な流通という点を重視すれば、刑事事件でも取材源の秘匿を認めてほしいものです。

(f) 情報受領と情報発信

情報受領も重要です。情報を受けとらなければ、自己実現や自己統治の価値は表現を通して実現されません。この点で反戦闘争を行い刑事施設に収容されていた未決拘禁者が私費で購読していた新聞に過激派のハイジャック事件の記事が掲載されていたため、その記事を黒く塗って配付した拘置所長の処分の合憲性が争われた事件があります。この事件で最高裁判所は、「各人が、自由にさまざまな意見、知識、情報に接し、これを摂取する機会をもつこと」は表現の自由にとって重要であり、新聞紙、図書等の閲読の自由が憲法一九条、二一条の派生原理として認められるとしました。そして、未決拘禁者の閲読の自由が施設の規律・秩序の維持のために制約されるには、放置することのできない障害が発生する相当の蓋然性があり、かつ必要かつ合理的な範囲にとどまると判示しました（最大判昭和五八・六・二二民集三七巻五号七九三頁）。

政府の保有情報は、マスメディアの報道を通じて入手される場合が多いといえますが、国民が政府の保有情報を開示するように求めることも必要です（Ⅱ4❸f-1）。それは知る権利の実現ということになります。ただ、政府保有情報の開示を請求する権利は、積極的に政府の開示を求めるものですので、あらかじめ法律や条例で定めがおかれる必要があります。そのため各地の自治体でまず情報公開条例が制定され、その後に国レベルでも平成一一年に情報公開法が制定されました。

標準様式第1号

行政文書開示請求書

○年○月○日

（行政機関の長）　殿

氏名又は名称：（法人その他の団体にあってはその名称及び代表者の氏名）

住所又は居所：（法人その他の団体にあっては主たる事務所等の所在地）
〒　TEL（　　）

連絡先：（連絡先が上記の本人以外の場合は、連絡担当者の住所・氏名・電話番号）

行政機関の保有する情報の公開に関する法律第4条第1項の規定に基づき、下記のとおり行政文書の開示を請求します。

記

1　請求する行政文書の名称等
（請求する行政文書が特定できるよう、行政文書の名称、請求する文書の内容等をできるだけ具体的に記載してください。）

2　求める開示の実施の方法等　（本欄の記載は任意です。）
ア又はイに○印を付してください。アを選択された場合は、その具体的な方法等を記載してください。
ア　事務所における開示の実施を希望する。
＜実施の方法＞　①　閲覧　②　写しの交付　③　その他（　　）
＜実施の希望日＞
イ　写しの送付を希望する。

開示請求手数料（1件300円）	ここに収入印紙をはってください。	（受付印）

＊この欄は記入しないでください。

担当課	
備考	

Ⅱ4❸ f-1 / 行政文書開示請求書

情報を受領したら、自ら情報を発信したいと思うかもしれません。自分の立場をより広く伝えるために、マスメディアを通じて発信する必要を感じる場合があります。たとえば、新聞が自分たちを批判する記事を載せたような場合に、反論することが必要と思われるときがあります。その場合、不法行為の名誉毀損として訴えて、裁判所に謝罪広告の掲載を新聞社に命令してもらうこともできますが（民七二三条）、反論文の無料掲載を自己の批判的記事を載せた新聞社に求める権利いわゆるアクセス権を主張することも行われました。サンケイ新聞社の掲載した政党の意見広告が、他政党の名誉を毀損したとして反論文の掲載が求められた事件で、最高裁判所は反論権が認められると、公的事項に関する批判的記事の掲載を躊躇させ、表現の自由を侵害する危険につながるおそれがあるから、名誉毀損が成立する場合は別として、具体的な成文法がない限り認められないと判示しました（最判昭和六二・四・二四民集四一巻三号四九〇頁）。放送については、訂正放送の規定が放送法九条一項にありますが、最高裁判所はこの規定は私法上の請求権を認めたものではないと判示しました（最判平成一六・一一・二五民集五八巻八号二三二六頁）。

放送の自由については印刷メディアと異なり、番組編集準則などの規制が放送法で定められています（同法四条一項）。これらの規制の根拠は、電波の稀少性や社会的影響力の大きさなどに求められてきましたが、テレビの多チャンネル化やインターネット放送の普及によって根拠が薄れてきています。最近では、放送メディアの規制を認めつつ印刷メディアの自由を重視する立場も見られます。

(g) インターネットと表現の自由

インターネットの登場によって、人々はマスメディアを通さずに表現の送り手であると同時に受け手としてコミュニケーションをとることができるようになりました。さらにＬＩＮＥなどのアプリの発達によって、表現の媒体は多様化し表現の幅は大きく広がりました。もっとも、現実空間で違法な表現はインターネットでも違法であるというのが原則です。インターネット上の表現は、その特性として匿名性、拡散性、半永続性に加えて、情報が通信事業者を通じてやり取りされることがあげられます。そのため名誉毀損表現があった場合の対処として、情報を扱った通信事業者の賠償責任の制限を定めるとともに、通信事業者に発信者情報の開示を請求できる権利を定めたプロバイダー責任制限法が制定されています。

最近グーグルなど国家をまたがる巨大ＩＴ企業によるプライバシー侵害が生じています。最高裁判所は、住所のある県名と氏名の入力により自己の犯罪歴が検索結果として表示されるのは「更生を妨げられない利益」の侵害であるとして、グーグルに対して検索結果の削除が求められた事件で、検索結果の提供は事業者の表現行為であり、検索事業者は情報流通基盤として大きな役割を担っているとして、比較衡量の結果、削除を認めませんでした（最決平成二九・一・三一民集七一巻一号六三頁）。アメリカでは服役を終えたり、仮釈放されたり、あるいは保護観察処分に付された性犯罪者の所在をインターネットなどで公開する法律が制定されていますが、わが国でも教育者として性犯罪を行った経歴を持つ人が、再度教育現場に就職することを制限するべきかが議論されています。プライバシーの権利や職業選択の自由との関係で慎重な考慮が求められるところです。

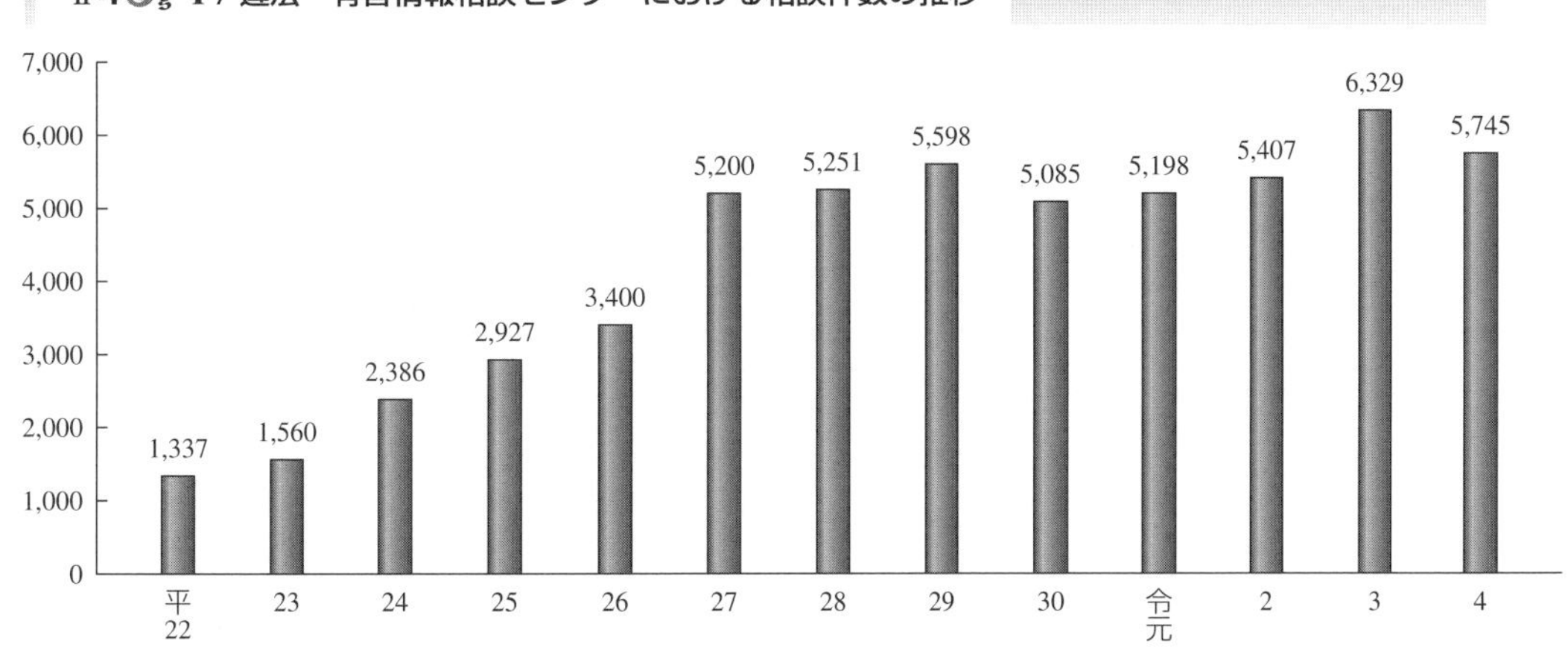

総務省「令和４年度インターネット上の違法・有害情報対応相談業務等請負業務報告書（概要版）」より。

4 学問の自由と大学の自治

第二三条　学問の自由は、これを保障する。

　学問とは、実証的観察や論理的思考により真理を求める精神作用です。このように真理を求める営みであるため、その時々の国家の政策にそぐわないなどの理由で、学問はしばしば政治権力の弾圧の対象となりました。わが国でも戦前、京都帝国大学教授瀧川幸辰（ゆきとき）が、その刑法学説を理由に休職を命じられた瀧川事件（昭和八年）や、美濃部達吉の憲法学説が国体に反するとされてその著書が発禁処分（Ⅱ4❹-1）を受けた天皇機関説事件（昭和一〇年）などがあります。そこで、戦後、新憲法には学問の自由が独自の権利として規定されました。

　学問の自由の保障には、個人の学問研究の自由のほかに、歴史的に学術研究の中心であった大学の自治が含まれ、教員人事・施設管理・学生管理等に関する自治が認められると考えられています。昭和二七年に発生した東大ポポロ事件（Ⅱ4❹-2）は、警察の学内偵察活動を学生が摘発した際の実力行使が刑事訴追を受けたものですが、最高裁判所は、事件発生の場であったポポロ劇団の演劇が真に学問的な研究発表ではなく「実社会の政治的社会的活動」であったことを理由に、この摘発行為は学問の自由や大学の自治の保障を受けないと判示しました（最大判昭和三八・五・二二刑集一七巻四号三七〇頁）。大学の自治は、平成二六年の学校教育法改正で、学長の決定権限を前提に教授会がこれに意見を述べることが明記されるなど、変貌を遂げつつあります。

　近年は、医療技術、生物工学、原子力工学などの先端技術研究がもたらす危険性や、その倫理上の問題を理由とする研究規制のあり方が、学問の自由との関連で議論されています。たとえば、遺伝子的にまったく同じ生物を人為的に発生させるクローン技術（Ⅱ4❹-3）の問題が注目を集めています。人間のクローンは平成一二年の「ヒトに関するクローン技術等の規制に関する法律」で規制されています。また、平成二九年制定の臨床研究法は、国民の臨床研究への信頼の確保などを目的として、未承認薬の臨床研究や製薬企業等から資金を受けた医薬品等の臨床研究について、利益相反の管理、インフォームド・コンセントの取得、個人情報の保護などを求めています。

　さらに、大学等における「軍事研究」の是非も議論されています。「軍事研究」はその性質上秘密性を帯び政府による管理を招くおそれがあって、研究の自主性や研究成果公表の自由を脅かしかねません。他方で、大学として「軍事研究」を禁止することは、そこにいる研究者個人の研究の自由を妨げるおそれもあり、難しい問題です。

Ⅱ4❹-1／「禁閲覧」の印のついた『憲法撮要』

Ⅱ4❹-2／東大ポポロ事件（昭和27.2.20）

Ⅱ4❹-3／クローン技術
――成体の体細胞を使う方法

5 経済的自由

第二二条
①何人も、公共の福祉に反しない限り、居住、移転及び職業選択の自由を有する。
②何人も、外国に移住し、又は国籍を離脱する自由を侵されない。

第二九条
①財産権は、これを侵してはならない。
②財産権の内容は、公共の福祉に適合するやうに、法律でこれを定める。
③私有財産は、正当な補償の下に、これを公共のために用ひることができる。

❶ 経済的自由権

かつての封建社会は身分により職業が決められ（日本でいえば「士農工商」）、住所も決められて自由に動くことができませんでした。また、封建社会において、財産権の中でも重要な土地に対する権利は、重層的な支配関係の中で各種の義務（主君への軍役奉仕、領主への賦役や貢納）を伴うものでした。市民革命はこのような封建社会を打ち破るもので、そこで生まれた憲法は、所有権の不可侵や契約の自由を保障するものでした。しかし、一九世紀の自由放任経済の結果、富める者はますます富み、貧しい者は悲惨な生活を強いられ続けることとなり、社会が不安定になりました。そこで、二〇世紀に入って、国家は社会的・経済的弱者を保護するようになります（社会国家・福祉国家）。

日本国憲法も、生存権を保障し（二五条）、経済的自由権に「公共の福祉」に適合することを求める文言を入れ（二二条一項、二九条二項）、社会国家の理念を前提としています。

ですから、経済的自由に対する規制は比較的寛容に認められます。裁判所が規制の合憲性を審査する際にも、精神的自由のように厳格な基準によるのではなく、緩やかな基準を用いることとされます。この基準の違いを「二重の基準」といいます。

また、日本国憲法の制定に前後して、少数の者が産業や土地を独占してきた状態を改めるために、財閥解体や農地改革（Ⅱ5❶-1）が行われました。

Ⅱ5❶-1／農地改革のポスター

Ⅱ5❷-1／営業の自由が規制されている業種

食品関係営業
理容（美容）業
クリーニング業
宿　泊　業
風俗営業
古物営業
道路使用営業
質屋営業
旅　行　業
宅地建物取引業
営利職業紹介事業
貸　金　業
酒類販売業
倉　庫　業
切手，印紙類売りさばき業
薬品医薬品販売業
医療用具販売業
その他，再生資源取扱業，病院，診療所，助産所，建設業など

❷ 職業選択の自由

憲法二二条一項は、職業選択の自由を保障していますが、それは単に職業を選ぶのが自由だというだけでなく、選んだ職業のやり方も自由であることまで含みます。職業にはさまざまなものがありますが、実際に公権力による規制が問題となるのは、各種の営業に対する制限です（Ⅱ5❷-1）。そこで、しばしば営業の自由が論じられます。

職業の自由は❶で述べたとおり公共の福祉による比較的強い規制が認められます。すなわち、他人の生命や健康に対する侵害を防止するための規制（消極目的規制）に加え、社会国家の理念に基づいて、経済全体の発展や社会的・経済的弱者の保護を目的とする社会政策・経済政策による規制（積極目的規制）も認められます。

積極目的規制の例としては、小売商業調整特別措置法による小売市場（一つの建物の中に魚屋や八百屋など生鮮食料品を扱う店を含む小さな店が多く入っているもの）の距離制限が知られます。最高裁判所は、法的規制措置を講ずるには、前提となる社会経済の実態を知り、また社会経済全体との関係も考えて政

Ⅱ5❷-2／薬事法第6条

二項
前項各号に規定する場合のほか、その薬局の設置の場所が配置の適正を欠くと認められる場合には、前条第一項の許可を与えないことができる。……

四項
第二項の配置の基準は、住民に対し適正な調剤の確保と医薬品の適正な供給を図ることができるように、都道府県が条例で定めるものとし、その制定に当たつては、人口、交通事情その他調剤及び医薬品の需給に影響を与える各般の事情を考慮するものとする。

（昭和五〇年法三七号により削除）

Ⅱ5❷-3／薬局等の配置の基準を定める条例
（昭38広島県条例29号）

第三条　薬局等の設置の場所の配置の基準は、……既設の薬局等（……）の設置場所から新たに薬局開設の許可等を受けようとする薬局等の設置場所までの距離がおおむね百メートルに保たれているものとする。……

②前項の距離は、当該相互の薬局等の所在する建築物のもよりの出入口（……）間の水平距離による最短距離とする。

民集二九巻四号六三四頁より

Ⅱ5❷-4／近接する薬局

判例10　薬事法距離制限違憲判決

㊫最大判昭和五〇・四・三〇（民集二九巻四号五七二頁）

原告は広島県F市内で医薬品の一般販売業を営むため知事に営業許可を申請したが、知事は薬事法六条二項および薬局等の適正配置基準を定めた県条例三条に適合しないとの理由で不許可にしたため、右の各規定が憲法二二条に違反するとして、不許可処分の取消を求めた事件。最高裁は次のように判示して、薬事法の右の規定は憲法違反であるとした。

職業の自由は、それ以外の憲法の保障する自由、殊にいわゆる精神的自由に比較して、公権力による規制の要請が強く、憲法二二条一項が「公共の福祉に反しない限り」としたのも、特にこの点を強調する趣旨に出たものと考えられる。一般に営業の許可制の合憲性を肯定しうるためには、原則として、重要な公共の利益のために必要かつ合理的な措置であることを要し、またそれが社会政策ないし経済政策上の積極的な目的のための措置ではなく、自由な職業活動が社会公共に対してもたらす弊害を防止するための消極的、警察的措置である場合には、許可制に比べてよりゆるやかな規制によってはその目的を達成することができないと認められることを要する。薬事法に基づく薬局等の適正配置規制は、主として国民の生命及び健康の維持のために不良医薬品の供給や医薬品濫用の危険を防止するという消極的、警察的目的のための措置であるが、薬局の開設等の許可基準の一つとして地域的制限を定めた前記規定は右の達成目的のために必要かつ合理的な規制とはいえない。

策的な判断を行う必要があることなどを理由に、国会の判断（立法裁量）を尊重するとして合憲性を緩やかに判断し、距離制限を合憲と結論づけました（最大判昭和四七・一一・二二刑集二六巻九号五八六頁）。これに対し、消極目的規制だとされた有名な例として、旧薬事法による薬局の距離制限があります（Ⅱ5❷-2～4、判例10）。ここでは、最高裁判所はやや厳格に判断を行い、距離制限を違憲だとしました。

積極目的か消極目的かの判断は難しいところがあります。公衆浴場法による距離制限について、最高裁判所は、かつては消極目的であるとみていましたが、後には、公共性の高い公衆浴場を保護するための積極目的とみて合憲としています（最判平成元・三・七判時一三〇八号一一一頁）。学説では、目的だけでなく、規制のやり方や強さなどにも着目して合憲性の判断の基準を決めるべきだとの主張が強くなっています。

一九九〇年代から、日本では規制緩和が進められました。しかし今なお、既得権を保護するための規制が根強く残っていると言われます。また、国民の生命・健康・安全の保護のための規制は強化される傾向にあります。

③ 財産権の保障

財産権の保障（二九条）は、①財産権の不可侵と、②損失補償とからなっています。

二九条一項の財産権の不可侵は、これだけだと財産権を絶対的に保障するように読めます。しかし、二項を読むとその内容は公共の福祉に適合するよう法律で定めるとされており、財産権は義務を伴い制限を受けるものだと考えられています。消極目的や積極目的（⇒❷）による制限を受けるのです。財産権の制限が問題となった例として、森林法の規定が違憲とされた事件があります。民法の原則では共有物はいつでも分割請求ができるのに対し、森林法が共有森林の分割は過半数の持分がなければできないとしていたところ、そのような制限には必要性も合理性もないと最高裁判所は判断しました（最大判昭和六二・四・二二民集四一巻三号四〇八頁）。

もうひとつ、二九条三項は、私有財産を「公共のために用ひる」ことができると定めています。「公共のために用ひる」ことの典型例は、誰もが使う道路などを建設するために土地を収用することですが、戦後の農地改革（Ⅱ5❶-1）で小作人のものとするため大地主から農地を強制的に安値で買い取ることもこれにあたるとされました。公共のために特定の人が特別な犠牲を払うことになりますので、政府は「正当な補償」を行わなければなりません。どれだけ支払うと「正当な補償」といえるのかについては争いがあります。

実際には、政府や地方自治体は土地の所有者と粘り強く交渉を行い、所有者の合意を得て契約を結んで買収することが多いです。しかし時として所有者が強く反対することがあります。成田国際空港の建設にあたって、国は土地の収用も行いましたが反対闘争を激化させることになりました。建設予定地の一部に今なお反対派の住民の土地が残っています（Ⅱ5❸-1）。

Ⅱ5❸-1／成田国際空港建設前の千葉県三里塚付近
（昭和41年ごろ）

通信の秘密・住居の不可侵

第二一条二項〔⇒33頁〕

第三五条

①何人も、その住居、書類及び所持品について、侵入、捜索及び押収を受けることのない権利は、第三十三条の場合を除いては、正当な理由に基いて発せられ、且つ捜索する場所及び押収する物を明示する令状がなければ、侵されない。

②捜索又は押収は、権限を有する司法官憲が発する各別の令状により、これを行ふ。

通信の秘密

通信とは、郵便（封書や葉書）や電話による、一対一の閉じた関係での情報伝達を意味します。それゆえ、通信の秘密の趣旨はプライバシーの保護にあります。保護の対象は、伝達される情報の内容そのものだけでなく、発信者・受信者の氏名・住所や通信の日時など広く含みます。

現在、インターネットによるコミュニケーションが爆発的に増えています。インターネットによる情報伝達には、電子メールのように閉じた関係のもののほか、SNSのように不特定多数の人に開かれたものもあります。後者は通信の秘密の不可侵が保障される通信ではなく、その規制は表現の自由の問題であるとも考えられます。しかし、発信者の匿名性は保護されます（表現の自由の問題だとしても「匿名表現の自由」として保護されると考えられます）ので、SNSによる誹謗・中傷やフェイクニュースへの対策の必要性とのバランスをどうとるかが問題となっています。

近年、犯罪防止のため公権力が通信に介入する必要性も主張されています。すでに組織犯罪に対処するため、令状の発付などを条件として電気通信の傍受を認める「犯罪捜査のための通信傍受に関する法律」（いわゆる通信傍受法）が制定されています。現在、サイバー攻撃を阻止するため加害者など対象者を特定しインターネット上での監視を可能とする法律改正も検討されています。通信の秘密の保障との関係で、どこまで可能なのか、どのような条件をつければ認められるのか、慎重な検討が求められます。

❷ 住居の不可侵

住居の不可侵は、もともと法定手続の保障に関わる権利だと考えられていました。しかし、現在ではプライバシーの保護を目的とする権利だと位置づけられています。まさにプライベートな空間である住居を侵害されない権利だからです。三五条は、住居への侵入・捜索には、裁判所が正当な理由に基づき発する具体的な令状（Ⅱ6❷-1）を必要としています。実際に、被疑者に関わる自動車やバイクにGPS端末を装着して行動を追跡する捜査の適法性に関し、最高裁判所は、三五条は私的領域を保護しておりGPSの装着はそこへの介入にあたるので令状が必要であると判断しています（最大判平成二九・三・一五刑集七一巻三号一三頁）。

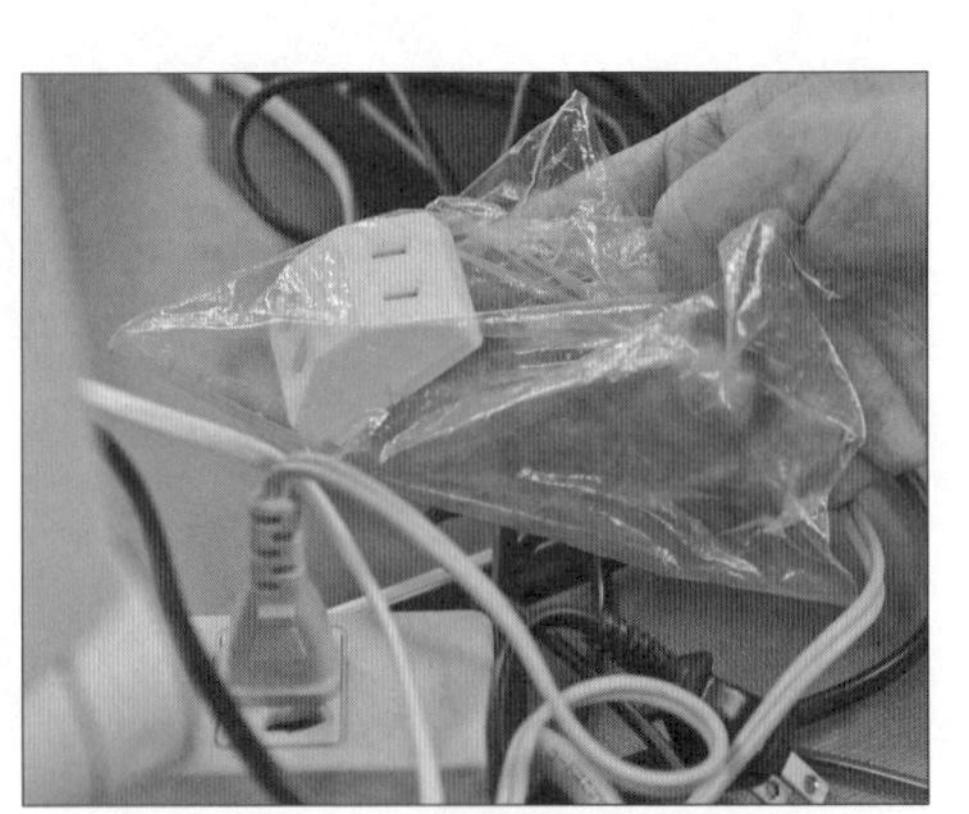

Ⅱ6❶-1 / コンセントのタップを装った盗聴機

捜索差押許可状	
被疑者の氏名及び年齢	年　月　日生
被疑者に対する　被疑事件について，下記のとおり捜索及び差押えをすることを許可する。	
捜査すべき場所，身体又は物	
差し押さえるべき物	
有効期間	年　月　日まで
有効期間経過後は，この令状により捜索又は差押えに着手することができない。この場合には，これを当裁判所に返還しなければならない。有効期間内であっても，捜索又は差押えの必要がなくなったときは，直ちにこれを当裁判所に返還しなければならない。	
年　月　日 裁判所 裁判官　x	
請求者の官公職氏名	

Ⅱ6❷-1 / 捜索差押許可状

7 法定手続の保障・人身の自由

第三一条
何人も、法律の定める手続によらなければ、その生命若しくは自由を奪はれ、又はその他の刑罰を科せられない。

第三三条
何人も、現行犯として逮捕される場合を除いては、権限を有する司法官憲が発し、且つ理由となつてゐる犯罪を明示する令状によらなければ、逮捕されない。

第三四条
何人も、理由を直ちに告げられ、且つ、直ちに弁護人に依頼する権利を与へられなければ、抑留又は拘禁されない。又、何人も、正当な理由がなければ、拘禁されず、要求があれば、その理由は、直ちに本人及びその弁護人の出席する公開の法廷で示されなければならない。

第三六条
公務員による拷問及び残虐な刑罰は、絶対にこれを禁ずる。

第三七条
①すべて刑事事件においては、被告人は、公平な裁判所の迅速な公開裁判を受ける権利を有する。
②刑事被告人は、すべての証人に対して審問する機会を充分に与へられ、又、公費で自己のために強制的手続により証人を求める権利を有する。
③刑事被告人は、いかなる場合にも、資格を有する弁護人を依頼することができる。被告人が自らこれを依頼することができないときは、国でこれを附する。

人身の自由とは、人が自由に動き回れることを意味します。現在の日本ではあまりに当然のことのため権利として意識することはないかもしれません。しかし、精神的自由など諸自由の前提となる極めて重要な権利です。

人身の自由は、奴隷的拘束の禁止（一八条）のように私人を含めて誰に対しても主張できる権利も含みますが、三一条以下は、特に刑事手続を念頭に置いて、個人の身柄を拘束するために必要となる手続を定めることを通じて、公権力に対する権利を保障しています。

三一条は、それ以下の条文の総則的規定です。同条は、刑罰を科すには、たんに「法律の定める手続」によるだけではダメで、その手続が「適正」なものであることを求めていると解されます。最高裁判所は、「適正」な手続として、被告人の側に告知・弁解・防御の機会を与えることが必要だとしています（最大判昭和三七・一一・二八刑集一六巻一一号一五九三頁）。

三三条以下は法定手続の保障・人身の自由を詳細に定めます。その内容を、事件が起き捜査が開始され、逮捕され、裁判所に起訴されて裁判が進行し、判決が下されるという流れに即してまとめたのが**Ⅱ7-1**です。

多くの定めがありますが、ポイントを三点挙げておきます。①令状主義。逮捕には（現行犯の場合を除いて）裁判官が出す逮捕状（**Ⅱ7-2**）が必要になります（三三条）。裁判官の許可を要するとすることで、慎重を期しているのです。②弁護人依頼権。逮捕に続いて、抑留・拘禁という身柄の拘束を行うときには、弁護人に依頼する権利を直ちに与えることが必要

Ⅱ**7-1**／刑事手続と諸権利

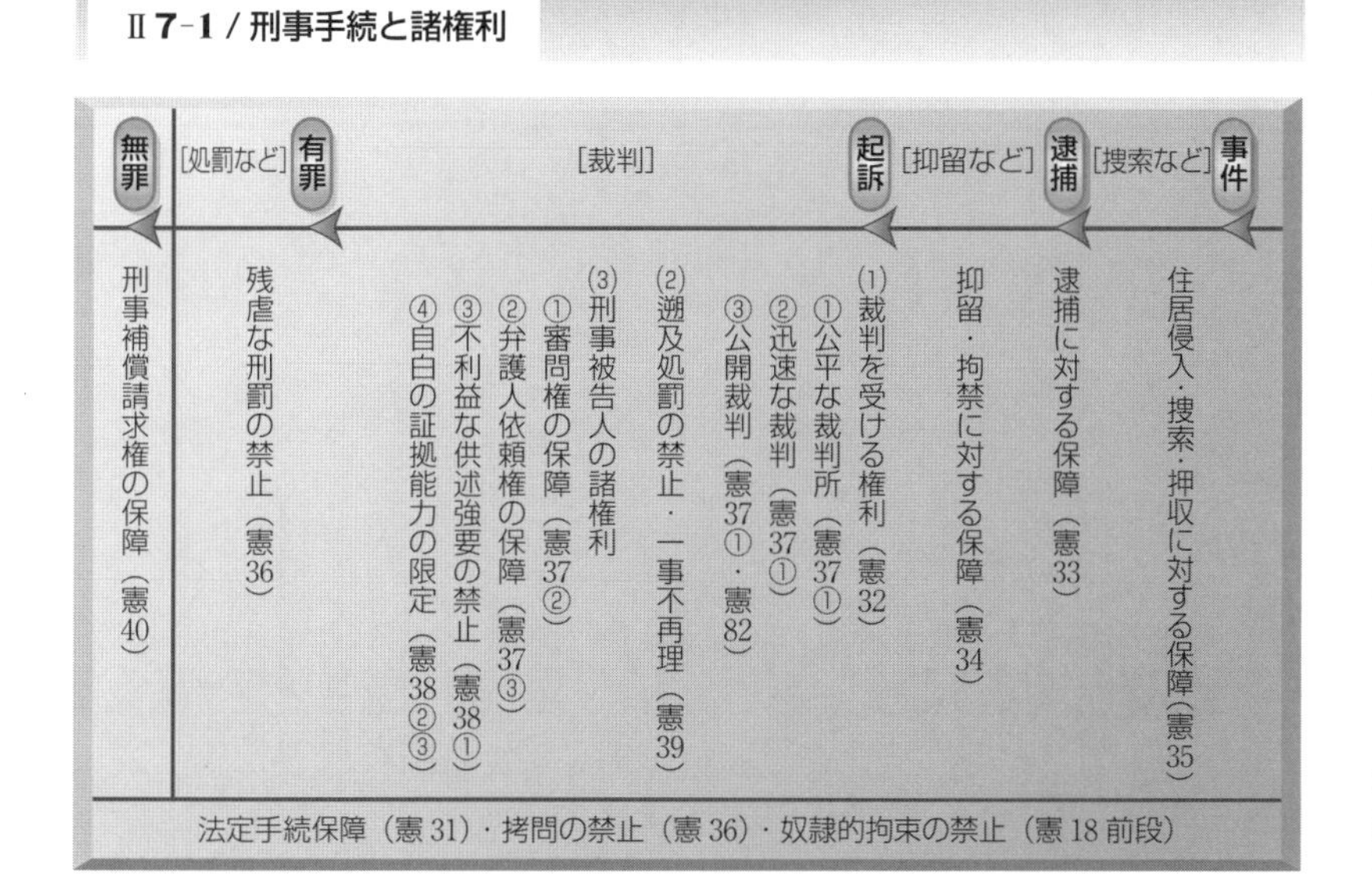

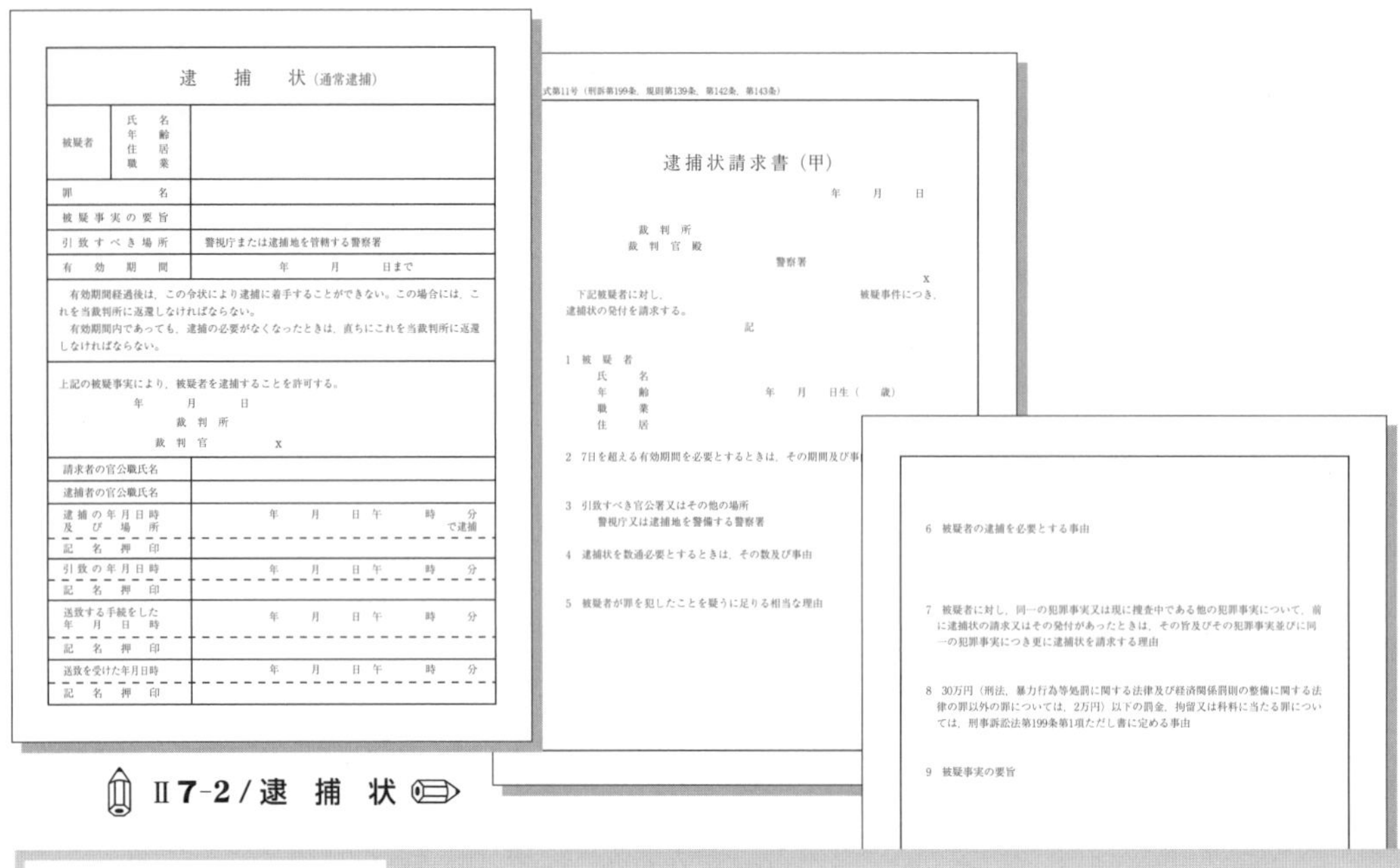

逮　捕　状（通常逮捕）

被疑者　氏名 年齢 住居 職業	
罪名	
被疑事実の要旨	
引致すべき場所	警視庁または逮捕地を管轄する警察署
有効期間	年　月　日まで

有効期間経過後は，この令状により逮捕に着手することができない。この場合には，これを当裁判所に返還しなければならない。
有効期間内であっても，逮捕の必要がなくなったときは，直ちにこれを当裁判所に返還しなければならない。

上記の被疑事実により，被疑者を逮捕することを許可する。
年　月　日
裁判所
裁判官　x

請求者の官公職氏名	
逮捕者の官公職氏名	
逮捕の年月日時及び場所	年　月　日　午　時　分で逮捕
記名押印	
引致の年月日時	年　月　日　午　時　分
記名押印	
送致する手続をした年月日時	年　月　日　午　時　分
記名押印	
送致を受けた年月日時	年　月　日　午　時　分
記名押印	

式第11号（刑訴第199条，規則第139条，第142条，第143条）

逮捕状請求書（甲）

年　月　日

裁判所
裁判官殿
警察署
x

下記被疑者に対し，　被疑事件につき，逮捕状の発付を請求する。

記

1 被疑者
氏名
年齢　年　月　日生（　歳）
職業
住居

2 7日を超える有効期間を必要とするときは，その期間及び事

3 引致すべき官公署又はその他の場所
警視庁又は逮捕地を警備する警察署

4 逮捕状を数通必要とするときは，その数及び事由

5 被疑者が罪を犯したことを疑うに足りる相当な理由

6 被疑者の逮捕を必要とする事由

7 被疑者に対し，同一の犯罪事実又は現に捜査中である他の犯罪事実について，前に逮捕状の請求又はその発付があったときは，その旨及びその犯罪事実並びに同一の犯罪事実につき更に逮捕状を請求する理由

8 30万円（刑法，暴力行為等処罰に関する法律及び経済関係罰則の整備に関する法律の罪以外の罪については，2万円）以下の罰金，拘留又は科料に当たる罪については，刑事訴訟法第199条第1項ただし書に定める事由

9 被疑事実の要旨

Ⅱ **7-2** / 逮　捕　状

Ⅱ 7-3 / 長引く裁判の例

主な戦後の長期裁判（最高裁判所調べ，判決確定分）

事　件　名	起訴から最終判決（決定）まで	起訴年月日	最終判決（決定）年月日
大須事件	26年 1カ月	昭和27. 7.29	昭和53. 9. 4
宮原操車場事件	24年 7カ月	27.10.22	52. 5.31
甲山事件	21年 6カ月	53. 3. 9	平成11. 9.29
東大ポポロ劇団事件	21年	27. 3.10	48. 3.22
連続ピストル射殺事件	20年10カ月	44. 5.24	平成 2. 4.17
辰野署爆破未遂事件	20年 6カ月	27. 5.21	昭和47.12. 1
メーデー事件	20年 5カ月	27. 5.23	47.11.21
派出所襲撃などの高田事件	20年 4カ月	27. 8.15	47.12.20（免訴）

Ⅱ 7-4 / 死刑執行人員

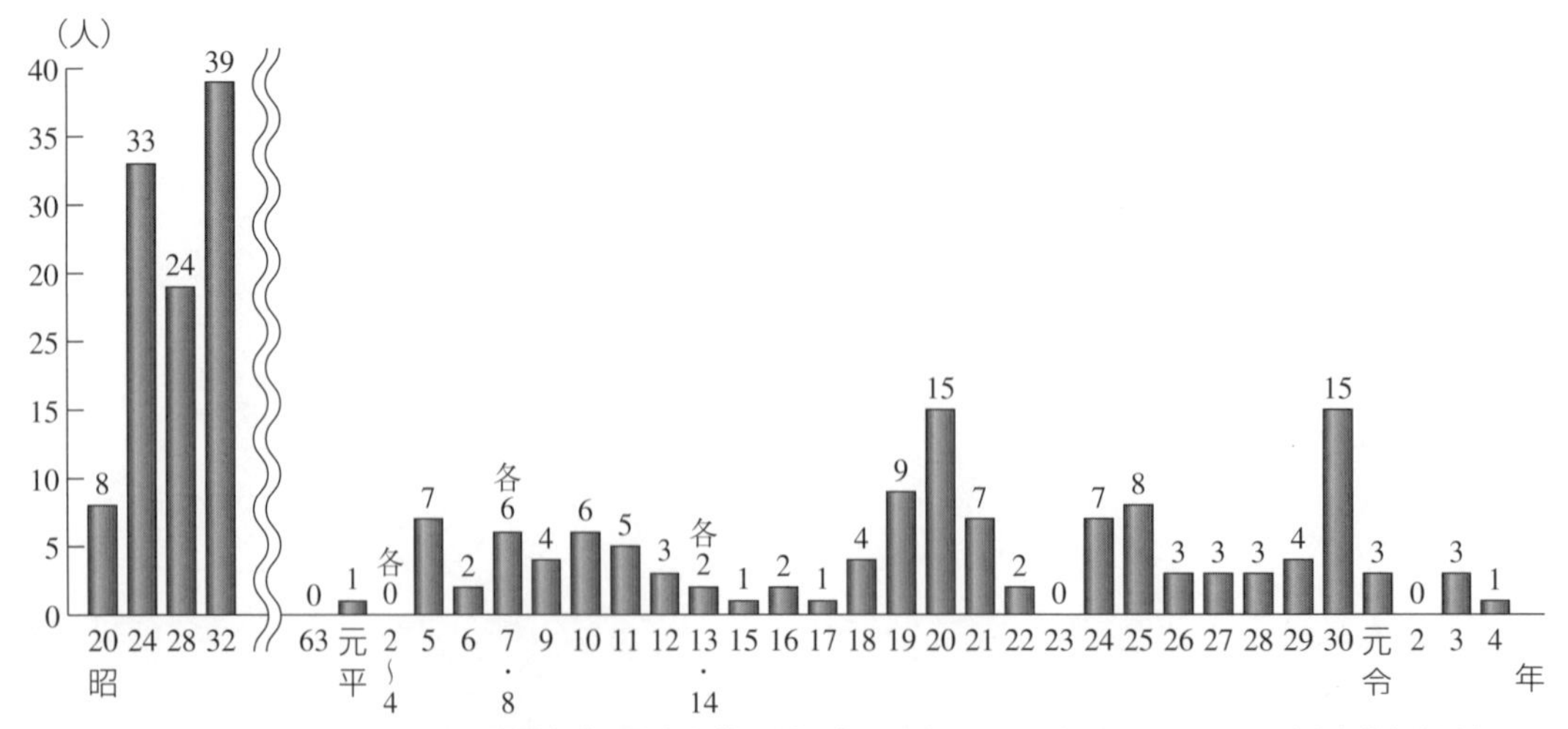

団藤重光『死刑廃止論〔第5版〕』，「死刑廃止フォーラム」ホームページおよび法務省「矯正統計」より。

になります（三四条）。身柄を拘束された中で警察官や検察官の取調べから自身を守るためには法律の専門家である弁護士の助けが不可欠だからです。ですから、単に依頼できるだけでなく、弁護士と実際に接触して援助を得られる権利もここから導かれます。③自白の強要の禁止。歴史をふりかえると、取調べをする側は有罪とするための証拠として被疑者・被告人に自白を求め、さらに自白を得るため拷問すら行うことがありました。拷問それ自体が重大な人権侵害ですし、自白の強要は冤罪につながります。そこで、日本国憲法では拷問を禁止する（三六条）だけでなく、不利益な供述強要を禁止し自白の証拠能力を限定しています（三八条）。

長引く裁判も問題となります。裁判は丁寧にしなければならず、事件が複雑であればなおさら時間がかかります。しかし、長期間となると被告人に苦痛となります。そこで、憲法では迅速な裁判を受ける権利を保障しています（三七条一項）。しかし、かつては異常に長期に及ぶ裁判もあり、問題となりました（Ⅱ**7**-**3**）。現在は、「裁判の迅速化に関する法律」により一審を二年以内とする目標が定められています。

刑罰で一番問題となるのは、死刑です。死刑は日本国憲法制定当初と比べれば減っているものの今なお執行されています（Ⅱ**7**-**4**）。死刑が残虐な刑罰（三六条）でないかが問題となります。最高裁判所は合憲だと判断しています（最大判昭和二三・三・一二刑集二巻三号一九一頁）。

現在の死刑は絞首刑です。複数の執行官が同時にボタンを押すと台の踏み板が開くようになっており、すでに台の上でロープをかけられている死刑囚の首が絞められることになります（Ⅱ**7**-**5**～**7**）。死刑を執行する職員からすればいたたまれない行為でしょう。死刑違憲論、死刑廃止論も根強く存在します。

Ⅱ7-5 / 死　刑　台

絞縄
踏板
機車柄

明治６年の「太政官布告 65 号」は，絞首による死刑執行（刑 11 条，刑事収容 178 条・179 条）の具体的な方法を定める唯一の根拠法令で，そこに定められている上図は，２人を同時に処刑する場合の図であるが，現在の死刑執行台の形状や執行方法はこれとは異なる（上図は，最大判昭和 35・7・20 刑集 15 巻 7 号 1107 頁にも掲載されている）。

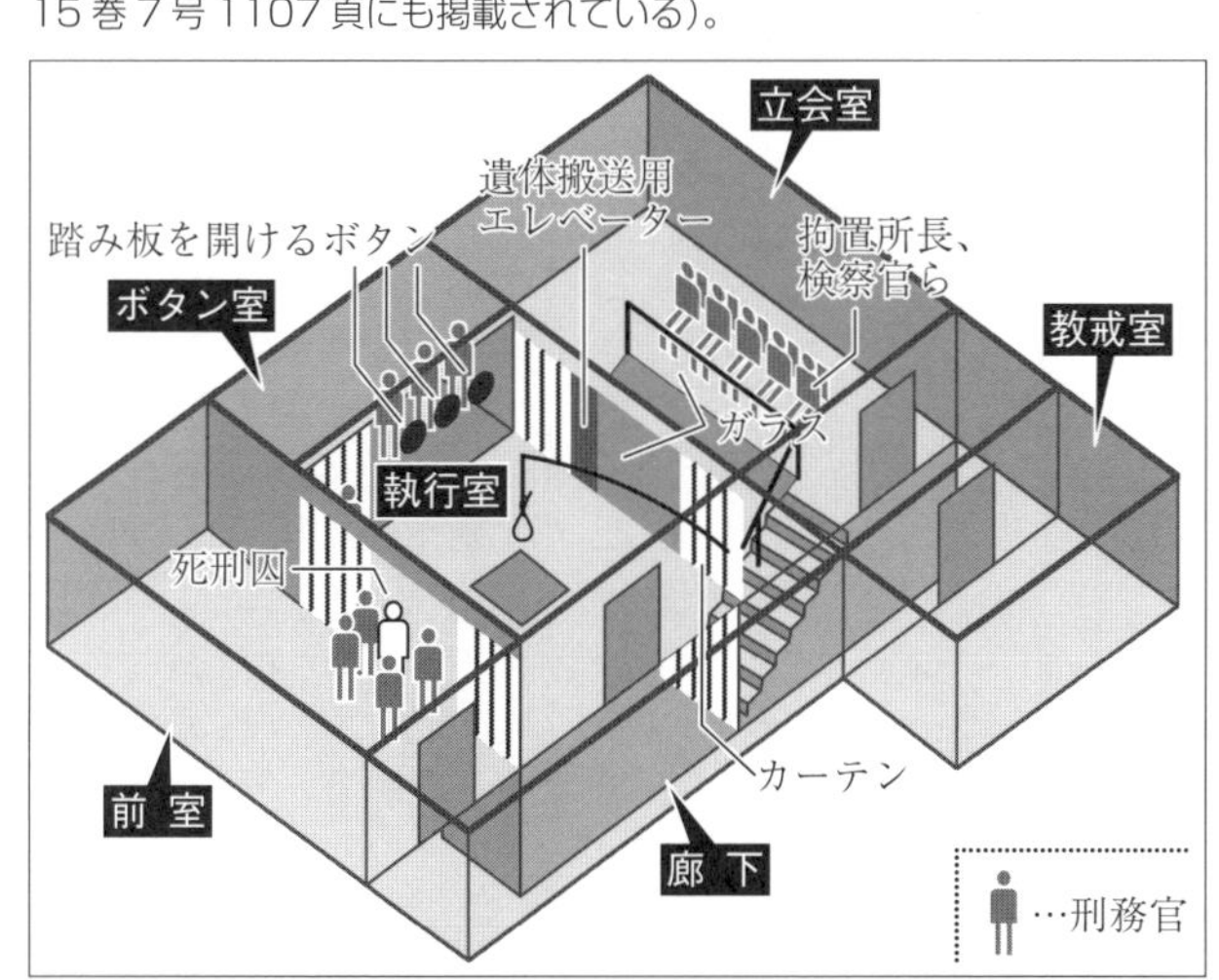

法務省発表をもとに作成。

Ⅱ7-6 / 現在の東京拘置所の刑場

Ⅱ7-7 / 東京拘置所　ボタン室から見た執行室

8 社会権

① 生存権

第二五条
① すべて国民は、健康で文化的な最低限度の生活を営む権利を有する。
② 国は、すべての生活部面について、社会福祉、社会保障及び公衆衛生の向上及び増進に努めなければならない。

◪憲法二五条は、一項で「健康で文化的な最低限度の生活を営む権利」として生存権を保障し、二項で一項の権利に対応して社会福祉・社会保障・公衆衛生に対する国の責務を定めています。生存権は社会権として分類される権利の一つです。社会権は、二十世紀の資本主義の発達に伴って生じた弊害としての貧富の差の拡大、失業や労働条件の悪化などに対して、政府の積極的な行為を請求する権利とされます。

◪一般に権利が侵害されたりした場合には、裁判所に救済を求めることができますが、生存権の場合には少し異なります。たとえば「健康で文化的な最低限度の生活」といっても抽象的で、その内容を明らかにすることは難しいといえます。また、内容が確定できたとしても保障のための財源も考慮する必要がありますから、二五条を根拠に裁判所に具体的な救済を求めることは困難といえます。そこで、生存権をどのように具体化するかは、まず国会という民主政治の過程に委ね、法律によって保障内容を定めようということになります。ただ、すべて国会や行政の裁量に委ねてしまうよりは、裁判所が国会による生存権を具体化した法律や行政の命令・規則などについて、生存権の解釈を踏まえて憲法判断を行うことが望ましいときもあります。

　このように考えると、生存権の規定について、それを単なる国政の心構えや指針を定めたプログラム規定としたり、裁判所は生存権を具体化する立法が不存在の場合には国会の行為を違憲と確認できると考えることは、極端だということになります。

　そこで、憲法二五条の規定は法的なものであるけれども、抽象的権利を定めたもので、それを具体化する法律が制定されることによって具体的権利になると考えられています。最高裁判所も、障害福祉年金を受けていた原告が、児童扶養手当の受給資格認定の請求をしたところ、児童扶養手当法の併給禁止規定により拒否されたため、併給禁止規定は憲法二五条に反するとして処分の取消しを求めた堀木訴訟で、この考え方をとりました。ただ、最高裁判所は、憲法二五条の趣旨を受けて「具体的にどのような立法措置を講ずるかの選択決定は、立法府の広い裁量にゆだねられており、それが著しく合理性を欠き明らかに裁量の逸脱・濫用と見ざるをえないような場合を除き、裁判所が審査判断するのに適しない事柄である」と判示しています（最大判昭和五七・七・七民集三六巻七号一二三五頁）。

新規担当		地区担当		CWNO	[illegible]NO

生活保護法による保護（開始・変更）申請書

ケース番号

現住所	○○市								
	居住開始年月日	年　月　日	電話	（　）					
家族の状況	氏名（フリガナ）	続柄	性別	生年月日	学歴	職業	健康状態	医療機関名	
	1		男・女	明治・大正・昭和・平成 ・ ・				入院・外来・[illegible]	
	2		男・女	明治・大正・昭和・平成 ・ ・				入院・外来・[illegible]	
	3		男・女	明治・大正・昭和・平成 ・ ・				入院・外来・[illegible]	
	4		男・女	明治・大正・昭和・平成 ・ ・				入院・外来・[illegible]	
	5		男・女	明治・大正・昭和・平成 ・ ・				入院・外来・[illegible]	
家族中別居している者の住所、氏名、生年月日	住所							備考	
	氏名			年　月　日生					
□ 資産の状況（別紙1）	□ 収入状況（別紙2）	□ 関係先照会への同意書（別紙3）							
援助をしてくれる者の状況	世帯主又は家族との関係	氏名	住所	今まで受けた援助及び将来の見込み					
保護を申請する理由（具体的に記入してください）									

上記のとおり相違ないので、生活保護法による保護を申請します。

年　月　日

申請者　住所
　　　　氏名　　　　　　　　印
（保護を受けようとする者との関係　　　　）

○○市福祉事務所長

※1　申請者と保護を受けようとする者が異なる場合には、別添の書類は保護を受けようとする者に記入してもらって下さい。
※2　不実の申請をして不正に保護を受けた場合は、生活保護法第８５条又は刑法の規定によって処罰されることがあります。

II 8①-1 / 生活保護申請書（例）

■八尾で母と長男の遺体
22日午前11時50分ごろ、大阪府八尾市のアパートで、住人の無職さん(57)と、長男で住所・職業不詳のさん(24)が倒れているのを、訪れたケアマネジャーの男性が発見し、110番通報した。八尾署員が駆けつけたが、その場で死亡が確認された。署は、さんが介護を受けていたとみている。2人とも外傷はなく、室内に物色された様子などはないという。水道やガスが止まっており、署は2人の生活状況や死因について調べている。

Ⅱ8❶-2／介護を受けていた母と長男が遺体で発見と報ずる朝日新聞（令和2.2.23）

◪憲法二五条を受けて、わが国でも健康保険、年金、介護保険などの社会保険、ハンディキャップのある人たちに対して扶助する社会福祉、国民の衛生・健康に関する公衆衛生などの分野で数多くの法律が制定されています。なかでも重要な法律は、生活扶助費の減額処分が争われた朝日訴訟でも注目された公的扶助としての生活保護法です。生活保護法は、生活に困窮する国民に対し、国が困窮の程度に応じ必要な保護を行い、最低限度の生活を保障し自立を助長することを目的としています（生活保護一条）。生活保護の種類として生活扶助のほかに、教育扶助、住宅扶助、医療扶助、介護扶助、出産扶助、生業扶助、葬祭扶助を定めています（生活保護一一条）。朝日訴訟は、療養所に入所し医療扶助と生活扶助を受けていた原告が兄から仕送りを受けるようになったためなされた生活保護費の減額処分の違法性を争った事件です。最高裁判所は、この事件で「健康で文化的な最低限度の生活」という抽象的・相対的概念の認定判断は一応厚生（労働）大臣の判断に委ねられているが、著しく低い基準を設定するなど、憲法および生活保護法の趣旨・目的に反するような場合には裁判所の審査の対象となると判示しました（最大判昭和四二・五・二四民集二一巻五号一〇四三頁）。生活保護を受けるためには、保護を必要とする人、その扶養義務者またはその他の同居の親族が保護の申請（Ⅱ8❶-1）をすることが必要です（生活保護七条）。そのため、保護の申請をしないことによって、不幸な事態が生じることもありました（Ⅱ8❶-2）。

二一世紀に入って国際的に格差社会現象が起き、わが国でも多くの生活に困窮する人々が生じました。そのような状況の下では、生活保護制度が存在することが必要です。ただ、生活保護世帯と受給者が急増し（Ⅱ8❶-3）、国家財政にも負担となっているという声もあります。

社会保障制度の必要性は、急激な高齢社会化や少子化を考えると、誰の目にも明らかです。社会保障を行う際には、自立を助けることも視野に入れながら、個々の生活状況や保護を必要とする程度、財政状況などを総合的に判断して決めるべきでしょう。子どもの高校進学に備えた学資保険に生活保護費の一部をあてることは、生活保護法の趣旨にかなっているとみられます。また、生活保護費の老齢加算の廃止も十分な検討の上でならやむをえないかもしれませんが、既存の生活保護の基準をあまりにも低く後退させ、二五条の生存権保障の核心の削減までに至らないように考えるべきでしょう。

Ⅱ8❶-3／生活保護受給者数の推移（各年度1カ月平均）

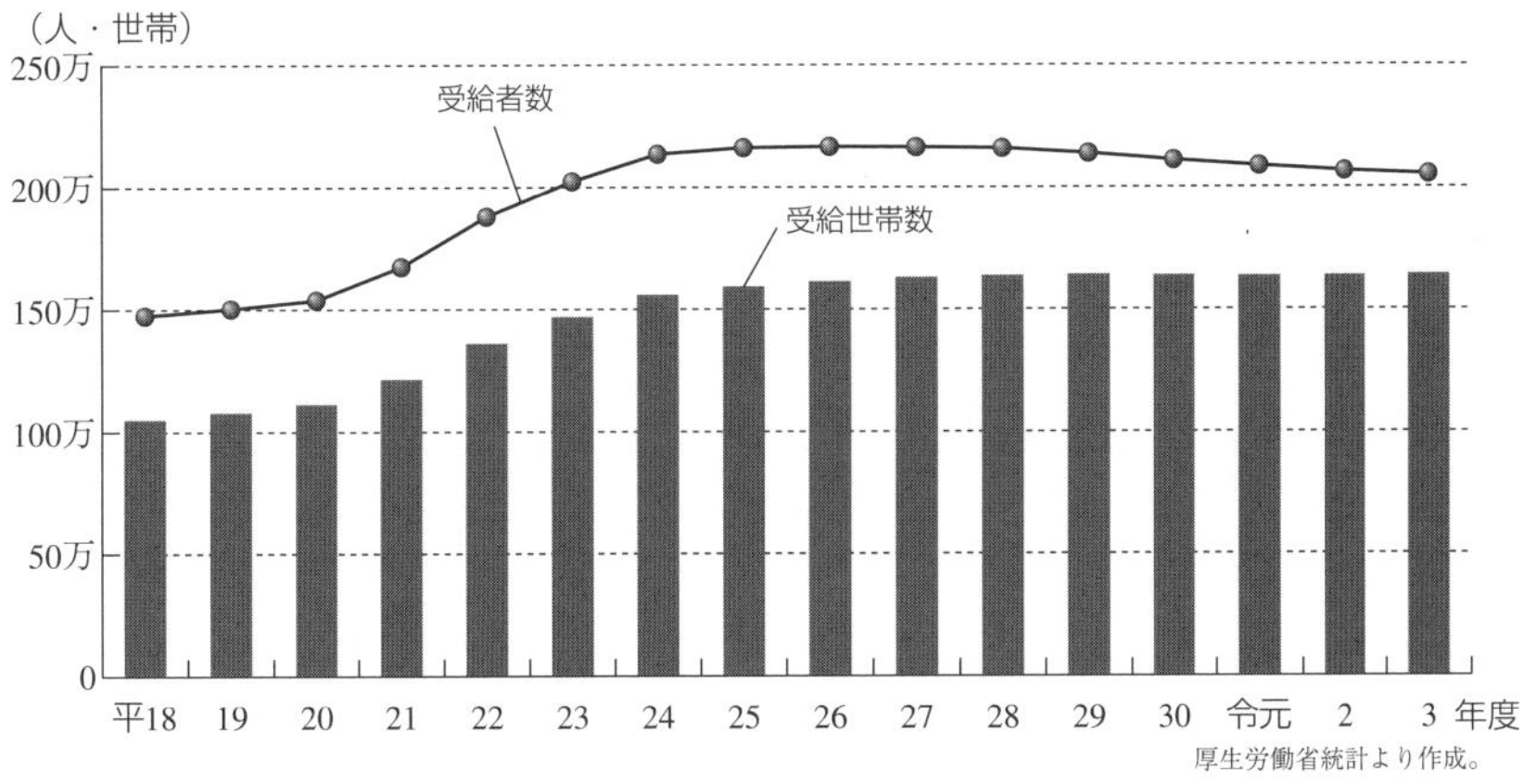

（人・世帯）
250万
200万
150万
100万
50万
0
受給者数
受給世帯数
平18 19 20 21 22 23 24 25 26 27 28 29 30 令元 2 3 年度

厚生労働省統計より作成。

❷ 教育を受ける権利

第二六条
①すべて国民は、法律の定めるところにより、その能力に応じて、ひとしく教育を受ける権利を有する。
②すべて国民は、法律の定めるところにより、その保護する子女に普通教育を受けさせる義務を負ふ。義務教育は、これを無償とする。

個人は教育を受けることによって立派な市民として人格的に成長します。憲法二六条は、「すべて国民は法律の定めるところにより、その能力に応じて、ひとしく教育を受ける権利を有する」としています。教育を受ける権利の主体としてまず子どもがあげられます。最高裁判所も子どもの学習権を認めています（**判例11**）。子どもを取り囲む親や教師、国は、子どもの学習権を充足する形でその役割を果たすことが求められます。

憲法は二六条二項で義務教育を無償としています。具体的には授業料の無償を意味しますが、法律によって教科書も無償とされています。義務教育を何らかの事情で修了できなかった人々のために、夜間中学（Ⅱ**8❷-1**）を設けている地域があります。現在全国に四四校ある夜間中学には、戦後の混乱やその他の事情で学ぶ機会を失った人々が、国籍を問わず、楽しく学校に通いながら多くのことを学んでいます。

教育内容を決める権能（教育権）の所在については争いがあります。国が教育権を有するという立場と親や教師を中心とする国民全体が有するという立場が対立してきました。最高裁判所はいずれの立場もとりませんでした。普通教育では教師に完全な自由は認められず、親の教育の自由は学校外の教育や学校選択の自由に見られるとしました。その他の領域では国が教育内容を決定する権能を有するとしましたが国の

Ⅱ**8❷-1** / 夜間中学のポスター

判例11　旭川学テ事件判決

最大判昭和五一・五・二一（刑集三〇巻五号六一五頁）

昭和三六年度全国中学校一斉学力調査（学力テスト）に反対してその実施を阻止しようとした被告人（教師ら）が校舎に侵入したり校長に暴力を加えた行為が公務執行妨害等の罪で起訴された事件。最高裁判所は、次のように述べた。学問の自由は、学問研究の自由ばかりでなくその結果を教授する自由も含むが、大学教育の場合と異なり、普通教育においては、教師に完全な教授の自由を認めることは許されない。憲法二三条の背後にある観念からして、子どもの教育は、教育を施す者の支配的権能ではなく、子どもの学習をする権利に対応し、その充足を図りうる者の責務に属する。親は、子どもに対する自然的関係により、子女の教育の自由を有するが、この自由は、主として家庭教育等学校外における教育や学校選択の自由に表れるものであり、私学教育における自由や教師の教授の自由も、一定の範囲においては認められるが、それ以外の領域においては、国は国政の一部として教育政策を樹立、実施し、教育内容についてもこれを決定する権能を有する。しかし、国の教育行政機関が法律の授権に基づいて義務教育に属する普通教育の内容及び方法について遵守すべき基準を設定する場合には、教育に関する機会均等の確保と全国的な一定の水準の維持という目的のために必要かつ合理性の認められる大綱的なそれにとどめられるべきである。

過度の教育内容への介入は許されず、公正かつ適正な教育行政が求められます（教基16条）。

❸ 労働基本権

(a) 勤労の権利

> **第二七条**
> ①すべて国民は、勤労の権利を有し、義務を負ふ。
> ②賃金、就業時間、休息その他の勤労条件に関する基準は、法律でこれを定める。
> ③児童は、これを酷使してはならない。

◪資本主義の発達の過程で、労働者は搾取され劣悪な労働条件で酷使されてきました。二〇世紀に入ると、労働者に人間に値する生活を保障するため労働者保護の立法がなされるようになりました。日本国憲法も二七条で勤労の権利を保障しています。また勤労は国民の義務としています。働くことは人格的成長にも有用なことです。勤労の権利が社会権の一つとして保障されるようになったのは、国が国民に対してより良い労働の機会をできる限り与えるように配慮すべきであるという考えによります。それを受けて二七条二項は勤務条件の基準を法制化するよう求めています。現在、労働基準法や最低賃金法などが存在します。

日本人の労働時間は戦後まもなくの時期の間は、生活していくために長くなりがちでした。しかし、最近は労働時間も減少してきています（Ⅱ8❸a-1）。国際的にみても、現在は著しく労働時間が多いとはいえません（Ⅱ8❸a-2）。

◪戦前（Ⅱ8❸a-3）の反省を踏まえて、憲法は児童の酷使を禁じています（二七条三項）。労

Ⅱ8❸a-1／年間労働時間の推移（事業所規模30人以上）

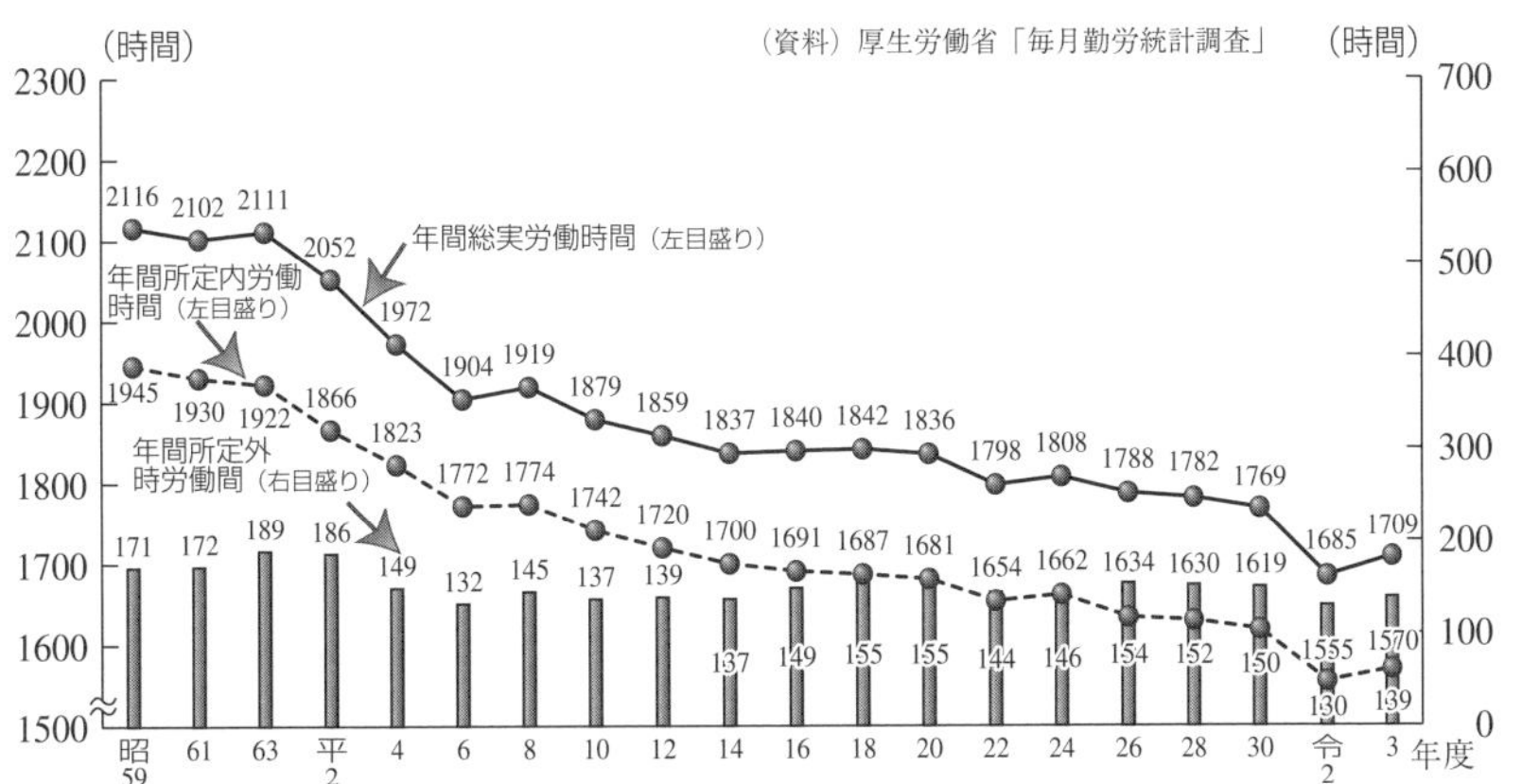

（注）総労働時間，所定内労働時間，出勤日数の年換算値については，各月間平均値を12倍し，小数点以下第1位を四捨五入したものである。所定外労働時間については，総労働時間の年換算値から所定の労働時間の年換算値を引いて算出している。

Ⅱ8❸a-2／労働時間の国際比較（『令和4年版厚生労働白書』より）

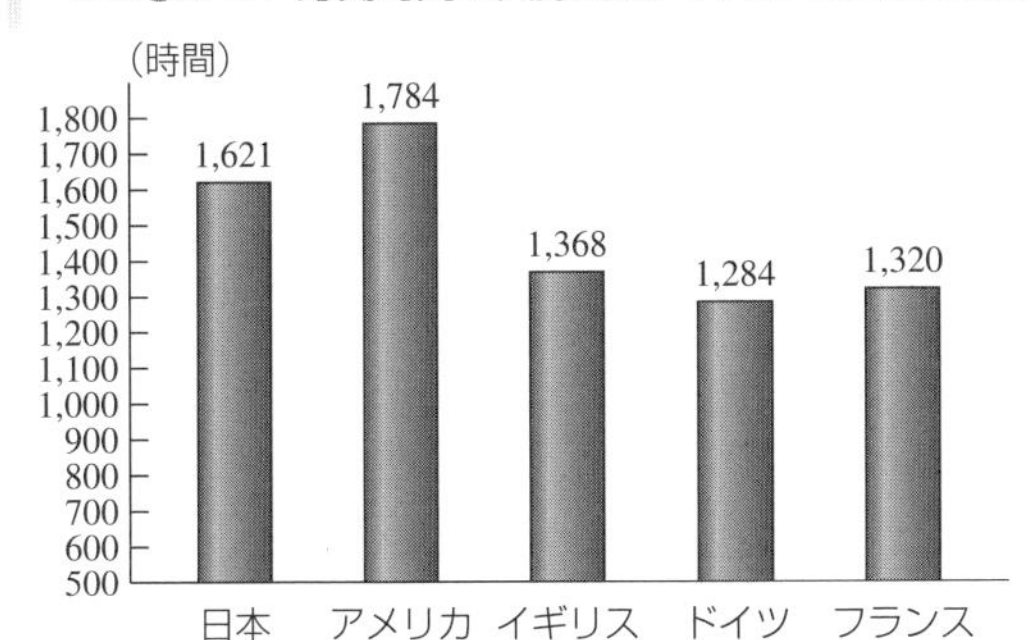

資料：OECD Database “Avarage annual hours actually worked per worker［Dependent employment］” 2022年4月現在

（注）1. 調査対象となる労働者には，パートタイム労働者を含み，自営業者は除く。
2. 日本は事業者規模5人以上の労働時間。日本以外の国についでは事業者規模の区別はない。
3. 各国によって母集団等データの取り方に差異があることに留意。

Ⅱ8❸a-3／戦前，製粉工場で働く少年たち（昭和5年）

働基準法五六条一項は、使用者は、児童が満一五歳に達した日以後の最初の三月三一日まで児童を使用してはならないとしています。

(b) 団結権・団体交渉権・争議権

> **第二八条** 勤労者の団結する権利及び団体交渉その他の団体行動をする権利は、これを保障する。

◪憲法二八条は、労働基本権ないし労働三権として団結権、団体交渉権、団体行動権（争議権）を勤労者（労働者）に保障しています。労働基本権は、一九世紀の資本主義発展に伴う使用者の力の増大と労働条件の悪化に対処するため保障されるようになりました。労働基本権の保障のために、労働組合法などが制定されています。労働基本権は私人間にも妥当します。

労働者が使用者と対等の地位に立つために、労働組合を結成する団結権が認められますが、労働組合の統制権には限界があります。また、労働組合が使用者と賃金や労働時間などの労働条件を交渉する権利（団体交渉権）も大切です。そこで労働組合が使用者に対し有利な労働条件を獲得するために、ストライキなどの争議行為を行う争議権が認められています。正当な争議行為には刑事免責（労組一条二項）、民事免責（労組八条）が認められます。

◪労働者とは、賃金や給料などの収入を得て生活する人ですから（労組三条）、公務員も労働者にあたります。しかし、公務員については、憲法一五条二項が全体の奉仕者であって一部の奉仕者ではないと定めていることから、労働基本権がどこまで制限できるかが問題となります（Ⅱ8❸b-1）。現在の法律の下では、警察職員などは労働基本権すべてが認められていません。非権力的な事業（現業）に従事する国営企業の国家公務員や地方公営企業の地方公務員には、団結権と団体交渉権が認められています。非現業の国家公務員や地方公務員については、団結権は認められていますが、団体交渉権は制限され、争議権は否認されています。公務員はたしかに国民全体の奉仕者であり、その職務の公共性を重視する必要がありますが、公務員も労働者であることを考えるべきでしょう。最高裁判所は、現行の厳しい制限を合憲としています（最大判昭和四八・四・二五刑集二七巻四号五四七頁）。

◪最近の経済的な停滞にもかかわらず、争議行為を伴う労使紛争の数はかなり少なくなっていますが（Ⅱ8❸b-2）、労働組合の団体行動は、現在でも労働者が有利な労働条件を獲得するための有力な手段です（Ⅱ8❸b-4〜6）。争議行為は時には大規模なものとなって、政治的にも社会的にも大変な影響を与えます。昭和三〇年代の三井三池デモ（Ⅱ8❸b-3）はその代表例です。労働組合の争議行為が政治的な目的のためだけに行われたりすることは、労働組合を認める趣旨に反するとも思えますが、政治と経済は密接に絡んでいるのも事実です。国民の多くは労働者なのですから、労働者の権利を十分に意識して行動することが望まれます。

ところが、最近非正規雇用が多くなり就職が難しい状況を背景に、従業員やアルバイトの弱みや無知につけ込んで、労働法に明らかに違反して長時間労働させ、ついには過労死させるブラック企業がみられます。ブラック企業名の公表などの対策が強化されるべきでしょう。

Ⅱ8❸b-1／公務員の労働基本権の制限

主体＼労働三権	団結権	団体交渉権	争議権
国民（労働者）	○	○	○
警察職員（地公52条5項・国公108条の2第5項） 消防職員（地公52条5項） 自衛隊員（自衛64条） 海上保安庁職員（国公108条の2第5項） 刑事施設職員（同上）	×	×	×
非現業の国家公務員（国公98条2項・108条の2第3項） 非現業の地方公務員（地公37条1項・55条2項）	○	△	×
国営企業の国家公務員（行執労17条1項） 地方公営企業の地方公務員（地公労11条1項）	○	○	×

Ⅱ 8❸ b-2 / 争議行為を伴う労使紛争の動向

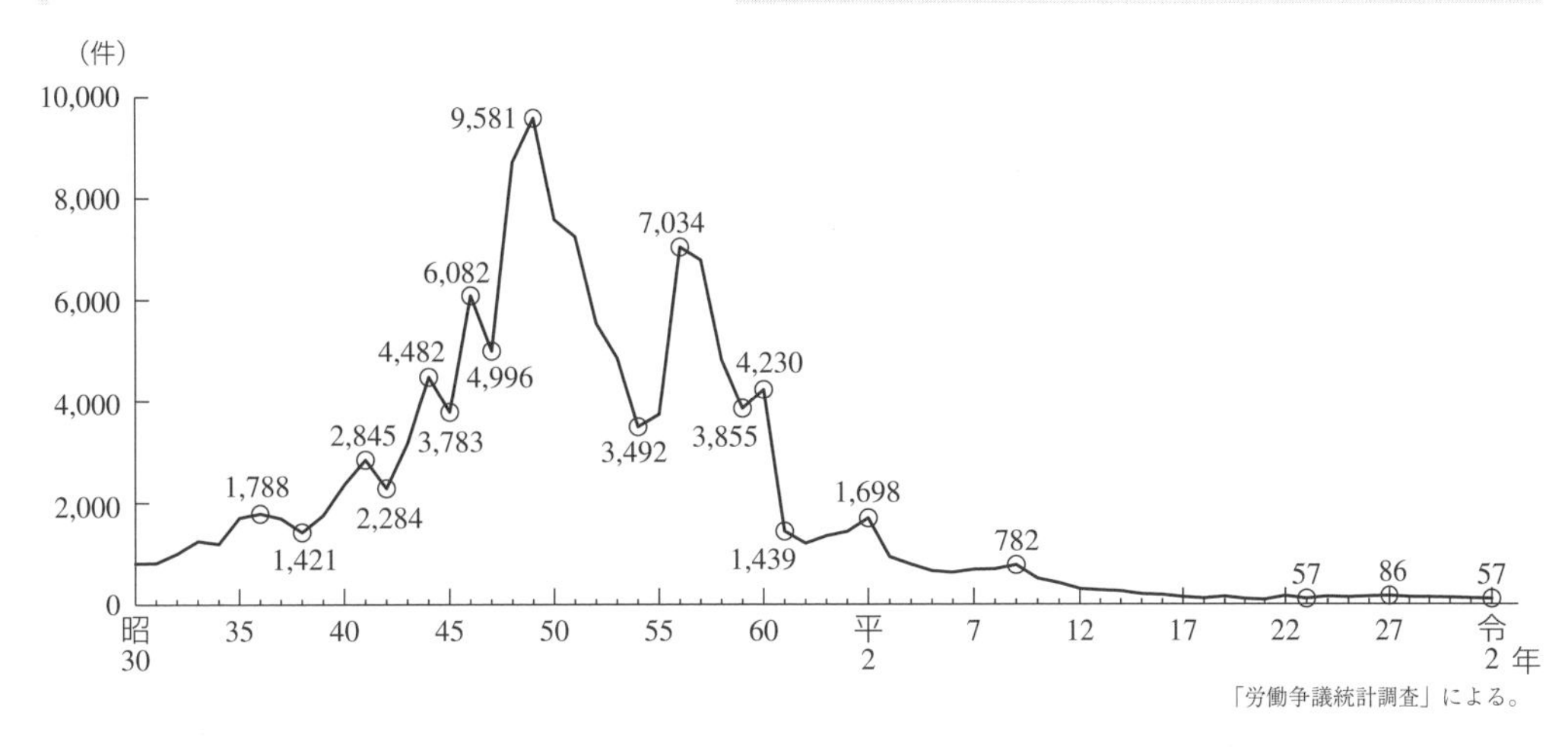

「労働争議統計調査」による。

Ⅱ 8❸ b-3 /
三井三池デモ
(昭和 34. 11. 7)

Ⅱ 8❸ b-4 /
プロ野球も
ストライキ
(平成 16. 9. 18)

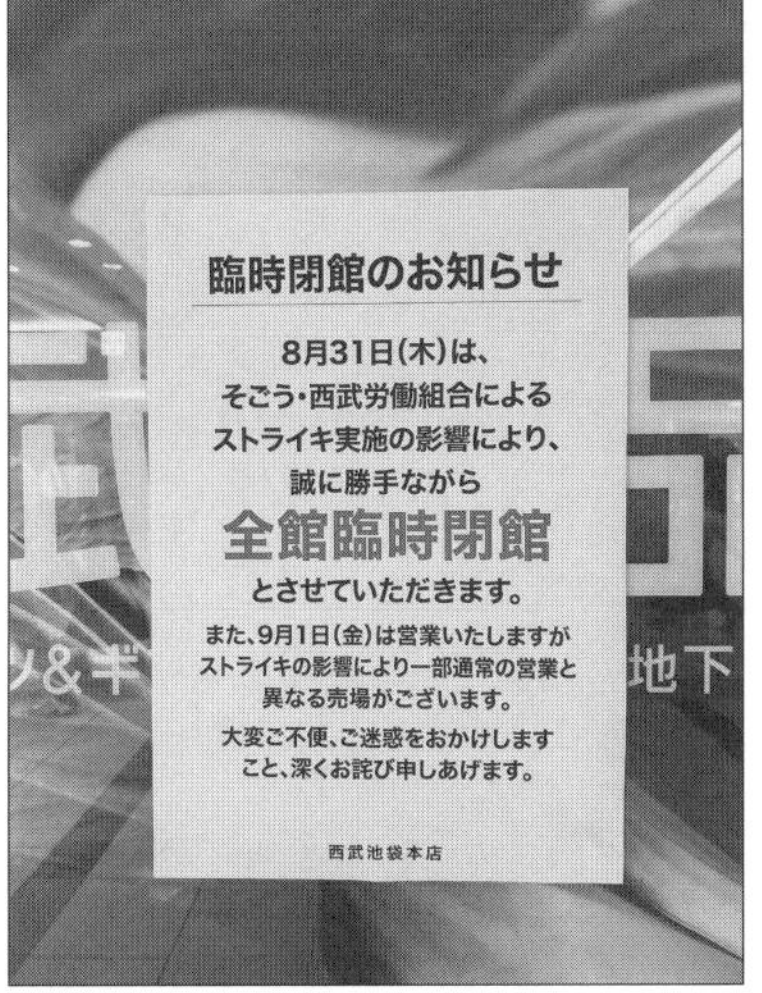

臨時閉館のお知らせ

8月31日(木)は、
そごう・西武労働組合による
ストライキ実施の影響により、
誠に勝手ながら
全館臨時閉館
とさせていただきます。

また、9月1日(金)は営業いたしますが
ストライキの影響により一部通常の営業と
異なる売場がございます。
大変ご不便、ご迷惑をおかけします
こと、深くお詫び申しあげます。

西武池袋本店

Ⅱ 8❸ b-6 /
61 年ぶりのデパート
労組のストライキ
(令和 5. 8. 31)

Ⅱ 8❸ b-5 /
ストライキで
封鎖された
相模鉄道横浜駅
(平成 21.6.26)

9 参政権

❶ 選挙権

第一五条
①公務員を選定し、及びこれを罷免することは、国民固有の権利である。
②すべて公務員は、全体の奉仕者であつて、一部の奉仕者ではない。
③公務員の選挙については、成年者による普通選挙を保障する。
④すべて選挙における投票の秘密は、これを侵してはならない。選挙人は、その選択に関し公的にも私的にも責任を問はれない。

第四四条
両議院の議員及びその選挙人の資格は、法律でこれを定める。但し、人種、信条、性別、社会的身分、門地、教育、財産又は収入によつて差別してはならない。

◪参政権というと、ふつうは選挙権・被選挙権のことをいいますが、広い意味では、国民が国政に参加するさまざまな権利という意味で使うことがあります。この本でも、「参政権」をこうした広い意味で使うこととし、ここでは①選挙権、②被選挙権、③最高裁判所裁判官の国民審査、④請願権を取り上げていますが、これら以外にも、たとえば地方自治のところで触れる「住民投票」の権利（109頁参照）も、こうした広い意味での参政権の一つといえます。

選挙権は、かつては一定の資格をもった成人男子しかもっていませんでした（Ⅱ9❶-3）が、昭和二〇年一二月の新選挙法によって、翌年四月一〇日に行われた戦後最初の衆議院議員選挙で、はじめて満二〇歳以上のすべての成人による普通選挙が行われました。Ⅱ9❶-1のように女性に投票を呼びかけるポスターも出され、実際にも、この絵のように子どもを背負った女性が投票している姿の写真が残っています。この当時は、戦争で多くの男性が戦死した影響もあったのでしょうか、有権者数では女性のほうがかなり多かったのですが、女性にとってはじめての投票だったことによる戸惑いもあったためか、投票率は、男性が約七八・五%に対し女性は約六七%だったという数字が残っています。またこの法律によって被選挙権が女性にも与えられ、実際この選挙では七九人の女性候補のうち三九人が当選しました（Ⅱ9❶-2）。憲法一五条一項は、選挙権を「国民固有の権利」として保障していますが、三項の「成年者による普通選挙」の保障は、貴族院での審議の中ではじめて盛り込まれたものです。四項の「投票の秘密」の保障も大切な規定です。被選挙権も一五条で保障されているかどうかは明らかではありませんが、最高裁判所は「立候補の自由は、選挙権の自由な行使と表裏の関係にある」から、一五条一項で保障されていると解しています。

もっとも、選挙権は平成二七年の公職選挙法（公選法）の改正（平成二八年六月一九日施行）で満一八歳以上の国民が有することになりました（同法九条）が、被選挙権については、従来どおり二五歳または三〇歳以上という年齢制限が設けられています（同法一〇条参照）。

◪憲法四四条は、人種・性別・財産・教育など、あらゆる理由による選挙権・被選挙権の不平等を禁止しており、現行の公職選挙法はこうした原則に基づいて作られています。

Ⅱ9❶-1／女性に投票を呼びかける戦後第1回総選挙のポスター

Ⅱ9❶-2／戦後最初の総選挙で婦人代議士誕生

Ⅱ9❶-3 / わが国の選挙権の拡大

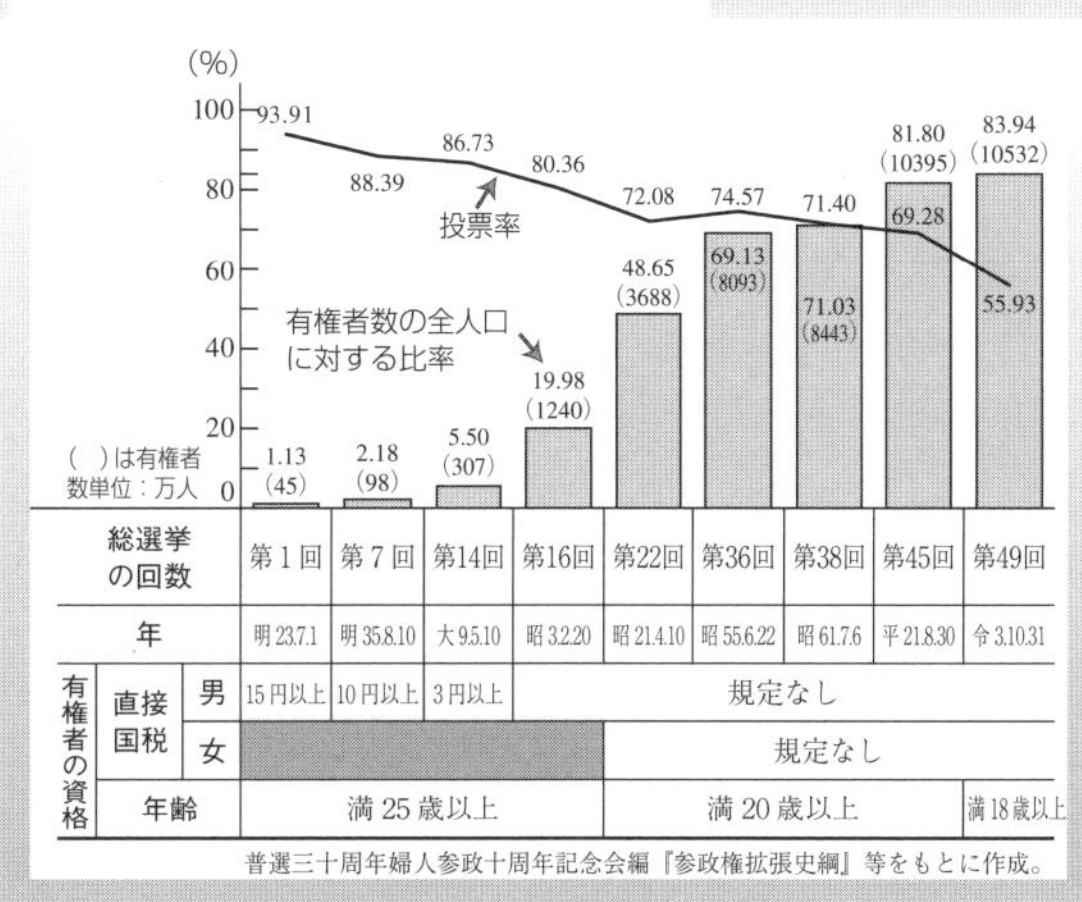

総選挙の回数			第1回	第7回	第14回	第16回	第22回	第36回	第38回	第45回	第49回
年			明23.7.1	明35.8.10	大9.5.10	昭3.2.20	昭21.4.10	昭55.6.22	昭61.7.6	平21.8.30	令3.10.31
有権者の資格	直接国税	男	15円以上	10円以上	3円以上	規定なし					
		女					規定なし				
	年齢		満25歳以上				満20歳以上				満18歳以上

普選三十周年婦人参政十周年記念会編『参政権拡張史綱』等をもとに作成。

日本に住んでいて永住権などを得ている外国人にも参政権を認めるべきかどうかについては、議論があります（15頁参照）が、これまでのところ認められていません。

外国在住の日本人（在外国民）には、平成一〇年に衆参両議院の比例代表選挙に限って投票権を与える法律ができていましたが、最高裁判所はこの限定を違憲と判断しました（最大判平成一七・九・一四民集五九巻七号二〇八七頁）。これを受けて国会は、平成一八年六月の公選法改正で、衆議院の小選挙区と参議院の選挙区選挙を含むすべての国政選挙について、在外国民の投票権を認めました（Ⅲ9❶-5）。また、船員がファックスによって不在者投票を行う制度も設けられました。

◪憲法四四条の意味での選挙権の平等は、今では完全に実現されており、むしろ従来から選挙権をめぐっていちばん議論があるのは、人口の増加や都市への移動によって生じた「投票価値の較差」（いわゆる一票の価値）の問題です。これは、各選挙区の有権者の数をその選挙区に割り振られた議員定数で割った数を選挙区ごとに比較した数値（較差）のことですが、この較差に大きな不均衡があることは、一人一票を原則とする国民代表の選び方として問題ではないのかどうか、数多くの裁判で争われてきました（Ⅱ9❶-8）。

衆議院議員選挙については、以前の中選挙区制の時代の議員定数配分規定について、憲法一四条一項の「法の下の平等」の原則に反し、全体として違憲だとする最高裁判所の判断が示されました（Ⅱ9❶-8・判例12参照）。その後、平成六年の公選法改正によって、現在では小選挙区比例代表並立制という制度になっています。

この改正と同時に制定された衆議院議員選挙区画定審議会設置法で、過疎地域に配慮した「激減緩和措置」として、小選挙区選出議員の選挙区割りに「一人別枠方式」が導入されました（同法旧三条二項）。これは、各都道府県の区域内の小選挙区の数を決める際に、定数のうち各都道府県にあらかじめ一を配当した上で残りの小選挙区数を各都道府県の人口比例で決める

Ⅱ9❶-4 / 鳥取2区との比較で人口較差が大きい上位10小選挙区

（令和2年衆議院小選挙区別日本国民の人口，総務省調べ）

順位	選挙区	有権者数	倍
1	東京22区	574,264	2.096
2	東京9区	567,470	2.071
3	東京8区	563,675	2.057
4	東京10区	563,184	2.056
5	東京3区	562,799	2.054
6	東京13区	561,048	2.048
7	福岡1区	558,032	2.037
8	東京2区	557,625	2.035
9	東京4区	557,531	2.035
10	東京6区	557,062	2.033
	鳥取2区	273,973	1.000

Ⅱ9❶-5 / 在外国民の選挙権

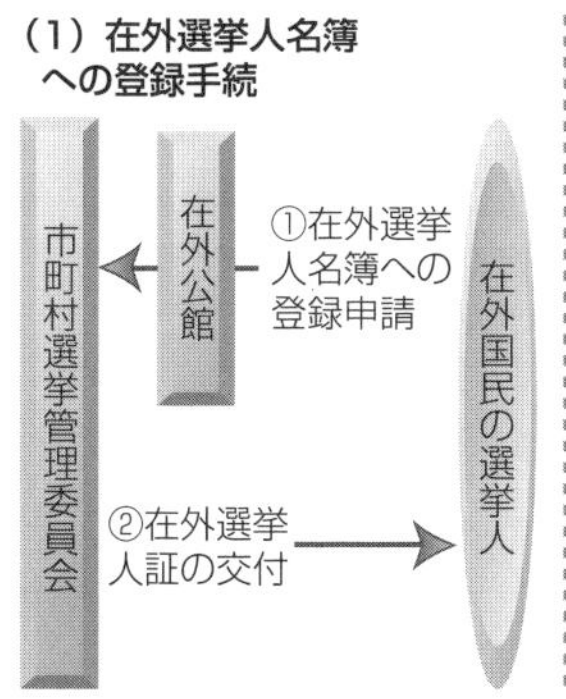

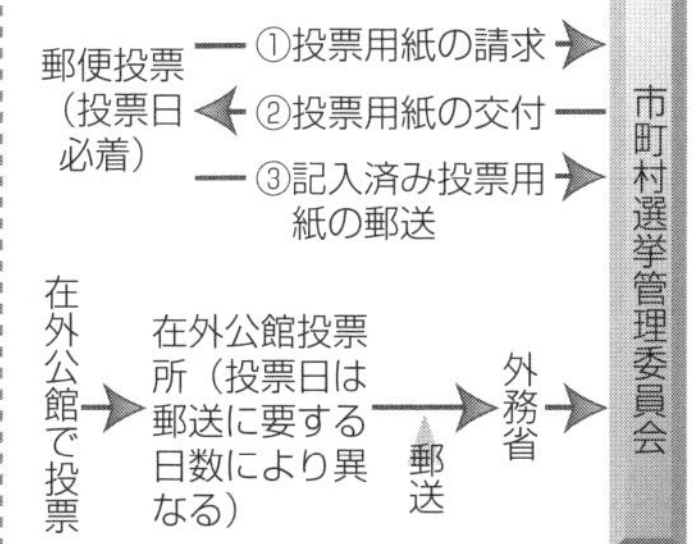

選挙制度については71頁以下も見て下さい。

Ⅱ9❶-6 / 参議院選挙区選出議員定数別の有権者数（令和 4 年 7 月 10 日現在，総務省調べ）

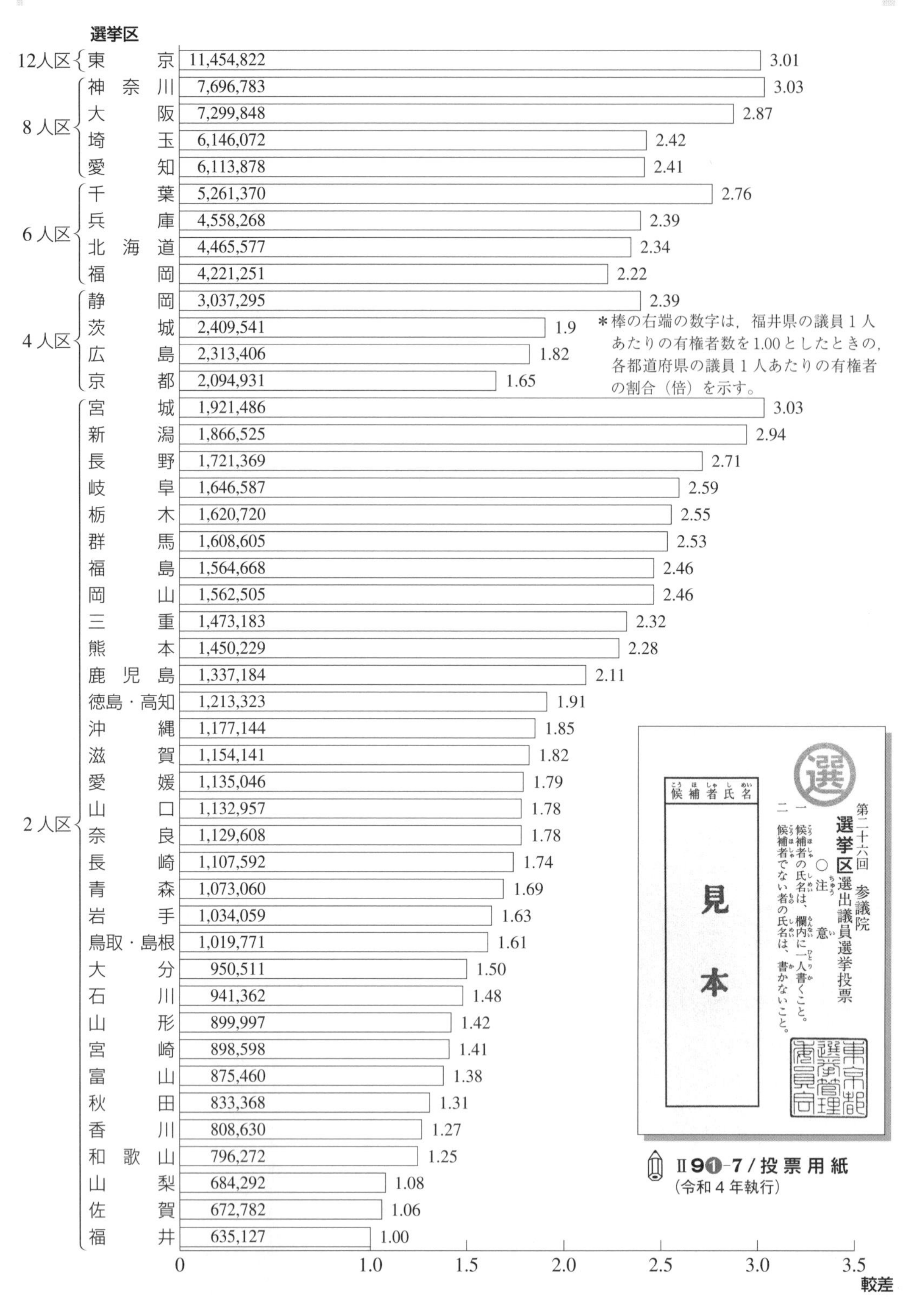

Ⅱ9❶-7 / 投票用紙
（令和 4 年執行）

参議院の各都道府県ごとの議員定数については、60 頁も参照して下さい。

というものでした。この方式について最高裁判所は、平成一九年判決までは立法政策の範囲内であり合憲と判断していましたが、平成二三年判決（Ⅱ9❶-8）は、この方式が二倍以上の「較差を生じさせる主要な要因」となっており、この制度の導入後一〇年以上を経て、定着し安定した運用がされるようになった現段階では、もはや立法当時の合理性は失われているとして、選挙区割りを含めて、憲法の投票価値の平等の要求に反して「違憲状態」にあると判断しました。しかし、憲法上要求される合理的期間内における是正がされなかったとはいえないので、違憲とまではいえないとされ、その後の判決でもこれと同様の判断が示されています。なお、この平成二三年判決の翌年一一月にはこの一人別枠制度は廃止されました（平成二四年法九五号）。

それでも、平成二六年十二月の選挙の時点では、較差が二倍を超える小選挙区が、全国の二九五選挙区のうちで合計十三ありました。その後、平成二九年の改正で小選挙区定数は二八九に減少し、同時に区画の変更も行われた結果、平成二九年一〇月二二日の総選挙当時では、最大較差は一・九七九まで縮まっていました。

しかし、その後も人口の移動は絶え間なく続いており、人口最少選挙区との最大較差は二〇以上の小選挙区で二倍を超えるようになりました。そこで、令和二年に行われた国勢調査の結果を踏まえて、令和四年一一月には公選法が再

Ⅱ9❶-8 / 最高裁判所の定数訴訟判決一覧

選挙年月日	衆/参	最大較差	判決年月日	法廷	合憲/違憲等	コメント	判決出典
昭37. 7. 1	参	4.09	昭39. 2. 5	大	合憲	「立法政策の当否の問題」	民集18・2・270
昭40. 7. 4	参	4.09	昭41. 5.31	3小	合憲	上記判決を踏襲	集民83・623
昭46. 6.27	参	5.08	昭49. 4.25	1小	合憲	上記判決を踏襲	判時737・3
昭47.12.10	衆	4.99	昭51. 4.14	大	違憲	事情判決	民集30・3・223
昭52. 7.10	参	5.26	昭58. 4.27	大	合憲	ただし反対意見（団藤）＝違憲	民集37・3・345
昭55. 6.22	衆	3.94	昭58.11. 7	大	違憲状態	昭50年法改正後5年	民集37・9・1243
昭58.12.18	衆	4.40	昭60. 7.17	大	違憲	事情判決，「将来効」の少数意見	民集39・5・1100
昭55. 6.22	参	5.37	昭61. 3.27	1小	合憲		判時1195・66
昭58. 6.26	参	5.56	昭62. 9.24	1小	合憲		判時1273・35
昭61. 7. 6	衆	2.92	昭63.10.21	2小	合憲	昭61年改正法	民集42・8・644
昭61. 7. 6	参	5.85	昭63.10.21	2小	合憲		判時1321・123
平 2. 2.18	衆	3.18	平 5. 1.20	大	違憲状態	昭61年改正法，合理的期間内	民集47・1・67
平 5. 7.18	衆	2.82	平 7. 6. 8	1小	合憲	平4年改正法	民集49・6・1443
平 4. 7.26	参	6.59	平 8. 9.11	大	違憲状態	参議院について最初の判断	民集50・8・2283
平 7. 7.23	参	4.97	平10. 9. 2	大	合憲	平6年改正法（4増4減）	民集52・6・1373
平 8.10.20	衆	2.31	平11.11.10	大	合憲	小選挙区についての最初の判断	民集53・8・1441
平10. 7.12	参	4.98	平12. 9. 6	大	合憲		民集54・7・1997
平12. 6.25	衆	2.47	平13.12.18	3小	合憲		民集55・7・1647
平13. 7.29	参	5.06	平16. 1.14	大	合憲		民集58・1・56
平16. 7.11	参	5.13	平18.10. 4	大	合憲		民集60・8・2696
平17. 9.11	衆	2.17	平19. 6.13	大	合憲		民集61・4・1617
平19. 7.29	参	4.86	平21. 9.30	大	合憲		民集63・7・1520
平21. 8.30	衆	2.30	平23. 3.23	大	違憲状態	一人別枠方式も違憲状態	民集65・2・755
平22. 7.11	参	5.00	平24.10.17	大	違憲状態	都道府県単位の見直しも示唆	民集66・10・3357
平24.12.16	衆	2.425	平25.11.20	大	違憲状態	合理的期間内	民集67・8・1503
平25. 7.21	参	4.77	平26.11.26	大	違憲状態	現行制度自体の見直しが必要	民集68・9・1363
平26.12.14	衆	2.129	平27.11.25	大	違憲状態		民集69・7・2035
平28. 7.10	参	3.08	平29. 9.27	大	合憲		民集71・7・1139
平29.10.22	衆	1.979	平30.12.19	大	合憲		民集72・6・1240
令元. 7.21	参	3.00	令 2.11.18	大	合憲		民集74・8・2111
令 3.10.31	衆	2.079	令 5. 1.25	大	合憲		民集77・1・1

び改正され、これによって、二五都道府県で一四〇の小選挙区の区割りが変更され、五都県で定数が一～五増加し、一〇県で定数が一減少する（十増十減）ことになりました。同時にこの改正では、比例代表選挙区（ブロック）別の定数も五ブロックで変更されました。この改正で、最大格差はいったんは解消されましたが、令和三年一〇月の総選挙の時点ではふたたび最大格差が二倍を超える選挙区が出てきています。大都市を中心とする人口移動が続く限り、この問題はイタチごっこみたいなもので、「一人一票」の原則を貫こうとする限り、こうした選挙区の変更は今後も行われ続けざるをえないでしょう。

一方、参議院についても、選挙区選出議員定数の不均衡が何度も裁判で争われています（Ⅱ9❶-8）。最高裁判所が参議院に関して定数不均衡を違憲だとした判決は、今までのところ、ありませんが、較差が六・五九にまで広がった平成四年七月の選挙に対して出された平成八年九月の判決で、最高裁判所は、はじめて、定数不均衡が「違憲状態」にあるとしました。しかし、衆議院とは違った参議院の特質や、半数改選制度に伴う限界などを重視して、結論としては違憲ではないとされました。

その後、平成六年に四増四減という小規模の改正がなされ、また直近の平成二七年には、一〇増一〇減という改正が行われました。これによって北海道、東京など五選挙区の定数が二議席ずつ増加し、逆に五選挙区の定数が二議席ずつ減少しました。とくに減少した選挙区のうち、「島根県と鳥取県」および「徳島県と高知県」はそれぞれ統合されて「合区」（各定員二名）となって、これまでは当然と考えられていた都道府県単位の選挙区が変更されました。この点については最高裁判所も、すでに平成二四年判決で見直しの可能性も示唆しており、平成二六年判決もその趣旨が受け継がれていますが、これによって参議院議員の定数不均衡問題が根本的に解決されたといえるのかどうか、疑問だとする見解もあります。

Ⅱ9❶-9／参議院の選挙区と議員定数

比例代表選出議員定数（合計100）
選挙区選出議員定数（合計148）
＊衆議院の議員定数については71頁参照

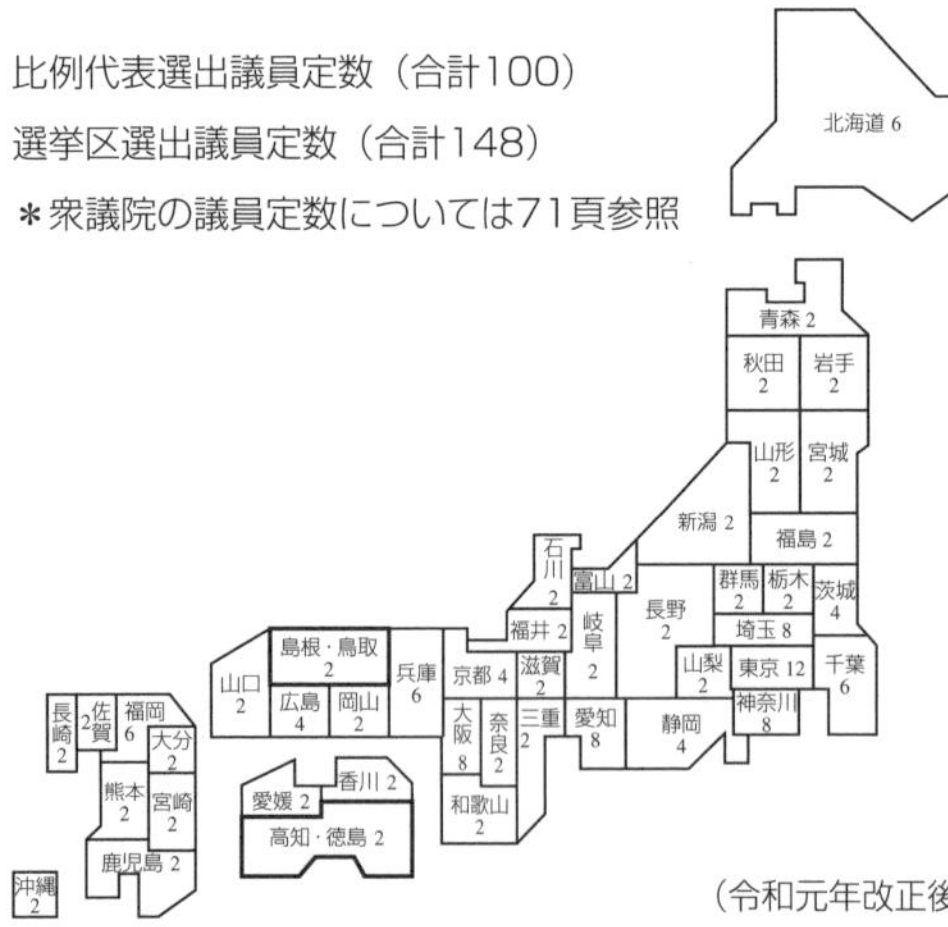

北海道 6　青森 2　秋田 2　岩手 2　山形 2　宮城 2　新潟 2　福島 2　石川 2　富山 2　群馬 2　栃木 2　茨城 4　長野 2　埼玉 8　福井 2　岐阜 2　島根・鳥取 2　兵庫 6　京都 4　滋賀 2　山梨 2　東京 12　千葉 6　山口 2　広島 4　岡山 2　大阪 8　奈良 2　三重 2　愛知 8　静岡 4　神奈川 8　長崎 2　佐賀 2　福岡 6　大分 2　熊本 2　宮崎 2　鹿児島 2　沖縄 2　愛媛 2　香川 2　高知・徳島 2　和歌山 2

（令和元年改正後）

判例12　衆議院議員定数配分規定違憲判決

㉘最大判昭和五一・四・一四（民集三〇巻三号二二三頁）

昭和四七年一二月一〇日の衆議院議員選挙の際の投票価値の最大較差は約一対四・九九であった。これが憲法一四条一項の法の下の平等に反するとして、議員定数を定める公職選挙法が違憲であり選挙は無効であると主張した事件について、最高裁判所は、次のように判示した。各選挙人の投票価値の平等は憲法の要求するところであるが、他の政策目的との関連において、調和的に実現されるべきである。投票価値の不平等が、一般に合理性を有するものとは到底考えられない程度に達しているときは、特段の正当化理由がない限り、憲法違反となる。本件選挙における約五対一の偏差は、選挙権平等の要求に反する程度になっており、また、憲法上要求される合理的期間内に是正されなかったものと認めざるをえない。そして、選挙区割及び議員定数の配分は不可分一体をなしているから、全体として違憲となる。しかし、行政事件訴訟法三一条の精神にのっとり、選挙自体は無効とせず、単に選挙が違法であった旨を宣言するにとどめるのが相当である。

なお、この判決のように、処分や裁決が違法であっても、その取消が「公の利益に著しい障害を生ずる場合」には、「一切の事情」を考慮して、判決の主文で単にその処分等が違法であることを宣言するにとどめ、この処分等の取消しを求める請求自体は棄却することができるという判決方法（行訴三一条）を「事情判決」という。

❷ 国民審査

第七九条

①最高裁判所は、その長たる裁判官及び法律の定める員数のその他の裁判官でこれを構成し、その長たる裁判官以外の裁判官は、内閣でこれを任命する。

②最高裁判所の裁判官の任命は、その任命後初めて行はれる衆議院議員総選挙の際国民の審査に付し、その後十年を経過した後初めて行はれる衆議院議員総選挙の際更に審査に付し、その後も同様とする。

③前項の場合において、投票者の多数が裁判官の罷免を可とするときは、その裁判官は、罷免される。

④審査に関する事項は、法律でこれを定める。

⑤最高裁判所の裁判官は、法律の定める年齢に達した時に退官する。

⑥最高裁判所の裁判官は、すべて定期に相当額の報酬を受ける。この報酬は、在任中、これを減額することができない。

◪国民が、最高裁判所の裁判官を選ぶ手続に参加することはできません（六条二項・七九条一項）。また裁判官には強い身分保障がなされています（95頁）ので、憲法七八条が定めている場合以外には、裁判官をやめさせる（罷免）ことは原則として許されません。しかし最高裁判所の裁判官だけは、「公の弾劾」による罷免以外に、国民の投票によって罷免される場合があります。これが国民審査です。国民審査の具体的な手続や方法は「最高裁判所裁判官国民審査法」（国民審査法）に定められています。審査は衆議院議員の選挙権をもつ者による投票で行われますが、国政選挙の投票権が在外国民にも認められるようになってからも、国民審査の審査権は在外国民には全く認められていませんでした。しかし、最高裁判所はその後、国政選挙の投票権に関する平成一七年の大法廷判決（57頁）の趣旨を踏まえて、国民審査法が在外国民に審査権の行使を全く認めていないことは憲法一五条一項および七九条二項・三項に違反すると判断しました（最大判令和四・五・二五民集七六巻四号七一一頁）。この判決を受けて、国民審査法が改正されて在外国民も審査ができるようになりました。なお、投票用紙には、審査を受ける裁判官の氏名が列挙されていて、「罷免を可とする」（やめさせた方がよいと思う）裁判官の氏名の上の欄だけに×の記号を書くことになっています（Ⅱ9❷-1）が、在外国民の審査や点字による投票などには、これとは別の制度が設けられています。裁判官を国民が罷免するという制度は、ほかの国にもあまりみられない、とても珍しい制度です。もっとも、これまでに国民審査で罷免された最高裁判所裁判官は一人もいません。

Ⅱ9❷-1 / 国民審査の投票用紙
（最高裁判所裁判官国民審査法 14 条別記を参考にして作成）

最高裁判所裁判官国民審査投票

都（道府県）（市）（区）（町）（村）選挙管理委員会印

○ 注意

一 やめさせた方がよいと思う裁判官については、その氏名の上の欄に×を書くこと。

二 やめさせなくてよいと思う裁判官については、何も書かないこと。

×を書く欄														
裁判官の氏名	甲野乙郎	丙山丁子	乙谷民男											

備考

一 用紙は、折りたたんだ場合においてなるべく外部から×の記号を透視することができない紙質のものを使用しなければならない。

二 投票用紙に押すべき都道府県の選挙管理委員会の印は、都道府県の選挙管理委員会の定めるところにより、市町村の選挙管理委員会の印をもつてこれに代えても差し支えない。

三 不正行為を防止することができる方法で投票用紙を印刷することができると認められる場合に限り、都道府県の選挙管理委員会は、その定めるところにより、投票用紙に押すべき都道府県又は指定都市の選挙管理委員会の印を刷込み式にしても差し支えない。

四 第十四条の規定により投票用紙に審査に付される裁判官としてその氏名を印刷する者の中に同一氏名の者が二人以上ある場合には、中央選挙管理会の定めるところにより、裁判官の氏名の欄の下に当該同一氏名の者を区別するに足りる事項を記載する欄を設けなければならない。

裁判官の選ばれ方については 96 頁，裁判官の弾劾については 81 頁を見て下さい。

❸ 請願権

第一六条
何人も、損害の救済、公務員の罷免、法律、命令又は規則の制定、廃止又は改正その他の事項に関し、平穏に請願する権利を有し、何人も、かかる請願をしたためにいかなる差別待遇も受けない。

◪請願というのは、国や地方自治体の機関に対して、それらの職務にかかわる事項について、苦情や希望・要望を申し立てることです。請願の対象について憲法一六条は一応具体的な事項を挙げていますが、とくにどんな制限があるわけでもなく、たとえば憲法の改正についての請願でもかまわないと考えられています。

国民による請願という制度は、すでに明治憲法（同三〇条）の下でもあったし、諸外国の多くの憲法にも、古くからこれを保障した規定がみられます。かつては、国民が自分たちの主張や要望を為政者に伝達したり救済を求めたりするためのたいへん重要な手段でした。国民の国政参加を保障する民主政治の発展とともに、その重要性はたしかに小さくなってきているともいえますが、国民が国や自治体に直接に自分の意見や要望をいえるということは大切なことです。

請願の具体的な方法・手続については、請願法という法律が定めています。請願はⅡ9❸-1の例のように、請願する者の氏名（団体の場合はその団体の名称）と住所を記載した文書の形で「請願の事項を所管する官公署」に提出します（請願二条・三条）が、どの官公署に出せばいいかわからないときや、天皇に対する請願書は、内閣に提出します。国会の各議院や地方自治体の議会への請願は、議員の紹介によって提出しなくてはなりません（Ⅱ9❸-2）。国会の各議院への請願がどのように処理されるかについては、国会法（国会七九条以下）が定めています。

労働基準法の一部を改正する法律案を廃案にし、時間外労働など労働時間の男女共通規制の法制化と労働者派遣法の一部を改正する法律案の廃案を求める請願

1998年　月

衆議院議長　殿
参議院議長　殿

団体名　　　印
代表者名
住　所

（請願趣旨）
「労働基準法の一部を改正する法律案」（以下「法律案」）は、先の第142通常国会において継続審議案件となり、今国会で再び審議されます。労働基準法は、国の責任としての労働者保護を目的とし、最低の基準を定める法律です。しかし、「法律案」は、国の定める最低の労働基準を大幅に弾力化し、労使自治に委ねるという、法の役割を根本的に変質させるものです。（以下略）

（請願事項）
1.労働基準法の一部を改正する法律案を廃案とすること
2.時間外労働など労働時間の男女共通規制を法制化すること
なおその間、「女子保護」規定撤廃の実施時期を延長すること
3.労働者派遣法の一部を改正する法律案を廃案とすること

Ⅱ9❸-1 / 請願用紙（例）

Ⅱ9❸-2 / 国会への請願と陳情

10 国務請求権

第一七条
　何人も、公務員の不法行為により、損害を受けたときは、法律の定めるところにより、国又は公共団体に、その賠償を求めることができる。

第四〇条
　何人も、抑留又は拘禁された後、無罪の裁判を受けたときは、法律の定めるところにより、国にその補償を求めることができる。

❶ 国および公共団体の賠償責任

◪近代国家の形成期には、国の不法行為について国は責任を負わないという「主権免責」の考え方がとられていました。明治憲法の下でも、権力的行為によって損害を受けた国民は泣き寝入りを強いられていました。しかし、二〇世紀前半に欧米諸国で国家賠償責任の制度が確立するようになり、日本国憲法一七条も、この流れを受けて成立したということができます。

　憲法一七条の意味については、当初プログラム規定と解されていましたが、現在では抽象的権利を定めたものであるという考え方が有力です。本条を受けて、損害賠償を求める権利を具体化する法律として昭和二二年に国家賠償法が制定されています。しかし、損害賠償請求権を定める法律の制定について、国会は広範な裁量を有してはいますが、白紙委任を受けているわけではありません。書留郵便などについて国の損害賠償責任を制限していた郵便法の規定を違憲とした最高裁判決（最大判平成一四・九・一一民集五六巻七号一四三九頁。Ⅱ10❶-1）は、「憲法一七条は、……国又は公共団体が公務員の行為による不法行為責任を負うことを原則とした上、公務員のどのような行為によりいかなる要件で損害賠償責任を負うかを立法府の政策判断にゆだねたものであって、立法府に無制限の裁量権を付与するといった法律に対する白紙委任を認めているものではない。」と述べ、国家賠償の免責・制限が許されるかどうかは、「当該行為の態様、これによって侵害される法的利益の種類及び侵害の程度、免責又は責任制限の範囲及び程度等に応じ、当該規定の目的の正当性並びにその目的達成の手段として免責又は責任制限を認めることとの合理性及び必要性を総合的に考慮して判断すべきである。」と判示しています。

郵便法
賠償制限一部は違憲
最高裁大法廷判断
過失の度合いで責任

Ⅱ10❶-1／郵便法の一部違憲判決
（日本経済新聞平成14.9.12朝刊）

❷ 刑事補償と刑事補償法

◪刑事裁判の結果、抑留・拘禁されていた人が無罪となることは当然ありうることです。それを国の違法行為ということはできませんから、国家賠償の対象にはなりません。しかし、無罪となった人は本来必要のない不利益を被ったわけですから、それに対して公平の原理に従って補償しようとするのが憲法四〇条の目的です。

　四〇条を実施するために刑事補償法が制定されており、無罪の判決が確定した人に対し、抑留・拘禁による補償については一日一〇〇〇円から一万二五〇〇円の範囲で、また死刑の執行による補償については三〇〇〇万円以内で、裁判所が諸種の事情を考慮して定めることとしています（相続もできます）。なお、不起訴となった人は「被疑者補償規程」により補償が認められることがあります。

Ⅱ10❷-1／刑事補償の例

事件名	身体拘束日数	1日の補償額	補償金総額
島田事件	12,668日	9,400円	119,079,200円
免田事件	12,599日	7,200円	90,712,800円
布川事件	10,585日	12,500円	132,312,500円
松山事件	10,440日	7,200円	75,168,000円
財田川事件	10,412日	7,200円	74,966,400円
東電OL殺人事件	5,475日	12,500円	68,437,500円

（注）基準金額は順次引き上げられ，平成4年6月からは最高が1日当たり12,500円になった。

11 国民の義務

第二六条二項〔⇒52頁〕
第二七条〔⇒53頁〕
第三〇条
国民は、法律の定めるところにより、納税の義務を負ふ。

◪憲法は、教育の義務（二六条）、勤労の義務（二七条）、納税の義務（三〇条）という三つの基本義務を定めています。親や保護者に対して、子どもに教育を受けさせる義務を課すのは、実質的には、子どもの教育を受ける権利を実効的に保障するためです。納税義務の規定は、財産権保障規定（二九条）があっても、国家運営に不可欠な徴税は妨げられないことを確認したものとみることもできます。これら二つの義務の実施には法律の具体的な定めが必要です。他方、勤労の義務を理由に強制労働を課すことは、刑罰の場合を別として、一般には許されないと考えられます（一八条・二二条参照）。二七条は、勤労の能力がありながら働かない者には生存権（二五条）の保障を及ぼす必要がないことを確認したものと理解するのが普通です。

もっとも、国民が一般に国家の統治権に服する以上、憲法によって禁止されていない限り、国家は法律によってこれら以外の義務を国民に課すことができます。

なお、憲法一二条は、憲法が国民に保障する自由・権利の保持の義務、およびその自由・権利の濫用禁止を定めていますが、この条文は、国民の心構えを定めたもの、あるいは、自由・権利が公共の福祉によって制約されうることを確認した規定と考えられます。この規定から直接に国民に義務が生ずるわけではありません。

ちなみに、憲法九九条（102頁）は憲法尊重擁護義務を公務員には課していますが、国民一般には課していません。それは、国民が国家を拘束するために憲法を制定したのだからだ、という考え方が有力です。

Ⅱ11-1／確定申告の様子

Ⅱ11-2／入社式

Ⅱ11-3／中学校入学式の親子

PART III

民主政治のしくみ

国会議事堂

もしも同一の人間，または，貴族もしくは人民の有力者の同一の団体が，これら三つの権力，すなわち，法律を作る権力，公的な決定を執行する権力，犯罪や個人間の紛争を裁判する権力を行使するならば，すべては失われるであろう。

——モンテスキュー『法の精神』（野田良之ほか訳，岩波文庫，上巻 291～2 頁）より

写真一覧

その他

図表・書式一覧

◪近代の憲法で最も重要視されてきたのは、人権の保障です。そのために、国の政治のあり方も人権の保障という点から工夫されてきました。国の政治を最終的に決定する権力・権威は主権者である国民の手にありますが、国の政治のしくみを基本的に律する原則として編み出されたのが、権力分立（三権分立）の原理です。この原理は、国の権力を立法・行政・司法の三つに区分した上で、それらを異なる機関に担当させるとともに、相互に抑制させ、均衡を保とうとするものです。そのねらいは、国の権力から国民の自由や権利を保障することにあります。

三権の分立のあり方は、それぞれの国の歴史や政治文化を背景にさまざまです。わが国の場合には、立法権を国会が、行政権を内閣が、司法権を裁判所が担当しています。三権の間では、国会が内閣総理大臣の指名権をもっているのに対し、内閣は衆議院の解散権をもっています。また裁判所は国会の立法や政府の命令などを違憲と判断することのできる違憲審査権を与えられています。これは「法の支配」の原理の反映でもあります。ただ、わが国の場合には議院内閣制を採用し、アメリカのような厳格な権力分立制をとっているとはいえません（Ⅲ-1）。

◪日本の人口の一割強が集中している東京は、よく政治・経済の中心地といわれますが、政治の中心地は正しくは永田町と霞が関（Ⅲ-2）というべきでしょう。永田町付近には国会議事堂、首相官邸、最高裁判所があります。そして霞が関には、多くの政府官庁の建物が集まっています。大変便利な反面、政治も経済も東京に集中しすぎだとする声もあります。機会があれば、このあたりを歩いてみて下さい。政治を身近に感じる良い経験となることでしょう。

Ⅲ-1 / 三権分立についての機構図

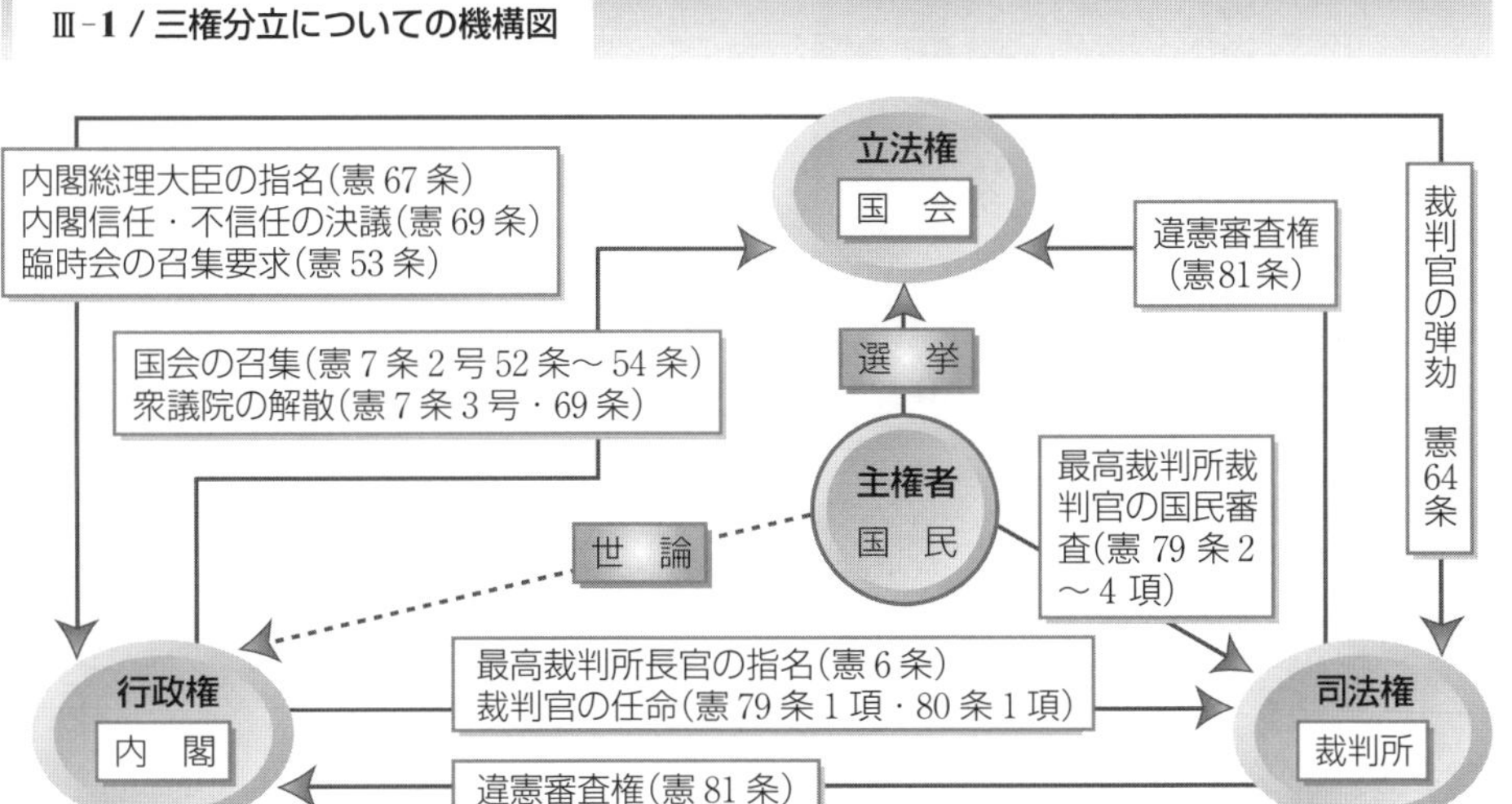

Ⅲ-2 / 中央官庁街略図

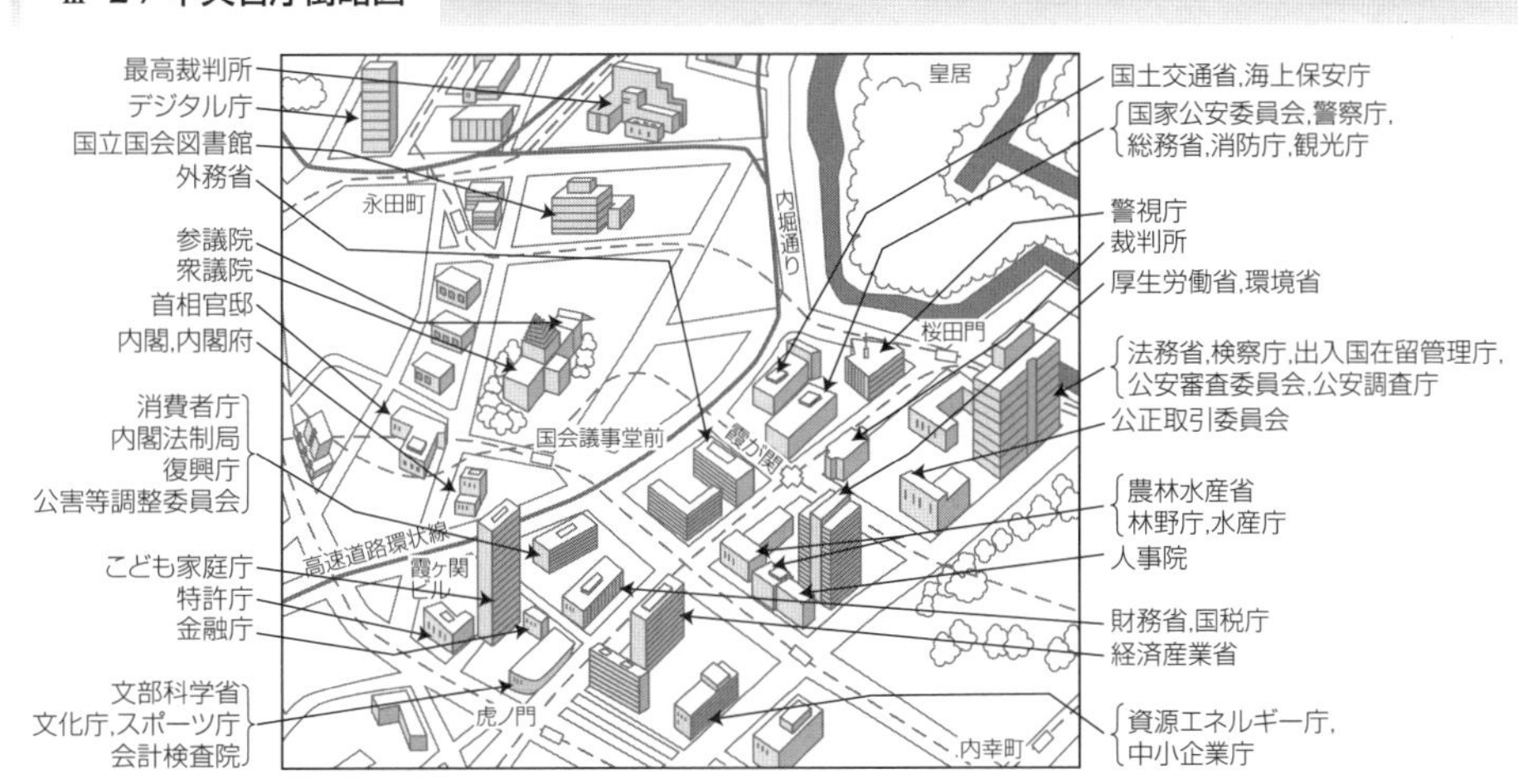

1 立　法

① 国会の地位

第四一条
国会は、国権の最高機関であつて、国の唯一の立法機関である。

第五四条
①衆議院が解散されたときは、解散の日から四十日以内に、衆議院議員の総選挙を行ひ、その選挙の日から三十日以内に、国会を召集しなければならない。
②衆議院が解散されたときは、参議院は、同時に閉会となる。但し、内閣は、国に緊急の必要があるときは、参議院の緊急集会を求めることができる。
③前項但書の緊急集会において採られた措置は、臨時のものであつて、次の国会開会の後十日以内に、衆議院の同意がない場合には、その効力を失ふ。

◪議会制民主主義とは、国の政治を国民が直接選んだ代表者で組織される議会での議論、決定を通して行っていこうとする、代表民主制の考え方を意味します。国会が政治の中心に位置すると感じるのは、国民を政治的な意味で代表する機関（四三条）であるとともに、国会は立法すなわち国民の権利義務を定める法律という国の法規範を作り出す唯一の機関であることにもよります。また、国会は国権の最高機関でもあります（四一条）。最高機関という言葉からは国会が内閣や裁判所に命令する権限があるようにもみえます。けれども、この言葉は国会が国民の直接選出する議員によって組織され、また立法権などの大切な権限をもっていることの政治的重要性を強調するものです。国政の最終的決定権者は主権者の国民ですし、また国の各権力の均衡という権力分立原理のねらいからいって、国会が内閣や裁判所よりも上位に位置するとは考えにくいからです。どの機関に属するのか不明な権限は、国会か内閣に属することになります。

Ⅲ 1 ①-1 / 国会開会式

Ⅲ 1 ①-2 / 国会議事堂内の地図

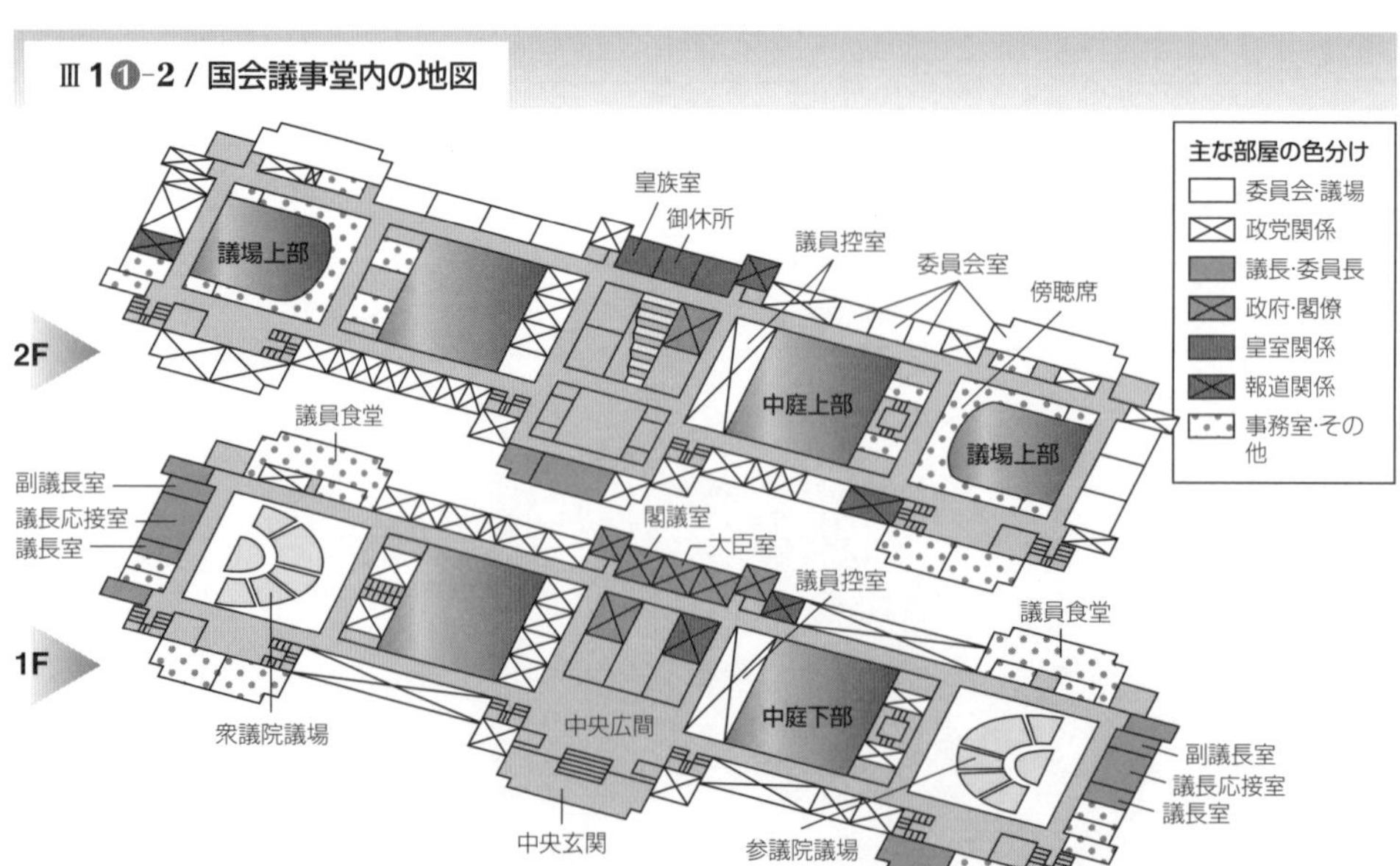

Q4.「国会開会式」の写真に写っている場所はどこ？（答えは 117 頁）

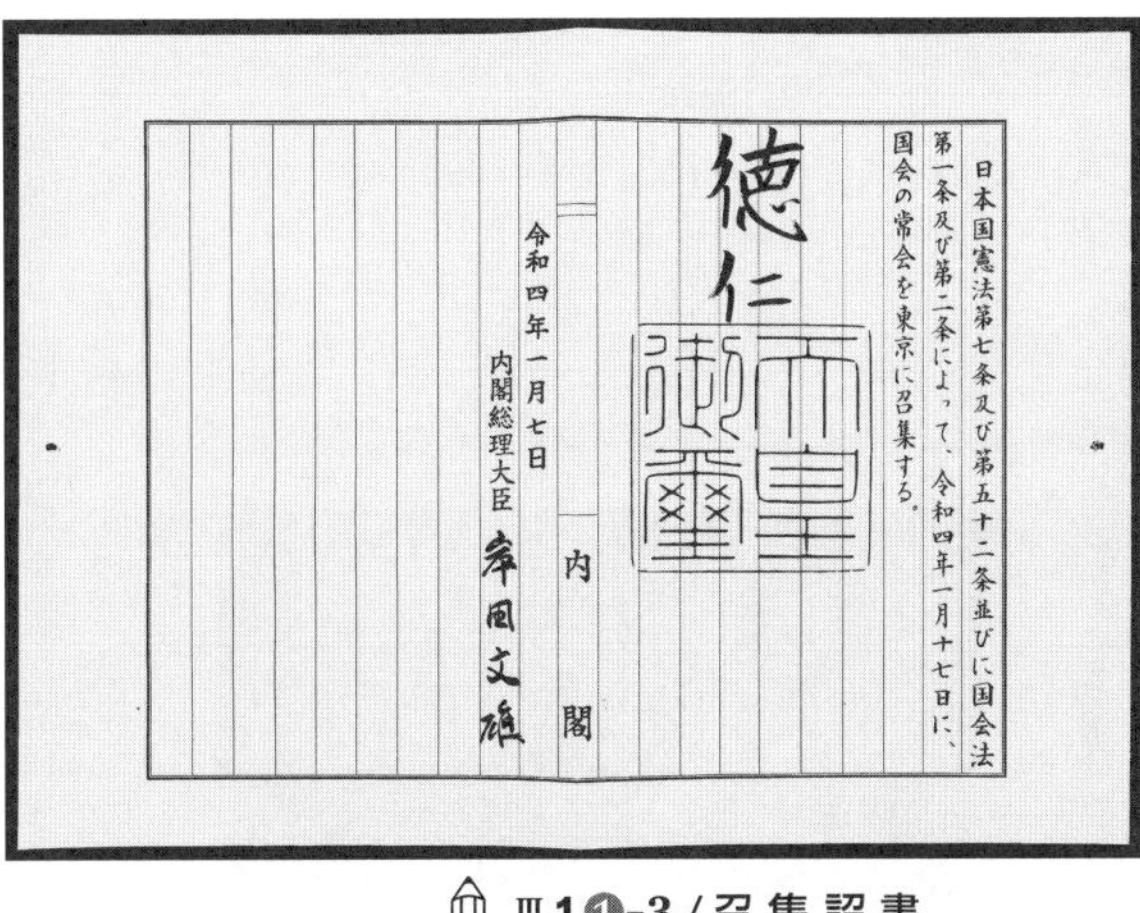
日本国憲法第七条及び第五十二条並びに国会法第一条及び第二条によって、令和四年一月十七日に、国会の常会を東京に召集する。

徳仁　天皇御璽

令和四年一月七日
内閣総理大臣　岸田文雄

内閣

Ⅲ1❶-3／召集詔書

◪国会ではいまも天皇の臨席の下に開会式（Ⅲ1❶-1）が開かれます。しかし、国会の活動は召集によってすでに始まっています。国会の召集は、天皇の国事行為（七条二号）として召集詔書の形で行われます（Ⅲ1❶-3）。衆議院が解散されたときは七〇日以内に国会が召集されます。ただし衆議院解散後、国に緊急の必要がある場合には、内閣が参議院の緊急集会を求めることができます。緊急集会で採られた措置については、事後に衆議院の同意が求められます（五四条一項～三項）。

Ⅲ1❶-4／衆議院先例集

衆議院	参議院
内閣委員会	内閣委員会
総務委員会	総務委員会
法務委員会	法務委員会
外務委員会	外交防衛委員会
財務金融委員会	財政金融委員会
文部科学委員会	文教科学委員会
厚生労働委員会	厚生労働委員会
農林水産委員会	農林水産委員会
経済産業委員会	経済産業委員会
国土交通委員会	国土交通委員会
環境委員会	環境委員会
安全保障委員会	国家基本政策委員会
国家基本政策委員会	予算委員会
予算委員会	決算委員会
決算行政監視委員会	行政監視委員会
議院運営委員会	議院運営委員会
懲罰委員会	懲罰委員会
国会41条2項	国会41条3項

Ⅲ1❶-5／常任委員会の種類

国会の組織や議事運営のうち重要な決定事項は先例集（Ⅲ1❶-4）に収められています。たとえば、衆議院先例集の冒頭には国会の呼び名について、昭和二二年五月二〇日に開かれた国会を第一回国会とし、以後臨時会や特別会を含めて、会期ごとに順次「第何回国会」と称すると書かれています。また、国会が議事を開き、議決を行おうとする場合に必要な出席者の人数（定足数）について、憲法五六条一項は「総議員の三分の一」と定めていますが、「総議員」は明治憲法以来、法定議員数を基礎にして計算されています。

◪明治憲法下の議会と現在の国会とで大きく変わった点もあります。その代表的な例として、明治憲法下でとられていた本会議中心の議事運営のあり方に代えて、委員会を中心に審議を行っていく制度が採用されたことがあげられます。そこでは議員や内閣などによって提出された法案は、まず適当な委員会に付託されて審議された後、その結果を受けて本会議で審議・議決されるというプロセスをたどります。議会での議案の審議の中心となる委員会には、常任委員会と、特に必要であると認められた案件や特定の案件を審査するための特別委員会があります。衆議院と参議院の常任委員会の数は同じですが、名称は異なっているものもあります（Ⅲ1❶-5）。

◪憲法は、両議院の本会議は公開すると定めています（五七条一項）。秘密会の開催はこれまでありません。会議の公開は国民の知る権利からみても望ましいものといえます。委員会の会議は委員長の許可を受けなければ傍聴できないとされ（国会五二条）、問題も指摘されています。

定足数については，76頁の56条を見て下さい。

❷ 両院制

第四二条 国会は、衆議院及び参議院の両議院でこれを構成する。

◪国会は、衆議院と参議院の両議院で構成されます（四二条）。両院の意思の合致によって国会の意思が成立します。両院制をとる国の多くは連邦制国家の場合です。わが国の両院制は、両院がともに同じ有権者によって選挙される議員で組織されるという特色をもっています。戦前も両院制でしたが、貴族院は皇族や華族らによって組織されていました。マッカーサー草案では一院制が構想されていました（**Ⅲ1❷-1**）。

憲法は、内閣不信任決議権（六九条）などを衆議院のみに与え、法律・予算の議決（五九条・六〇条）などについて、衆議院が参議院に優越するとして両院を区別していますが、同じ公選制で議員を選任する参議院（**Ⅲ1❷-2**参照）の存在意義は明瞭とはいえません。とくに現在では、衆議院と参議院とで類似した選挙方法（**Ⅲ1❷-3**）がとられ、二つの院に代表される利益が似かよっている中で、衆参両院の多数派が異なるねじれ現象が生じたりしています。

両議院は、国会として同時に活動するのが原則です。したがって、衆議院が解散された場合には参議院も閉会となりますが、例外として参議院の緊急集会があります（五四条二項）。また、両院制には、それぞれの議院は相互に独立して議事と議決を行うという原則があります。両院制は、権力分立という一面ももっているのです。両院の議決を一致させる必要がある場合には、両院協議会が開かれます（78頁のⅢ1❼-4）。

Ⅲ1❷-1／マッカーサー草案第41条
（現行憲法42条）

Article XLI. The Diet shall consist of one House of elected representatives with a membership of not less than 300 nor more than 500.

Ⅲ1❷-2／貴族院から参議院へ

Ⅲ1❷-3／両院の構成・選挙権・被選挙権・定数・選挙方法・任期

	衆　議　院	参　議　院
選挙権	日本国民で満18歳以上の者	日本国民で満18歳以上の者
	〔公選9条1項〕	〔公選9条1項〕
被選挙権	日本国民で満25歳以上の者	日本国民で満30歳以上の者
	〔公選10条1項1号〕	〔公選10条1項2号〕
定数および選挙方法	a　小選挙区選出議員289人（候補者個人に投票。1選挙区から1人ずつ選出）	a　選挙区選出議員148人（候補者個人に投票。各都道府県を1選挙区として，3年ごとに1～6名を選出）
	〔憲43条2項，公選4条1項・46条1項・12条1項・13条1項・別表第1〕	〔憲43条2項，公選4条2項・46条1項・12条1項・14条・別表第3〕
	b　比例代表選出議員176人（政党に投票。全国11のブロックごとに政党ごとの得票数に応じて議席が配分される）	b　比例代表選出議員100人（候補者または政党に投票〔非拘束名簿式〕。全国を1つの選挙区とし，政党ごとの得票数に応じ議席が配分され，特定枠を除き順位は得票順。）
	〔憲43条2項，公選4条1項・46条2項・12条1項・13条2項・別表第2〕	〔憲43条2項，公選4条2項・46条3項・86条の3・12条2項・95条の3第3項〕
任　期	4年（ただし，解散の場合には任期満了前に終了する）	6年（3年ごとに半数が改選される）
	〔憲45条〕	〔憲46条〕

平成6年公選法改正後の衆議院議員の選挙制度は，小選挙区比例代表並立制と呼ばれる。また，重複立候補制が認められている（公選86条の2第4項）。なお，小選挙区の区割り案は，衆議院議員選挙区画定審議会が作成する。

❸ 議員の選ばれ方

第四三条 ①両議院は、全国民を代表する選挙された議員でこれを組織する。
②両議院の議員の定数は、法律でこれを定める。

第四四条 〔⇒56頁〕

第四七条 選挙区、投票の方法その他両議院の議員の選挙に関する事項は、法律でこれを定める。

◪代表制民主主義の下では、議会は選挙で当選した議員で組織されます。選挙制度は、国民の意思の正確な反映あるいは安定的な政権の確立をまず優先するものなど、各国によりさまざまです。現在のわが国の選挙制度を定める公職選挙法をみると、衆議院、参議院ともに、選挙区の多数派から議員を選出する多数代表制と、選挙における各政党の得票数に応じて議員を選出する比例代表制の並立という同じような特色があげられます。まず衆議院では、全国を二八九の選挙区に分け、それぞれ一人を選出する小選挙区選挙と、全国を一一のブロックの選挙区に分けた上で政党の定めた名簿掲載順に当選者が決まる拘束名簿式比例代表選挙からなる小選挙区比例代表並立制がとられています（Ⅲ**1**❷-**3**、Ⅲ**1**❸-**1**）。参議院でも全国を一つの選挙区とする比例代表選挙と各都道府県を選挙区とする選挙が行われてきましたが、参議院の三年ごとの半数改選制を考えると、定数二の選挙区は実質的には小選挙区となります。ただし、参議院の比例代表選挙では名簿登載者の得票順に当選者が決まる非拘束名簿式がとられています。平成二七年の公職選挙法の改正によって、参議院の選挙区選挙について鳥取県と島根県、徳島県と高知県が合区して定数二の選挙区になりました。都道府県代表というこれまでの制度の考え方を大きく変更するものです。その背景には、参議院の選挙区ではこれまで議員一人あたりの人口の較差が最大で五倍前後を推移しており、平成二四年と二六年の参議院定数訴訟最高裁判決によって、都道府県を単位とした選挙制度の仕組み自体の見直しが強く求められていたことがあります。合区という方法には異なる歴史と政治風土をもつ選挙区を一つにまとめる困難が伴います。合区された選挙区の不満を背景に令

Ⅲ 1❸-1 / 衆議院の選挙区と議員定数

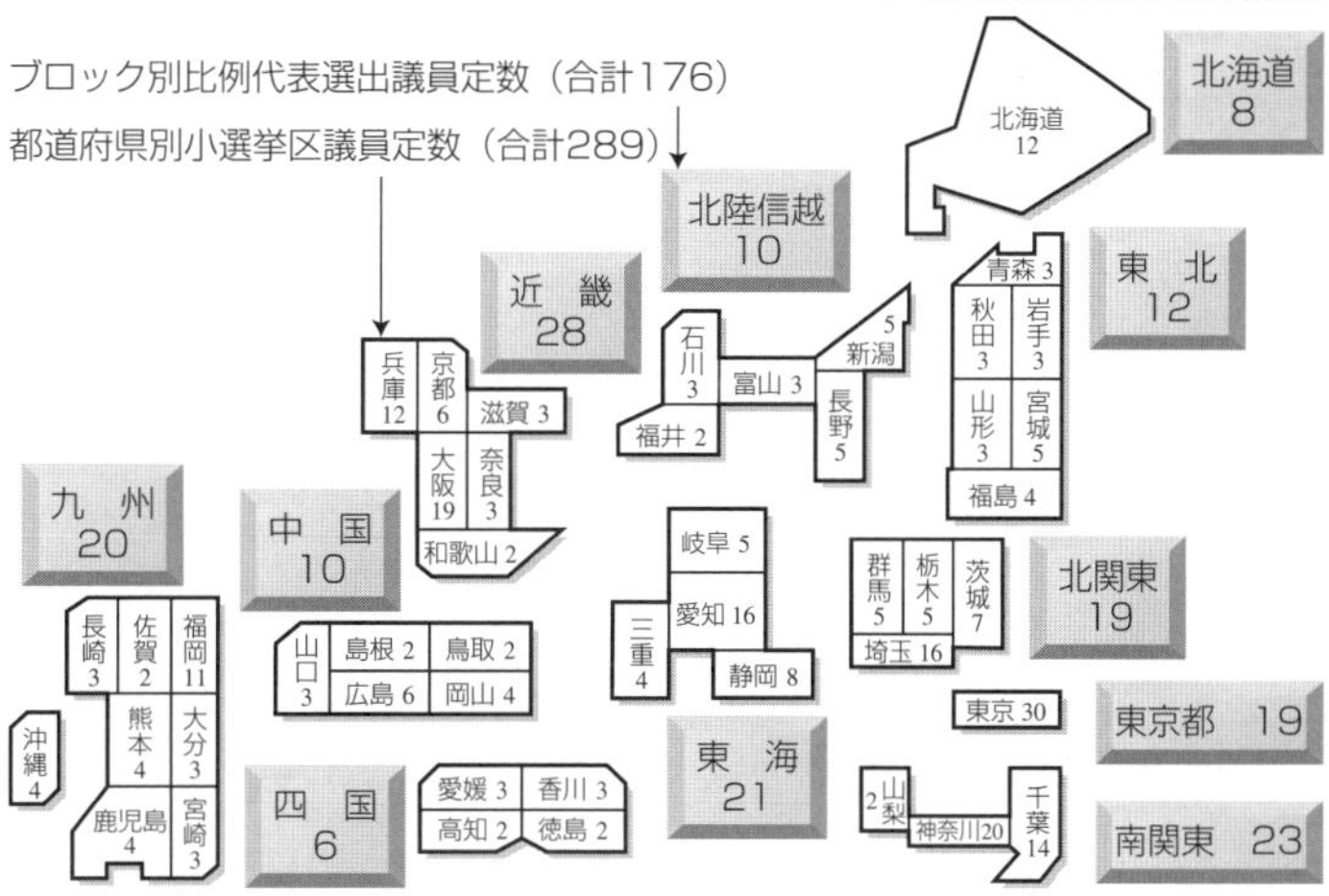

Ⅲ 1❸-2 / 参議院の特定枠制度

特定枠を用いるか否かは各政党の判断

○○党
特定枠
1位 ○本○朗
2位 ○山○太
当選順位なし ｛○川○子 ○田○江 ○藤○次

△△党
当選順位なし ｛△木△子 △水△一 △野△代 △中△治

特定枠はハイブリッド
参議院の比例代表選挙は非拘束名簿式ですが，特定枠制度はそれに政党が定めた順位で当選が決まる拘束名簿式を加味するものです。

○○党の総得票数 ＝ ○○党の候補者名の得票数 ＋ ○○党の特定枠の候補者名の得票数 ＋ ○○党の政党等名の得票数

（栃木県選挙管理委員会ホームページを参考に作成）

議員定数の問題については，57頁以下を見て下さい。

和元年の参議院比例代表選挙から政党が優先的に当選させたい候補者の特定枠制度が導入されました（Ⅲ1❸-2）。

◪憲法は選挙に関する原則として、成年者による普通選挙（一五条三項）、平等選挙（一四条・四四条）、直接選挙（九三条二項参照）、秘密選挙（一五条四項）を定めています。自由選挙の原則も重要です。財産や性別などを理由として選挙権を制限したり、都道府県議会の議員が国会議員を選挙する複選制などは認められません。近年は、平等選挙の原則が一人一票の原則に加えて投票価値の平等を含むとされ、その内容が、議員定数不均衡是正訴訟（59頁）で争われています。

◪選挙は、公示→立候補・候補者名簿の提出→選挙運動→投票という順序で進みます。投票は現在では衆議院、参議院の選挙とも二票制です。比例代表選挙では衆議院の場合は政党に、参議院の場合は政党または候補者に、衆議院の小選挙区選挙や参議院の選挙区選挙では候補者個人に投票します。政党が選挙の過程で重要な役割を果たしています（Ⅲ1❸-3）。選挙で当選した人は議員バッジ（Ⅲ1❸-4）を付けることになりますが、国会の召集日には登院して当選証書の対照を受けることになります。

Ⅲ1❸-3／選挙の公示から当選，落選まで

衆議院　参議院

公　示

（衆議院は選挙の12日前までに，参議院は選挙の17日前までに）

小選挙区　比例代表　選挙区　比例代表

政党　個人　政　党　個　人　政　党

立候補の届出　候補者名簿の届出

都道府県選挙管理委員会　中央選挙管理委員会

選挙運動（候補者・政党）

（届出の日から選挙の前日まで）

選　挙　人

投票　各1票ずつ　投票　各1票ずつ

候補者　政党　候補者　政党・候補者

投　票　所

（同一順位，惜敗率上位）

落　選　当　選

重複立候補者（衆院小選挙区）　当選人の決定・告示

供託金没収　当選証書の付与

（法定得票数に達しないとき）

Ⅲ1❸-5／当 選 証 書

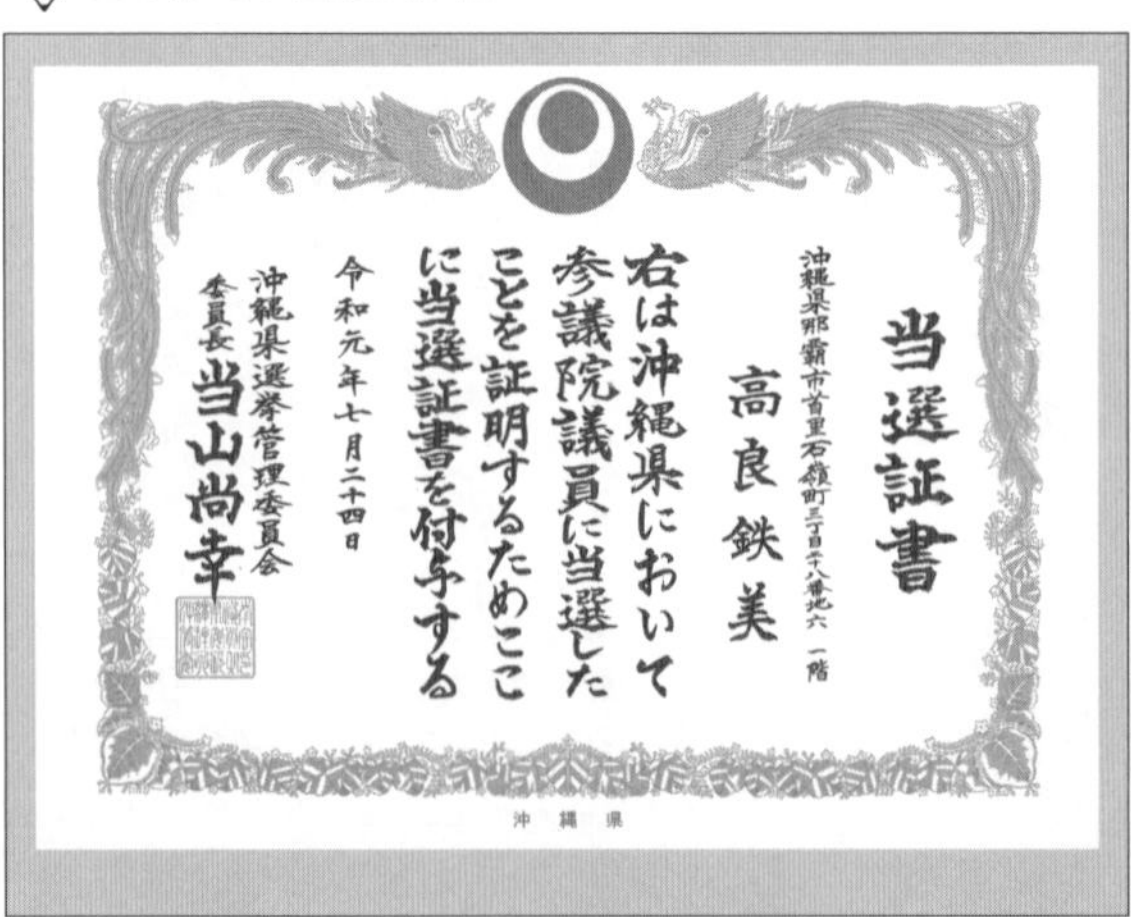

当選証書

沖縄県那覇市首里石嶺町三丁目三十八番地六　一階

高良鉄美

右は沖縄県において参議院議員に当選したことを証明するためここに当選証書を付与する

令和元年七月二十四日

沖縄県選挙管理委員会
委員長　当山尚幸

沖縄県

Ⅲ1❸-4／議員バッジ

Q5. 写真の議員バッジ，どちらが衆議院議員のもの？（答えは116頁）

4 議員の地位

第四五条　衆議院議員の任期は、四年とする。但し、衆議院解散の場合には、その期間満了前に終了する。

第四六条　参議院議員の任期は、六年とし、三年ごとに議員の半数を改選する。

第四八条　何人も、同時に両議院の議員たることはできない。

第四九条　両議院の議員は、法律の定めるところにより、国庫から相当額の歳費を受ける。

第五〇条　両議院の議員は、法律の定める場合を除いては、国会の会期中逮捕されず、会期前に逮捕された議員は、その議院の要求があれば、会期中これを釈放しなければならない。

第五一条　両議院の議員は、議院で行つた演説、討論又は表決について、院外で責任を問はれない。

第五五条　両議院は、各〻その議員の資格に関する争訟を裁判する。但し、議員の議席を失はせるには、出席議員の三分の二以上の多数による議決を必要とする。

◪議員は選挙のみによって地位を得ます（四三条一項）。衆議院議員の任期は四年とされています（四五条）。解散があればそこで任期は終わります（同条但書）。参議院議員の任期は六年ですが、三年ごとに半数が改選されます（四六条）。この任期中、両院の議員の兼職は禁じられています（四八条）。

◪議員は、全国民の代表者として国政上、国会の召集の要求、議案の発議、質疑、討論、表決などの重要な権限を行使します。憲法は、議員の自由で独立した活動を保障するため地方議会議員には認められない不逮捕特権（五〇条）、免責特権（五一条）、歳費特権（四九条）を国会議員に与えています。そのほか国会法などの法律等で各種の特典が認められています（Ⅲ**1❹-1**）。不逮捕特権は、議員の活動さらに議院の十全な活動を保全するもので会期中に限られます。また「院外の現行犯」と「院の許諾」がある場合は認められません（国会三三条・三四条）。免責特権に関して、最高裁判所は議員がその付与された権限の趣旨に明らかに背いて発言をしたような特別の事情のある場合には、国が損害賠償の責任を負うと判示しています（**判例13**）。

◪議員が資格を失う場合として、憲法は、衆議院の解散、議員の任期満了や除名の議決（五八条二項）があった場合と、他の議院の議員となったときや資格争訟の裁判で資格がないとされたとき（五五条）をあげています。国会法、公職選挙法などでも規定されています。

Ⅲ 1❹-1 / 議員の特権と特典

不逮捕特権			憲 50 条
免責特権			憲 51 条
歳費特権			憲 49 条
	歳費の額		国会 35 条，国会議員歳費 1 条
	歳費以外に給付される費用	派遣旅費	国会議員歳費 8 条，国会議員の歳費，旅費及び手当等支給規程
		議会雑費	国会議員歳費 8 条の 2，国会議員の歳費，旅費及び手当等支給規程
		調査研究広報滞在費	国会 38 条，国会議員歳費 9 条
	会派に対する交付	立法事務費	議員の所属する各会派に議員 1 人あたり一定の金額が交付される会派事務費
	JR 各社の鉄道及び自動車に乗車するための特殊乗車券または航空券引換証		国会議員歳費 10 条
その他	退職金		国会 36 条
	議員が死亡した場合		国会議員歳費 12 条・12 条の 2
	公務災害補償		国会議員歳費 12 条の 3，国会議員の公務上の災害に対する補償等に関する規程

❺ 国会の会期

第五二条 国会の常会は、毎年一回これを召集する。
第五三条 内閣は、国会の臨時会の召集を決定することができる。いづれかの議院の総議員の四分の一以上の要求があれば、内閣は、その召集を決定しなければならない。

◪国会の建物（議事堂）はいつも永田町にあります。しかし、国会として憲法上の権能を行使できるのは一定の期間に限られています。この期間が「会期」と呼ばれ、常会、臨時会、特別会の三種があります（Ⅲ1❺-1）。

憲法は会期制を明示してはいませんが、常会のほかに臨時会の規定を置いている（五三条）ことから、会期制を予定しているといえます。また、国会を常設としない実質的理由としては、議会の運営を効率的に進めること、行政府の活動を過度に阻害しないこと（後述のように、法案の大半を政府が作成している現状では、この問題はいっそう大きい）、議員が選挙民と接触できる機会を確保すること、などが挙げられています。

国会は会期ごとに通しで「第何回国会」と称して独立に活動し、閉会となったときは、会期中に成立しなかった法案等は審議未了として廃案となり、次の会期には継続しないのが原則です（会期不継続の原則）。ただし、議院が議決により特に委員会に付託した案件は、閉会中も引き続き審査することができ、これらは次の会期に継続します。なお、会期が変わっても議員は同じですから、選挙によって議員が代わるまで

Ⅲ1❺-1／国会の会期の種類

	召集要件	会　期	議　事	延長回数
常　会 （通常国会）	毎年1回	・1月召集 ・150日	予算・法律案など	1回のみ
臨時会 （臨時国会）	臨時の必要のため (1) 内閣が必要とする場合 (2) いずれかの議院の議員の1/4以上が要求する場合	・随時召集 ・期間は国会が決定	臨時に処理する必要のある補正予算・重要案件など	2回まで
特別会 （特別国会）	衆議院の解散による総選挙後の召集	・選挙終了後30日以内 ・期間は国会が決定	内閣総理大臣の指名など	2回まで

判例13　議員の免責特権の限界

㊋最判平成九・九・九（民集五一巻八号三八五〇頁）

国会議員Yが衆議院での医療法改正法案の審議に際して地元選挙区のM病院（札幌）の問題を実名で取り上げ、その院長の患者への破廉恥行為を含む種々の異常行動を指摘して、患者の人権擁護の見地から厚生省に適切な調査や十分な監督を求めた。院長はこの質疑の翌日自殺した。そこで院長の妻Xが、これらの発言は事実無根であり夫の名誉が毀損されたとしてYと国に対して民法と国家賠償法に基づく損害賠償を求めた事件。地裁も高裁もXの請求を棄却した。

最高裁判所は、本件発言がYの「国会議員としての職務を行うにつきされたものであることが明らかである」から、仮に本件発言がYの「故意又は過失による違法な行為であるとしても」、国が賠償責任を負うことがあるのは格別、Y個人はXに対してその責任を負わないと解すべきである、とした。そして、国会議員が国会で行った質疑等について国の賠償責任が肯定されるためには、その国会議員が「その職務とはかかわりなく違法又は不当な目的をもって事実を摘示し、あるいは、虚偽であることを知りながらあえてその事実を摘示するなど、国会議員がその付与された権限の趣旨に明らかに背いてこれを行使したものと認め得るような特別の事情があることを必要とする」とし、国の賠償責任を否定した原判決の判断を正当とした。

Q6. 衆議院議員の任期満了による総選挙後に召集される国会は「国会の種類」のどれ？（答えは116頁）

は議事を継続させるという制度をとっている国もあります（アメリカやドイツ）。

Ⅲ1⑤-2 / 国会の年間スケジュール表

月	内容
1	通常国会召集・開会式 政府四演説・各党代表質問・予算案提出
2	衆院予算委員会
3	参院予算委員会 予算の成立（下旬） 法案審議
4	
5	会期延長の駆け引き
6	通常国会閉会
7	（議員は選挙区活動、あるいは国内や外国の視察など）
8	
9	臨時国会召集の駆け引き
10	臨時国会召集（主として補正予算や重要案件の審議）
11	
12月	臨時国会閉会

（2月〜3月：主として予算と予算関連法案の審議）
（1月〜5月：150日／6月：約1カ月／10月〜12月：約2カ月）

(1) 実際には，このスケジュールどおりではなく，参考程度の意味しかない。はっきりしているのは通常国会が1月から150日間は開かれるということのみである。
(2) また，今日では国会は通年化しているともいわれ，年間250日以上開かれている。

国会の権能

◪両議院が共同で国会として保持する権能および各議院が単独でもつ権能はⅢ1⑥-1のとおりですが、別の箇所で扱われる権能もあるので、ここでは議院の権能のうち、議院規則制定権と議員の懲罰について触れておきます。

◪衆参両院が、会議の手続や内部規律に関する事項について自主的にルールを定めることができることは、各議院が独立して活動する以上、当然のことといえます。しかし、実際には国会法が議院の内部事項に関する定めも設けているため、両者の規定が抵触した場合にどちらが優先するかという問題があります。従来は、両院が共同して立法した法律のほうが、一院が制定した規則よりも当然に優先すると考えられてきましたが、最近では、立法に関しては衆議院の優越が認められているため参議院の自主性が侵される恐れがあることや、内閣が法律案の提出を通じて国会運営に干渉する可能性がないとはいえないことなどから、議院規則の方が優先するとする考え方も有力になってきています。

◪憲法五八条二項は、両議院は「院内の秩序をみだした議員を懲罰することができる」と定めています。懲罰には戒告、陳謝、登院停止があるほか、情状が特に重い者は出席議員の三分の二以上の多数の議決により除名されることがありますが、実例は昭和二五年と令和五年に参院で、昭和二六年に衆院で、計三件あるに止まります。

Ⅲ1⑥-1 / 国会の権能

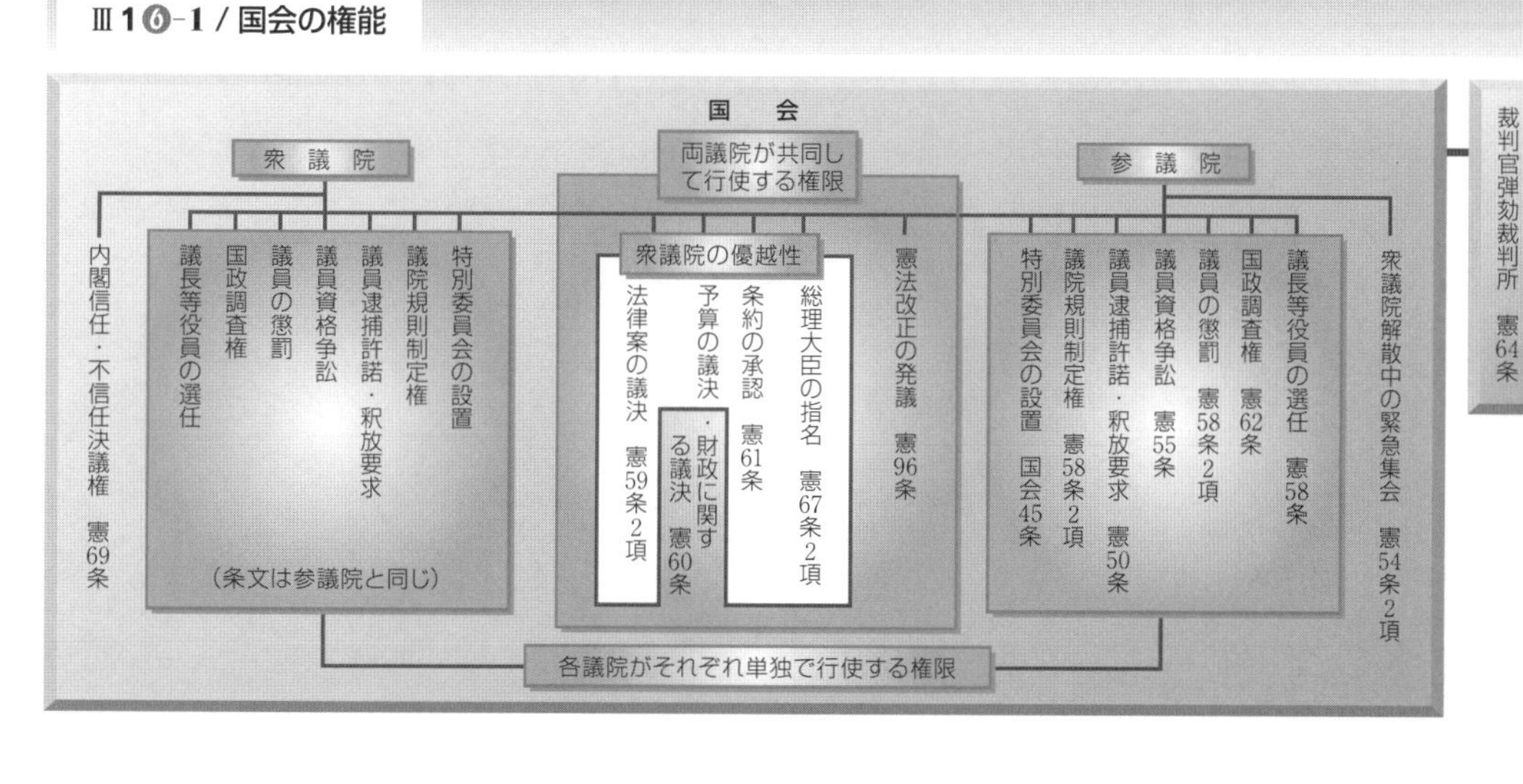

⑦ 立法過程

第五六条

①両議院は、各々その総議員の三分の一以上の出席がなければ、議事を開き議決することができない。

②両議院の議事は、この憲法に特別の定のある場合を除いては、出席議員の過半数でこれを決し、可否同数のときは、議長の決するところによる。

第五七条

①両議院の会議は、公開とする。但し、出席議員の三分の二以上の多数で議決したときは、秘密会を開くことができる。

②両議院は、各々その会議の記録を保存し、秘密会の記録の中で特に秘密を要すると認められるもの以外は、これを公表し、且つ一般に頒布しなければならない。

③出席議員の五分の一以上の要求があれば、各議員の表決は、これを会議録に記載しなければならない。

第五九条

①法律案は、この憲法に特別の定のある場合を除いては、両議院で可決したとき法律となる。

②衆議院で可決し、参議院でこれと異なつた議決をした法律案は、衆議院で出席議員の三分の二以上の多数で再び可決したときは、法律となる。

③前項の規定は、法律の定めるところにより、衆議院が、両議院の協議会を開くことを求めることを妨げない。

④参議院が、衆議院の可決した法律案を受け取つた後、国会休会中の期間を除いて六十日以内に、議決しないときは、衆議院は、参議院がその法律案を否決したものとみなすことができる。

第六〇条

①予算は、さきに衆議院に提出しなければならない。

②予算について、参議院で衆議院と異なつた議決をした場合に、法律の定めるところにより、両議院の協議会を開いても意見が一致しないとき、又は参議院が、衆議院の可決した予算を受け取つた後、国会休会中の期間を除いて三〇日以内に、議決しないときは、衆議院の議決を国会の議決とする。

第七四条

法律及び政令には、すべて主任の国務大臣が署名し、内閣総理大臣が連署することを必要とする。

◪日本の立法過程は、法律案（法案）が国会に提出されるまでの過程と提出後の過程にわけて考えることができます。さらに、法案の作成から国会提出までの過程については、政府が法案を作成し内閣が国会に提出する政府立法すなわち内閣提出法律案（閣法と略します）と、議員がそれを行う議員立法すなわち議員提出法律案の区別があります。Ⅲ1⑦-3が示すように、政府立法と議員立法の比率には時期によって変動がありますが、その数や内容の重要性等に照らし、日本の立法過程の検討においては政府立法

Ⅲ1⑦-1(1)／法律制定過程直感図

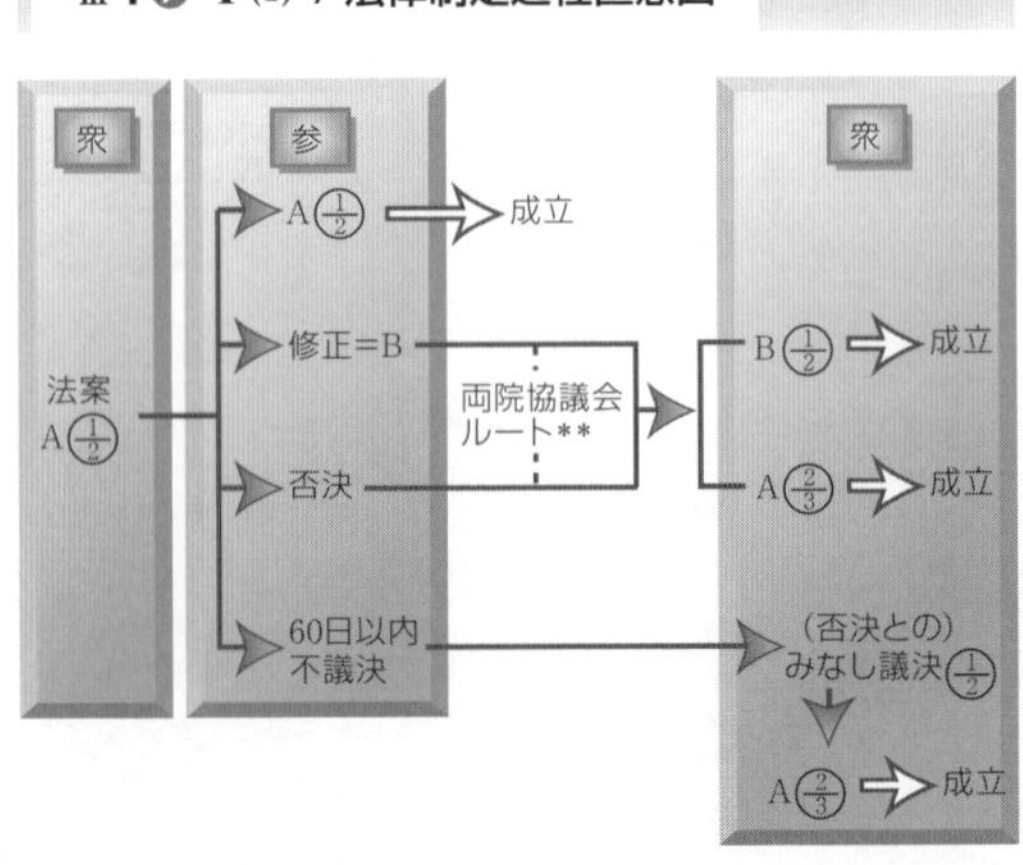

Ⅲ1⑦-1(2)／予算成立過程直感図

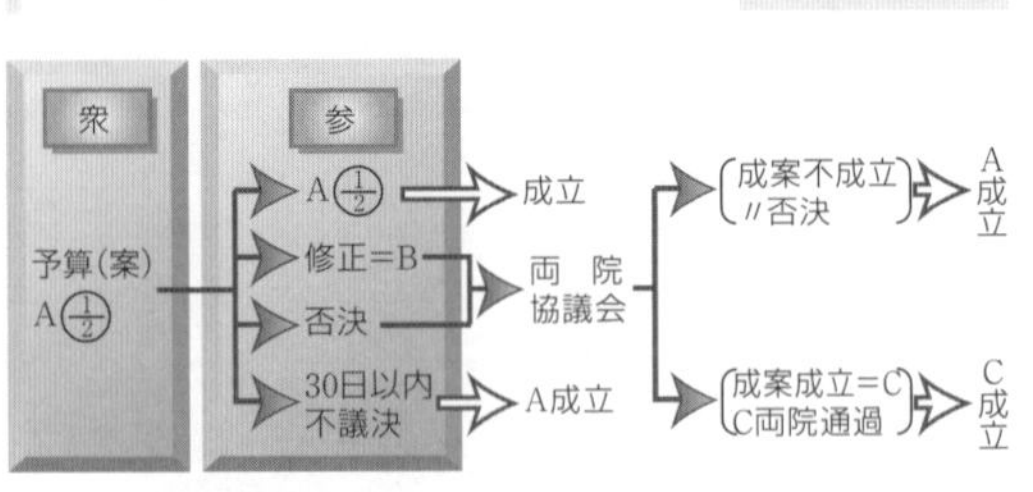

* (1/2) は議員の過半数の多数決,
(2/3) は議員の3分の2以上の多数決

**両院協議会ルート

協議会成案 C(2/3) → 両院協を求めた院 C(1/2) → 他の院 C(1/2) ⇒ 成立

Ⅲ1❼-2 / 法律が成立するまで

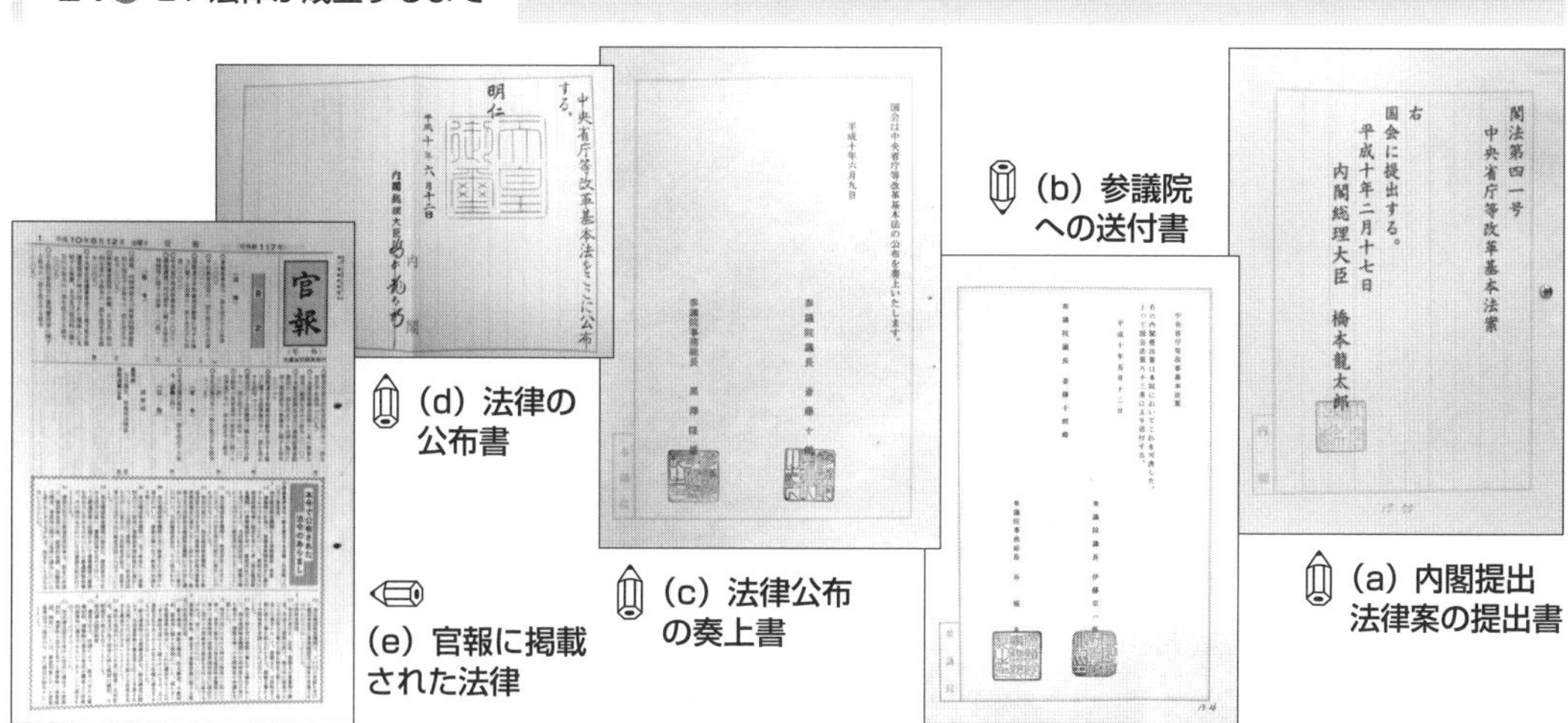

(a) 内閣提出法律案の提出書
(b) 参議院への送付書
(c) 法律公布の奏上書
(d) 法律の公布書
(e) 官報に掲載された法律

を中心に据えるべきでしょう。

政府立法の原案は、その政策を受け持つ府省の担当課が作成し、関係のある他府省との意見調整を経ながら練り上げられますが、それと並行して、あるいはその後に内閣法制局による審査を受けます。内閣法制局は法律に精通した職員によって構成されており、その審査は、制度の必要性、合理性といった実質的な内容から、既存の法体系との整合性、法文としての正確さなどの立法技術に関するものまで幅広く厳密に行われます。日本の主要な法令がこのようなスクリーニングを経ていることが、違憲判決が少ない理由の一つとして数えられるほどです。

これらが終了したあと、閣議を経て国会に法案が提出されます（Ⅲ1❼-2(a)）。

法案の作成過程においては、このような政府内での手続だけでなく、政権についている政党（与党）が大きな役割を果たすことがあります。自民党政権における「与党審査」、すなわち、国会提出に先だって法案を与党に提示し、その了承を得るという手続を取り上げてみましょう。自民党では党内組織である政務調査会（政調）に府省に対応するように部会を設け（例えば文部科学省に対応する文教部会）、ここで政府担当者から説明を受けて法案の検討を行っていました。そのなかで利益調整が図られることも多く、そこでの有力な議員が「族議員」と呼ばれます。これは会期制の下で、限られた時間に多くの法案を効率よく成立させるための仕組みとも言わ

Ⅲ1❼-3 / 最近の法案の提出・成立件数

国会会期 ＼ 区分	内閣提出法案		議員提出法案		計	
	提出件数	成立件数	提出件数	成立件数	提出件数	成立件数
第164−165回国会（平成18年）小泉・安倍内閣	116	102	128	21	244	123
第166−168回国会（平成19年）安倍・福田内閣	127	104	197	35	324	139
第169−170回国会（平成20年）福田・麻生内閣	118	77	158	18	276	95
第171−173回国会（平成21年）麻生・鳩山内閣	95	76	148	24	243	100
第174−176回国会（平成22年）鳩山・菅内閣	120	50	139	22	259	72
第177−179回国会（平成23年）菅・野田内閣	106	92	69	30	175	112
第180−182回国会（平成24年）野田・安倍内閣	93	60	85	32	178	92
第183−185回国会（平成25年）安倍内閣	98	83	126	20	224	103
第186−188回国会（平成26年）安倍内閣	112	100	107	29	219	129
第189回国会（平成27年）安倍内閣	75	66	72	12	147	78
第190−192回国会（平成28年）安倍内閣	75	68	198	31	273	99
第193−195回国会（平成29年）安倍内閣	75	71	164	12	239	83
第196−197回国会（平成30年）安倍内閣	78	73	159	29	237	102
第198−200回国会（平成31年・令和元年）安倍内閣	72	68	96	22	168	90
第201−203回国会（令和2年）安倍・菅内閣	66	62	89	13	155	75
第204−207回国会（令和3年）菅・岸田内閣	65	63	100	23	165	86
第208−210回国会（令和4年）岸田内閣	83	82	121	23	204	105

＊継続審査法案も含む。
＊＊第168回国会の会期は，平成20年1月15日まで。

れていましたが、実質的な法案の検討が国民の目が届かないところで行われるとの批判も少なくありませんでした。

自民党政権は、平成二一年から三年三カ月間の民主党（及び民主党を中心とする連立）政権を経て、その後公明党との連立政権となったことにより、以前の与党審査手続が復活するとともに、それに公明党との調整手続が加わることになりました。すなわち、自民党の政務調査会における審議に続いて、同党の常設最高意思決定機関である総務会での了承を得た後、公明党と与党政策責任者会議においてすり合わせが行われ、さらに、政府与党連絡会議を経て、ようやく法案は閣議に付されるのです。

◪国会に提出された法案は、先議の議院の議長が適切な委員会に付託します。衆参どちらを先議とするかについては、予算関連法案のほか、慣例として、府省などの設置法案を衆議院先議とする以外に決まりはなく、実際には政府と与党の国会対策委員会が協議して決定するようです。委員会の種類はⅢ1❶-5（69頁）に示されていますが、おおむね各府省に対応するように配置されており、所管事項も一致しています。これらのほか、原則として会期ごとに設置される特別委員会があります。

委員会の議席配分は、原則として国会の各会派の議席比率に応じて行われます。議員の配置は各政党の国会対策委員会を中心に政党内部で決定されますが、なんといってもその花形は、

Ⅲ1❼-4／両院協議会が開かれた例

国会回次	案　件	請求議院	請求理由	成案	結　果
第2回	内閣総理大臣の指名	参議院	両議院議決不一致	×	衆院議決が国会議決
同	法　案	衆議院	参院回付案に不同意	○	衆参両院成案可決
第7回	法　案	同	参院，衆院送付案否	×	×
第10回	法　案	同	参院回付案に不同意	○	衆参両院成案可決
同	法　案	同	参院，衆院送付案否	×	×
同	法　案	参議院	衆院回付案に不同意	○	衆参両院成案可決
第13回	法　案	衆議院	参院回付案に不同意	○	同
同	法　案	同	同	×	×
同	法　案	同	同	○	衆参両院成案可決
第15回	法　案	衆議院	参院回付案に不同意	○	同
第16回	法　案	同	同	○	同
第115回	内閣総理大臣の指名	参議院	両議院議決不一致	×	衆院議決が国会議決
第118回	補正予算	衆議院	参院，衆院送付案否	×	同
同	暫定予算	同	同	×	同
同	予　算	同	同	×	同
第120回	補正予算	同	同	×	同
同	予　算	同	同	×	同
第123回	予　算	同	同	×	同
第126回	予　算	同	同	×	同
同	補正予算	同	同	×	同
第128回	法　案	同	同	○	衆参両院成案可決
第143回	内閣総理大臣の指名	参議院	両議院議決不一致	×	衆院議決が国会議決
第145回	予　算	衆議院	参院，衆院送付案否	×	同
第168回	内閣総理大臣の指名	参議院	両議院議決不一致	×	同
第169回	補正予算	衆議院	参院，衆院送付案否	×	同
同	予算	同	同	×	同
同	新たな特別の措置に関する日米協定の締結についての承認	同	参院，衆院送付案不承認	×	同
第170回	内閣総理大臣の指名	参議院	両議院議決不一致	×	同
第171回	補正予算	衆議院	参院回付案に不同意	×	同
同	補正予算	同	参院，衆院送付案否	×	同
同	予算	同	同	×	同
同	在沖縄海兵隊等のグアム移転実施に関する日米協定の締結についての承認	同	参院，衆院送付案不承認	×	同
第176回	補正予算	同	参院，衆院送付案否	×	同
第177回	予算	同	同	×	同
第180回	予算	同	同	×	同
第183回	予算	同	同	×	同

およそ何でも審議できる予算委員会であり、審議がテレビ中継されることもあって、各党とも、政策通の中堅以上の議員を配置しています。

委員会審議では、内閣提出法律案の場合は、総理大臣、担当の国務大臣のほか、副大臣、大臣政務官が質疑に応じます。大臣を補佐するため、政府特別補佐人（人事院総裁、内閣法制局長官、公正取引委員会委員長など）に答弁させることもできます。さらに、行政に関する細目的又は技術的事項については、委員会の求めに応じて、各府省の局長や審議官などが政府参考人として説明することがあります。

Ⅲ1⑦-5 / 立法補佐機関

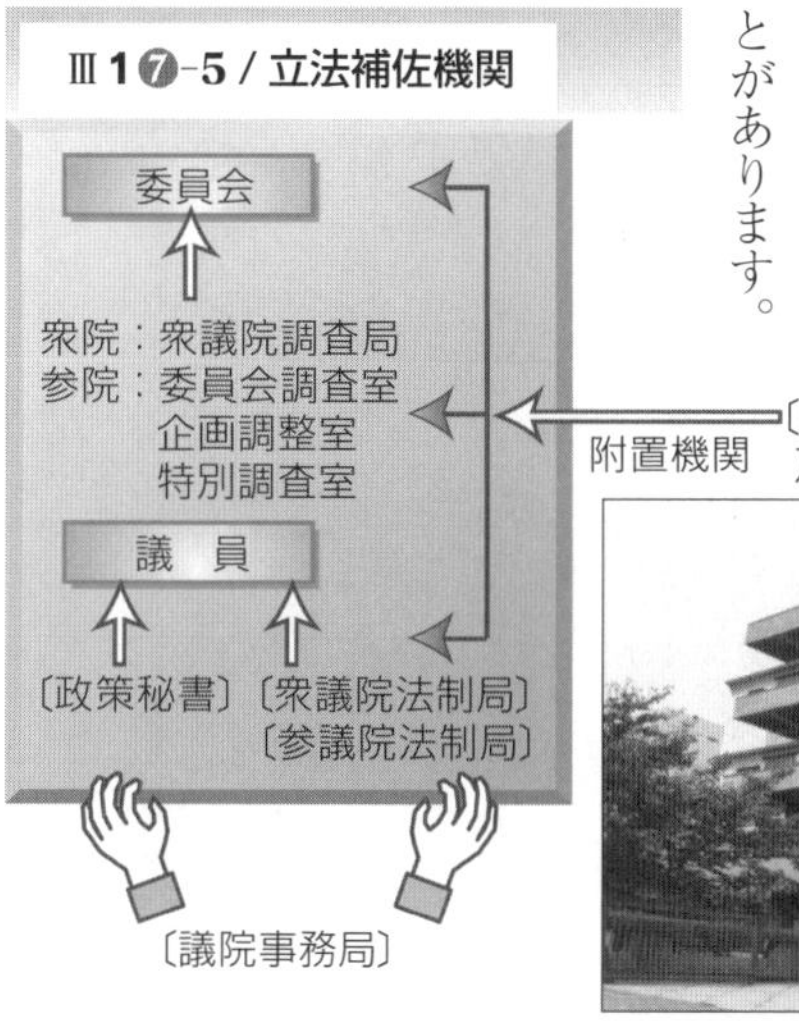

委員会
衆院：衆議院調査局
参院：委員会調査室
企画調整室
特別調査室
議　員
〔政策秘書〕〔衆議院法制局〕
〔参議院法制局〕
〔議院事務局〕
附置機関〔国立国会図書館，特に「調査及び立法考査局」〕

国立国会図書館

質議が終わると、討論、採決に入りますが、会期中に採決に至らない法案は原則として審議未了となり不成立（廃案）となります（なお74頁参照）。

委員会で採決された法案は本会議に上程され、審議を経て採決されます。先議の議院で可決された法案は後議の議院に送付され（Ⅲ1⑦-2(b)）、同様に審議されます。衆議院送付の法案を参議院が修正可決した場合は衆議院に回付され、同一会期中に衆議院が同意すれば法律として成立します。参議院で否決または修正可決した場合には、衆議院が出席議員の三分の二以上の多数で再議決するか、両院協議会を開いて合意に達すれば法律として成立します。両院協議会は昭和二八年以来長い間開かれませんでしたが、最近の政治の流動化に伴って、再び注目されています（Ⅲ1⑦-4）。

法律が成立すると、最後の議決のあった議院の議長から内閣を経由して天皇による公布の奏上を行い（Ⅲ1⑦-2(c)）、その日から三〇日以内に法律の公布を官報に掲載して行うことにより、一般国民に対して効力を発することとなります（Ⅲ1⑦-2(d)(e)）。

◪国会法は、議員が法案を提出するためには、衆議院の場合、一般の法案は二〇人以上の賛成を、予算関係法案は五〇人以上の賛成を必要とすると定めています。議員が利用できる立法補佐機関としては、所属政党の事務局のほか、Ⅲ1⑦-5に示されたものがあります。

◪憲法は法律・政令への「連署」（七四条）や「公布」（七条一号）については定めていますが、その具体的な方法等についての規定はありません。明治憲法下では、各種の法令を公布するための手続や方法を定めた公式令（明治四〇年勅令六号）が定められていましたが、現行憲法の施行された昭和二二年五月三日に廃止され（政令四号）、その後これに代わる法令等は制定されていません。現在でもⅢ1⑦-6の「次官会議了解」に従ってなされています。

Ⅲ1⑦-6 / 公式令廃止後の公文の方式等に関する件

公式令は、五月三日を以て廃止されるが、これに代るべき法令は差当つては制定しないので、公文の方式等については、当分の間左の通りに取り扱うこととする。

一　日本国憲法第七十四条の規定による主任の国務大臣の署名及び内閣総理大臣の連署は、当該法律又は政令の末尾にこれをすること。

二　法律又は政令の公布は、前号の署名及び連署のあるものに公布書を附してこれをすること。

　公布書には、親書の後御璽をおし、内閣総理大臣が年月日を記入して署名すること。

三　総理庁令又は省令の形式については、従前の閣令又は省令の例にすること。

四　政令、総理庁令及び省令には必ず施行時期を定めること。（公式令第十一条の規定に相当する根拠規定がないから）

五　法令その他公文の公布は、従前の通り官報を以てすること。（以下略）

（昭和二二年五月一日次官会議了解）

⑧ 国政調査権

第六二条
両議院は、各〻国政に関する調査を行ひ、これに関して、証人の出頭及び証言並びに記録の提出を要求することができる。

◪憲法は国会の各議院に国政調査権を与え、証人喚問や記録提出要求などにより、その活動に必要な情報収集を行えるようにしました。具体的な手続は議院証言法に規定されています。これは非常に強力な手段で、出頭・証言または書類提出を求められた人が正当な理由がないのにこれを拒否したり（議院証言七条）、宣誓した証人が偽証をすると（議院証言六条）、刑罰が科せられます。しかし、実際には、重大な汚職の疑惑が発生したとき（Ⅲ1⑧-1参照）など、限られた場合にしか発動されません。

国政調査権の本質については、これを、国会がもっているさまざまな権能を行使するための補助的な手段だと捉える考え方（補助権能説）と、国会が「国権の最高機関」であることから、他の権能とは独立の調査権限であるとする考え方（独立権能説）とがありますが、実際にはどちらをとってもあまり差はありません。

◪むしろ重要なのは国政調査権の具体的な限界です。まず、司法権との関係では、わが子を殺した母親に懲役三年執行猶予三年の刑を言い渡した浦和地方裁判所の判決に対し、参議院法務委員会が調査をし、判決の事実認定を問題にし量刑が軽すぎると批判した浦和事件（昭和二四年）があります。最高裁判所はこれに抗議しました（Ⅲ1⑧-2）が、参議院法務委員会は、国政調査権による調査批判は国権作用の抑制と均衡の理論からも必要であり、「既に確定判決を経て裁判官の手を離れた事件の調査の如きは毫も裁判の独立を侵すものではない」と反論しました。また、最近では、行政権の中でも相対的に独立性を保障されている検察権との関係で、たとえば汚職事件の捜査と国政調査との並行調査が許されるかどうかが議論になっています。

さらに、一九五〇年代アメリカのマッカーシズム（米ソ冷戦下の共産主義者摘発運動）など外国の経験をみると、議院の国政調査権は個人のプライバシーや思想の自由の侵害のおそれをはらんでいます。したがって、国政調査権は、基本的人権の観点からも制約を受けることがあります。

Ⅲ1⑧-1／ロッキード事件証人喚問
（昭和51.2.16）

Ⅲ1⑧-2／浦和事件に関する国政調査に対する最高裁判所の抗議

参議院法務委員会における「検察及び裁判の運営等に関する調査」について　当裁判所裁判官会議の議決に基き、標記の件に関する当裁判所の意見を送付し、貴参議院の善処を望む。

意　見

（前略）

しかしながら司法権は、憲法上裁判所に専属するものであり、他の国家機関がその行使につき容喙干渉するが如きは憲法上絶対に許さるべきではない。この意味において、同委員会が個々の具体的裁判について事実認定若しくは量刑等の当否を審査批判し又は司法部に対し指摘勧告する等の目的を以て前述の如き行動に及んだことは、司法権の独立を侵害し、まさに憲法上国会に許された国政に関する調査権の範囲を逸脱する措置と謂わなければならない。

裁判官に対する民主的監視の方法は、自ら他に存するのであって、すなわち、憲法の定める最高裁判所裁判官に対する国民審査及び裁判官に対する弾劾の各制度の如きがそれである。

憲法は国の最高法規であり、国会も又これを尊重しなければならないこと論を俟たず、ここに深甚な反省を求める次第である。

〔『裁判所時報』昭和二四年五月二〇日付号外一頁〕

⑨ 弾劾裁判

第六四条
①国会は、罷免の訴追を受けた裁判官を裁判するため、両議院の議員で組織する弾劾裁判所を設ける。
②弾劾に関する事項は、法律でこれを定める。

◪三権分立原則をとるわが国では、裁判官の独立が保障され、その身分は強い保障を受けます（⇒95頁）。しかし、裁判官といえども、どんな問題行動をしても絶対にクビにならないというものではありません。「公の弾劾」による場合と、「裁判により、心身の故障のために職務を執ることができないと決定された場合」（この裁判を分限裁判といいます）には罷免されます（憲法七八条）。このうち「公の弾劾」について規定したのが憲法六四条で、そのために国会が弾劾裁判所を設けています（Ⅲ1⑨-1）。設置された弾劾裁判所は独自の機関で、国会閉会中も活動することができます。詳細は、国会法と裁判官弾劾法に規定されています。弾劾というのは、基本的に、裁判官にふさわしくない行為をした裁判官を排除するためのものですから、これを裁判の内容に対する不満から政治的理由で濫用することがあってはなりません。裁判官弾劾法は、罷免に値する事由を重大な場合に限定しています（Ⅲ1⑨-4）。

◪弾劾の手続（Ⅲ1⑨-2）としては、まず、裁判官訴追委員会という、国会議員で組織された機関が罷免の訴追をするかどうかを決めます。最高裁判所が訴追委員会に対して特定の裁判官の訴追を請求することもありますが、訴追の請求は誰でも訴追委員会に対してすることができます。これらの訴追請求を受けて、あるいは訴追委員会自身の判断で、調査を開始して、裁判官を訴追するかどうかを決定します。訴追猶予

Ⅲ1⑨-1／弾劾裁判所

Ⅲ1⑨-2／弾劾裁判の手続

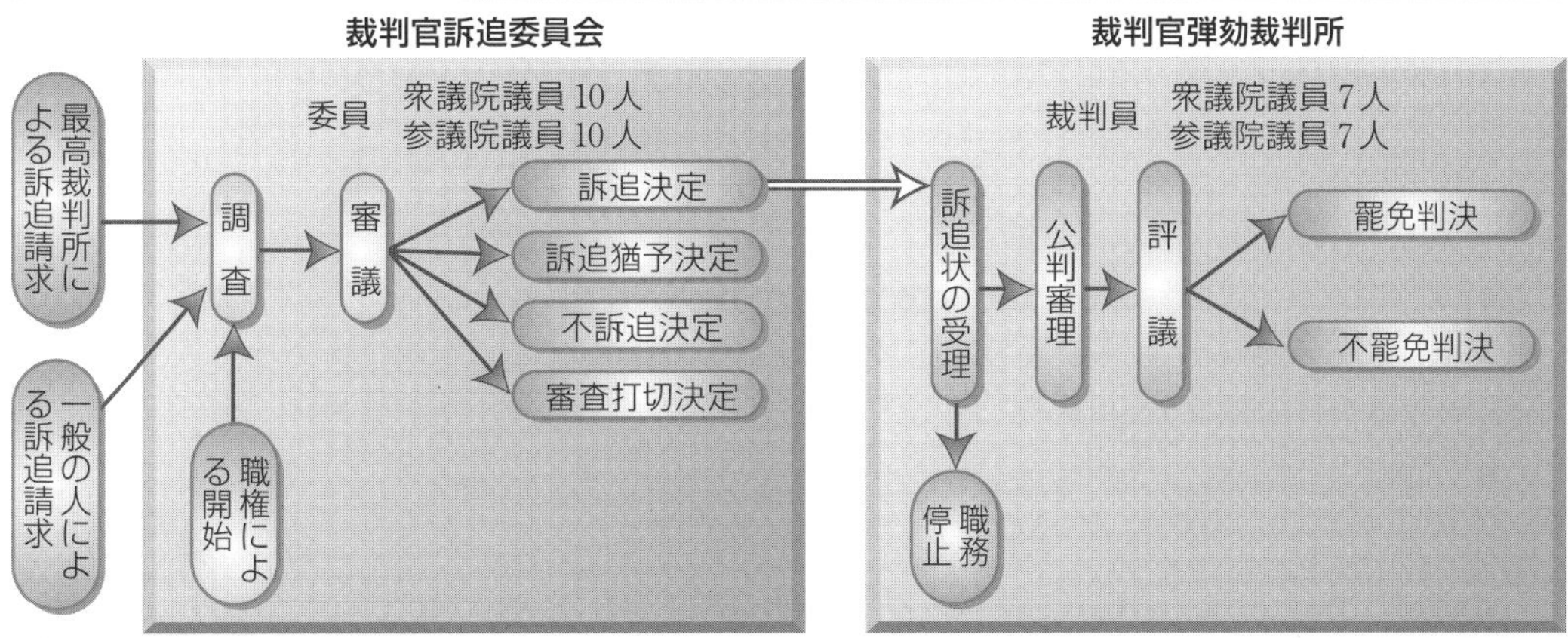

ジュリスト1123号（平成9年11月15日）61頁の図などを参考に作成。

Q7. 裁判官訴追委員会や弾劾裁判所はどこにある？（答えは116頁）

というのは、訴追の事由があっても情状により訴追をしないことです。
訴追がなされると、弾劾裁判が開かれます。その対審および裁判の宣告は公開され、訴追された裁判官は弁護人を依頼することができ、裁判には理由が付され、裁判には一事不再理の効果があるなど、「裁判」としての形式によることになります。弾劾裁判所は、衆議院議員・参議院議員各七人合計一四人の裁判員で組織されますが、衆議院議員たる裁判員、参議院議員たる裁判員が各五人以上出席しないと審理・裁判をすることができません。また、裁判官を罷免するとの裁判をするには、審理に関与した裁判員の三分の二以上の多数の意見が必要です。
実際には、これまで九件の訴追、七件の罷免例があります（Ⅲ1❾-3）。罷免の裁判は、裁判官職から罷免するだけでなく、罷免された者から弁護士になる資格などを剥奪する効果ももちますが、罷免の裁判から五年を経過すると、弾劾裁判所は、その資格を回復する裁判をすることができます。

Ⅲ1❾-3 / 弾劾裁判一覧

被訴追者	事案の概要，判決理由	判決宣告年月日	結論
静岡地方裁判所浜松支部判事	知人の商用旅行に同行するため無断欠勤したことは，裁判官弾劾法2条1号の事由には該当しない。知人のヤミ取引の摘発を不問に付すよう警察に迫ったことは，言動の程度などから，同2号の事由に該当するとはいえない。	昭和23・11・27	不罷免
大月簡易裁判所判事	親しい知人にヤミ物資の捜索があるかもしれないと告げたこと，特定の刑事事件を担当裁判官との交渉により自己の担当に振り替えたことは，罷免事由に当たらない。	昭和25・2・3	不罷免
帯広簡易裁判所判事	迅速な事務処理を怠り略式命令請求事件395件を失効させたこと，自己の記名捺印した白紙の逮捕状等を職員に預け発付させたこと，違法に被告人を勾引したことは，法2条1号の事由に該当し，知人の民事紛争に介入したことは同2号の事由に該当する。	昭和31・4・6	罷免
厚木簡易裁判所判事	担当する調停事件の一方当事者から酒食の提供を受け，それが発覚しかかると事実を隠蔽しようとしたことは，法2条2号の事由に該当する。	昭和32・9・30	罷免
京都地方裁判所判事補兼京都簡易裁判所判事	ロッキード事件の捜査中，内閣総理大臣にかけられた政治的な謀略電話の録音テープを新聞記者に聞かせたことは，法2条2号の事由に該当する。	昭和52・3・23	罷免
東京地方裁判所判事補兼東京簡易裁判所判事	自己の担当する破産事件の破産管財人である弁護士からゴルフ道具1セット，背広2着等の供与を受けたことは，法2条1号・2号の事由に当たる。	昭和56・11・6	罷免
東京地方裁判所判事兼東京簡易裁判所判事	伝言ダイヤル等を通じて知り合った複数の少女に対する度重なる児童買春処罰法違反行為は，法2条2号の罷免事由に該当する。	平成13・11・28	罷免
宇都宮地方裁判所判事兼宇都宮簡易裁判所判事	裁判所職員の女性に対しその人権を踏みにじる内容のメールを繰り返し送信した卑劣なストーカー行為は，法2条2号の事由に該当する。	平成20・12・24	罷免
大阪地方裁判所判事補	電車内において，乗客の女性に対し，携帯電話機を用いて，そのスカート内の下着を盗撮したことは，法2条2号の事由に該当する。	平成25・4・10	罷免

裁判官弾劾裁判所公式サイト（http://www.dangai.go.jp/index.html）などにより作成。

Ⅲ1❾-4 / 裁判官弾劾法第2条・第37条

第二条（弾劾による罷免の事由）
弾劾により裁判官を罷免するのは，左の場合とする。
一　職務上の義務に著しく違反し，又は職務を甚だしく怠つたとき。
二　その他職務の内外を問わず，裁判官としての威信を著しく失うべき非行があつたとき。
第三七条（罷免の裁判の効果）
裁判官は，罷免の裁判の宣告により罷免される。

2 行　政

① 内閣の組織・権限

第六一条
　条約の締結に必要な国会の承認については、前条〔＝第六〇条〕第二項の規定を準用する。

第六五条
　行政権は、内閣に属する。

第六六条
①内閣は、法律の定めるところにより、その首長たる内閣総理大臣及びその他の国務大臣でこれを組織する。
②内閣総理大臣その他の国務大臣は、文民でなければならない。
③内閣は、行政権の行使について、国会に対し連帯して責任を負ふ。

第七三条
　内閣は、他の一般行政事務の外、左の事務を行ふ。
一　法律を誠実に執行し、国務を総理すること。
二　外交関係を処理すること。
三　条約を締結すること。但し、事前に、時宜によつては事後に、国会の承認を経ることを必要とする。
四　法律の定める基準に従ひ、官吏に関する事務を掌理すること。
五　予算を作成して国会に提出すること。
六　この憲法及び法律の規定を実施するために、政令を制定すること。但し、政令には、特にその法律の委任がある場合を除いては、罰則を設けることができない。
七　大赦、特赦、減刑、刑の執行の免除及び復権を決定すること。

◪内閣は、行政権を担当する機関であり、その首長である内閣総理大臣とその他の国務大臣一四人で組織されますが（六六条一項）、特別に必要がある場合にはその他の国務大臣は三人まで増やすことができます（内閣二条）。ただし、現在は内閣法の附則により一九人以内とされています。内閣総理大臣および各大臣は、通常「主任の大臣」として行政事務を分担管理します（内閣三条）。Ⅲ2❶-3は、現行の内閣法や国家行政組織法による内閣・行政組織の編成図です。

◪内閣構成員の資格要件は、国会議員であること（六七条一項）と文民であること（六六条二項）です。シビリアン・コントロールの観点から自衛官は文民ではないとされます。内閣総理大臣により任命されるその他の国務大臣の過半数は、国会議員でなければなりません（六八条一項）。

◪内閣の地位は国会の信任に依存し、内閣は行政権の行使について、国会に対し連帯して責任を負っています（六六条三項）。内閣は、国会による責任の追及を受けます。具体的には、国会議員の質問や質疑に答え（六三条）、議院の国政調査権の行使に応じること（六二条）になります。また、衆議院での内閣不信任案の可決や信任案の否決がなされた場合については、憲法六九条（90頁）に特別の規定が置かれています。

◪内閣は、「閣議」によってその職権を行使します（内閣四条一項）。Ⅲ2❶-1は二〇一三年に一一年ぶりに公開された総理官邸の閣議室の模様です。内閣総理大臣や国務大臣の他に内閣官房副長官と内閣法制局長官が参加しています。内閣総理大臣は閣議を主宰し、閣議で内閣の重

Ⅲ2❶-1／閣議室（総理官邸）

Ⅲ2❶-2／閣　議　書

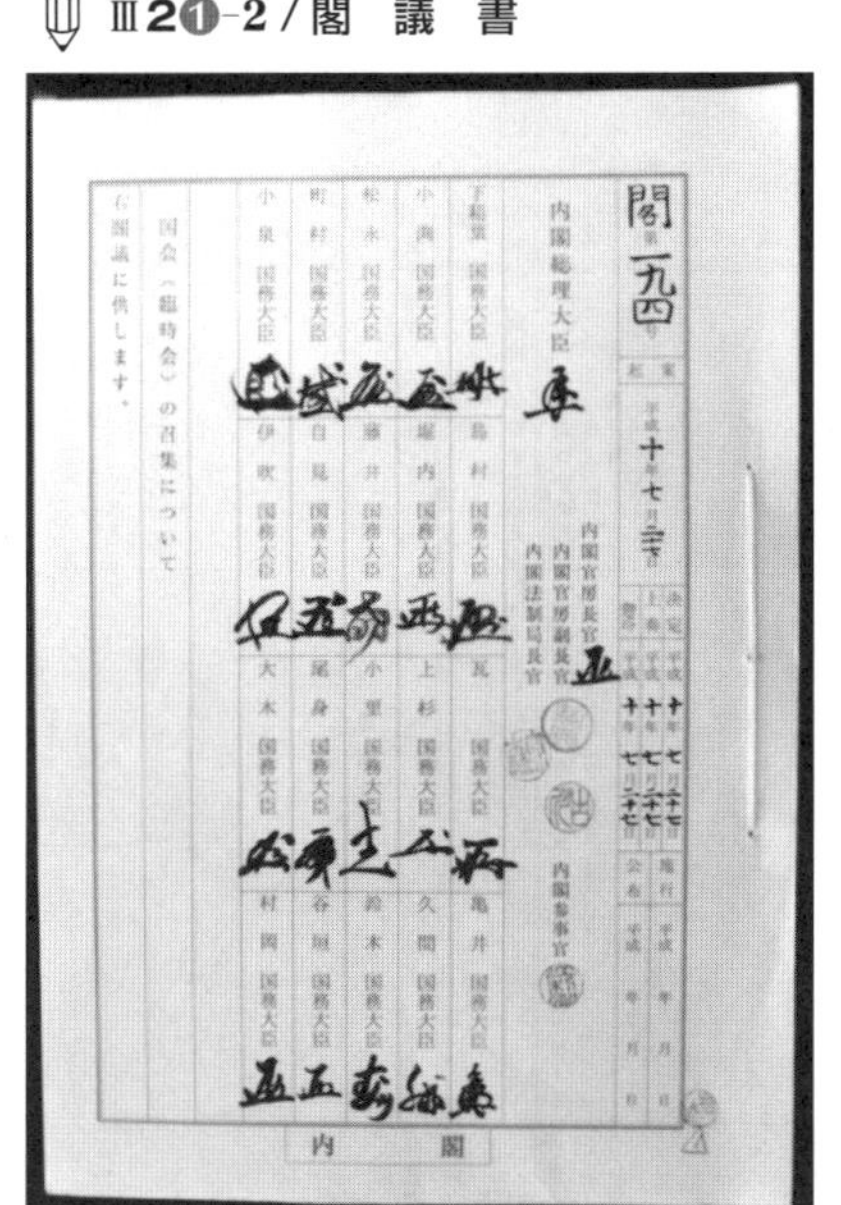
閣第一九四号
内閣総理大臣
内閣官房長官
内閣官房副長官
内閣法制局長官
内閣参事官
国会（臨時会）の召集について
右閣議に供します。
内　閣

憲法63条は114頁を，62条は80頁を見て下さい。

Ⅲ2❶-3／現在の内閣・行政組織

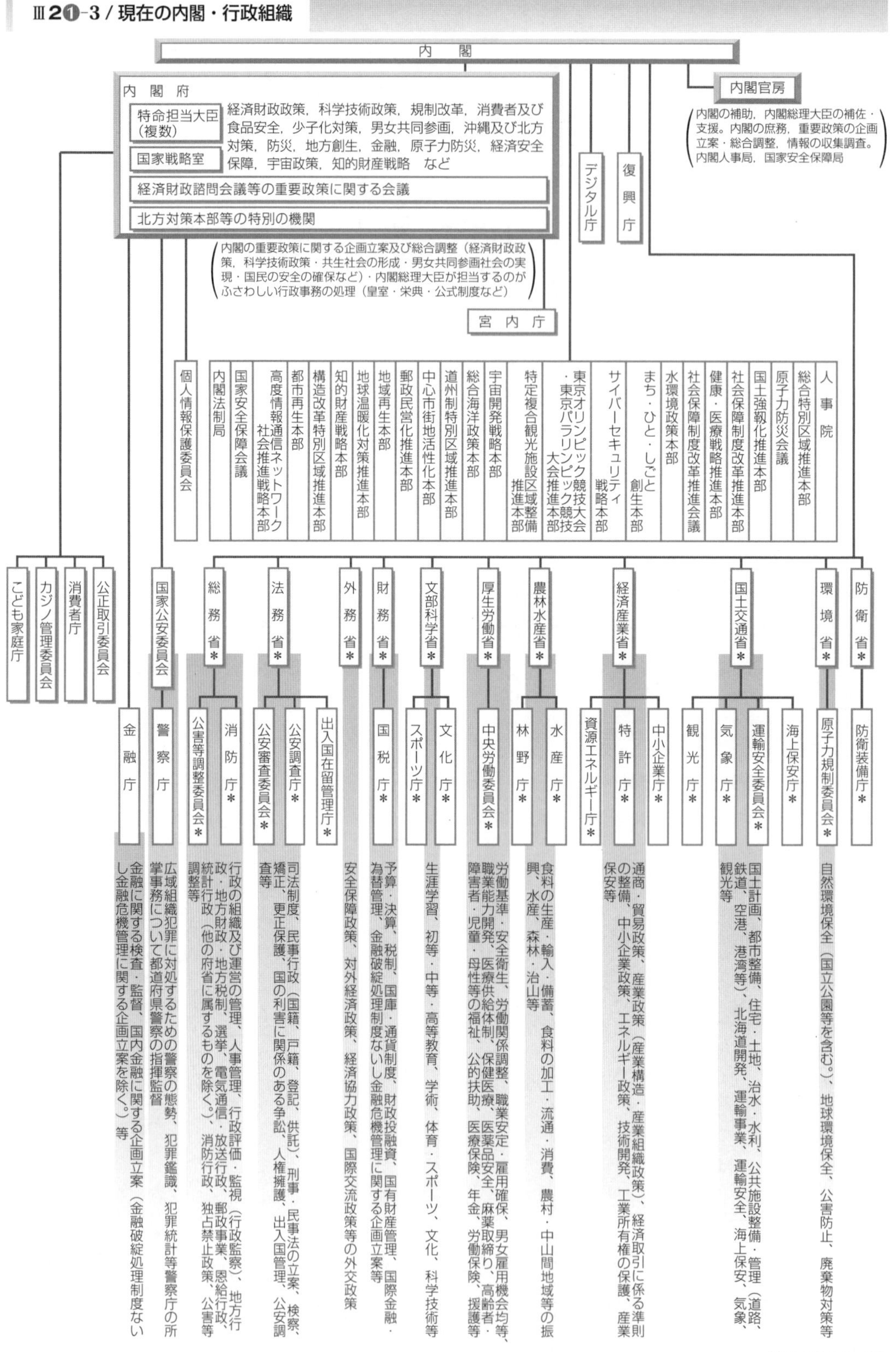

（令和5年7月現在）

＊は，国家行政組織法に基づくものを示す。

Ⅲ2❶-3の最下段は金融庁・国家公安委員会および総務省など各省の欄の主な所轄事務を示します。

要政策に関する基本的な方針などを発議することができます（内閣四条二項）。各大臣も内閣総理大臣に案件を提示して閣議を求めることができます（内閣四条三項）。閣議は非公開で、審議の内容も高度の秘密保持が要求されています。閣議には閣僚全員が出席し、閣議の決定は慣行として全員一致によっています。閣議には、毎週二回の定例閣議のほか、緊急を要する場合の臨時閣議、早急な処理を要する場合に、閣議書（Ⅲ2❶-2）を持ち回って閣僚の署名（花押）をとる「持回り閣議」があります。

◪行政権の担い手である内閣は、行政事務一般を行いますが、憲法七三条はとくに重要な事務として七つを挙げています。七三条の各号の事務のうちもっとも重要な事務は、一号の「法律を誠実に執行し、国務を総理する」ことです。内閣は実際には国会の制定した法律を行政各部に「誠実に執行させる」立場にあります。この法律の執行が行政の中心部分であるといえますが、内閣は、さらに国政をたえず総合的・一般的に見渡しながら適切に決断し実行すべき立場にあります。官吏に関する事務の掌理（四号）、予算の作成・提出（五号）も内閣の事務に属します。

◪内閣は外交関係を処理する権限を有します（二号）。さらに、外国と条約を締結するのは内閣の権限です（Ⅲ2❶-4）。条約には署名だけで成立するものと、さらに批准（批准書の交換や批准書寄託によって国の最終的意思を示す行為）を必要とするものがありますが、事前または事後に国会の承認を必要とします（三号）。

◪また、「法律」の制定は国会の権限ですが、内閣は法律を実施するためや法律の委任に基づいて、Ⅲ2❶-5のような流れに沿って政令を制定することができます（六号）。

最後に、恩赦法に基づく「恩赦」の決定も内閣の仕事です（七号）。恩赦には、該当者を一律に赦免する政令恩赦（大赦・減刑・復権）と個別に審査して赦免する個別恩赦（特赦・減刑・刑の執行の免除・復権）があります。恩赦の認証は天皇の国事行為の一つです（七条六号）。

Ⅲ2❶-4 / 条約締結——署名
日豪円滑化協定署名式（令和 4. 1. 6）

Ⅲ2❶-5 / 政令制定の流れ

天皇 →（公布）→ 官報
内閣総理大臣（内閣官房）→（連署）→ 天皇
内閣総理大臣（内閣官房）→（開催）→ 閣議 →（決定）→ 主任国務大臣（主管官庁）
主任国務大臣（主管官庁）→（提出（閣議請議））→ 内閣総理大臣（内閣官房）
主任国務大臣（主管官庁）→（署名）→ 内閣総理大臣（内閣官房）
内閣総理大臣（内閣官房）↔（審査）↔ 内閣法制局
内閣法制局 ↔（予備審査）↔ 主任国務大臣（主管官庁）

Ⅲ2❶-6 / 戦後の政令恩赦・特別恩赦一覧

次　別	恩 赦 事 由
昭 20. 10. 17	第二次大戦終局
昭 21. 11.　3	日本国憲法公布
昭 22. 11.　3	第二次大戦終局の恩赦および日本国憲法公布の恩赦における減刑令の修正
昭 27.　4. 28	平和条約発効
昭 27. 11. 10	皇太子殿下（明仁親王）立太子礼
昭 31. 12. 19	国際連合加盟
昭 34.　4. 10	皇太子殿下（明仁親王）御成婚
昭 43. 11.　1	明治百年記念
昭 47.　5. 15	沖 縄 復 帰
平元.　2. 24	昭和天皇御大喪
平　2. 11. 12	天皇（現上皇）御即位
平　5.　6.　9	皇太子殿下（徳仁親王）御成婚
令元. 10. 22	今上天皇御即位

法務省保護局の資料による。

❷ 内閣総理大臣の指名・任命

第六七条
①内閣総理大臣は、国会議員の中から国会の議決で、これを指名する。この指名は、他のすべての案件に先だつて、これを行ふ。
②衆議院と参議院とが異なつた指名の議決をした場合に、法律の定めるところにより、両議院の協議会を開いても意見が一致しないとき、又は衆議院が指名の議決をした後、国会休会中の期間を除いて十日以内に、参議院が、指名の議決をしないときは、衆議院の議決を国会の議決とする。

第七一条
前二条〔=第六九条と第七〇条〕の場合には、内閣は、あらたに内閣総理大臣が任命されるまで引き続きその職務を行ふ。

◪明治憲法と異なり強い権限をもつ内閣の「首長」(六六条❶一項)たる内閣総理大臣の指名は、他のすべての案件に先だって国会の議決で行われ、国会の指名に基づいて天皇が任命します(六条❶一項)。内閣総理大臣は国会議員でなくてはなりません(六七条)。指名は単記記名投票で行われ、投票の過半数を得ると指名された者となります。内閣総理大臣の選出プロセスは、Ⅲ**2❷-1**のフローチャートに示されています。

両院の内閣総理大臣の指名が異なる場合には、両院協議会が開かれます(六七条二項)。協議会の意見が一致しないときは、衆議院の議決が国会の議決となります。その例は今までに五回あります(88頁のⅢ**2❸-2**)。内閣は、衆議院での内閣不信任案の可決(六九条)や内閣総理大臣の欠缺が生じる(七〇条)などで内閣が総辞職したときには、新たな内閣総理大臣の任命まで引き続き職務を行います(七一条)。

Ⅲ2❷-1 / 内閣総理大臣が選ばれるプロセス

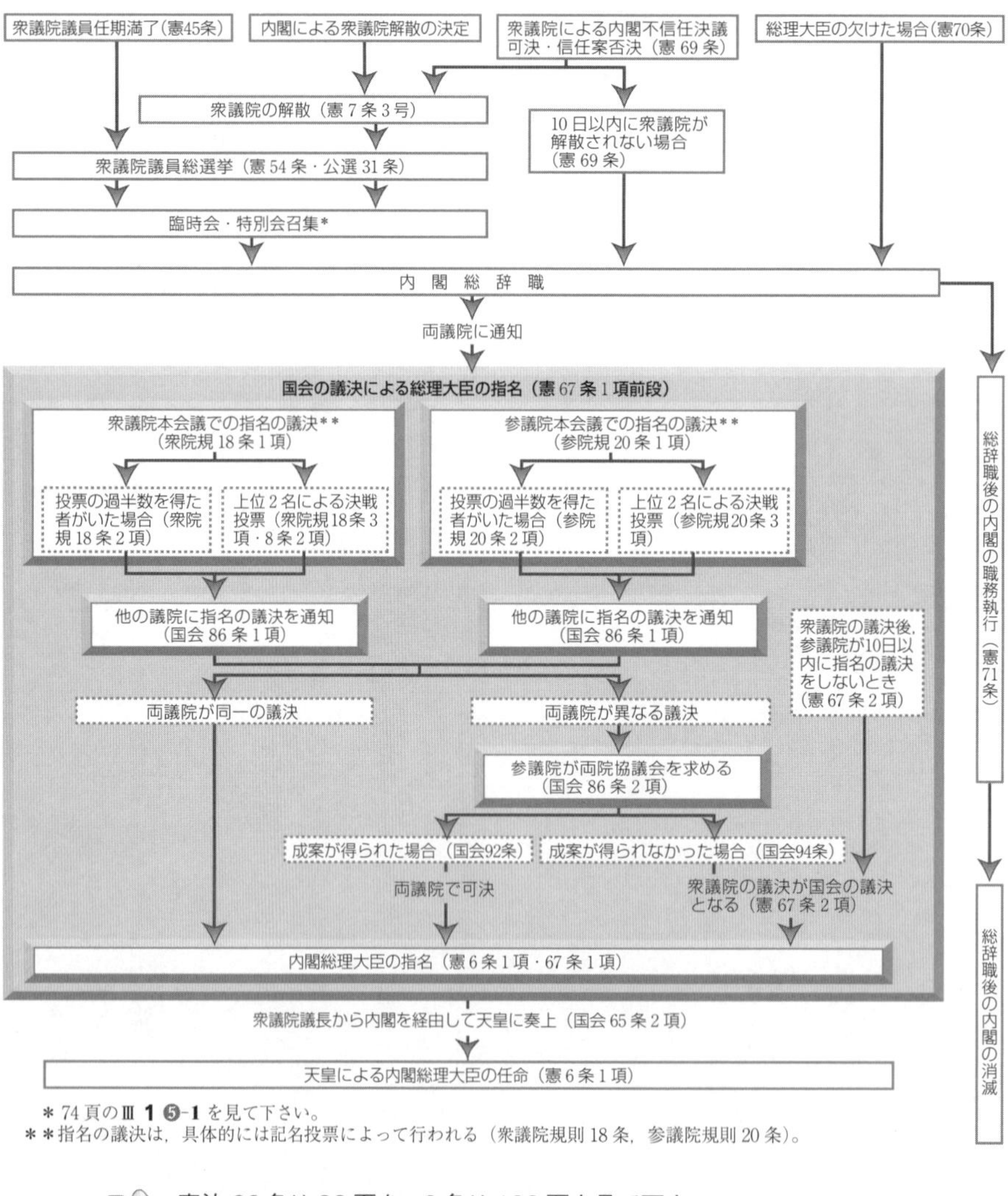

衆議院議員任期満了(憲45条)
内閣による衆議院解散の決定
衆議院による内閣不信任決議可決・信任案否決(憲69条)
総理大臣の欠けた場合(憲70条)
衆議院の解散(憲7条3号)
10日以内に衆議院が解散されない場合(憲69条)
衆議院議員総選挙(憲54条・公選31条)
臨時会・特別会召集*
内閣総辞職
両議院に通知
総辞職後の内閣の職務執行(憲71条)

国会の議決による総理大臣の指名(憲67条1項前段)
衆議院本会議での指名の議決**(衆院規18条1項)
投票の過半数を得た者がいた場合(衆院規18条2項)
上位2名による決戦投票(衆院規18条3項・8条2項)
参議院本会議での指名の議決**(参院規20条1項)
投票の過半数を得た者がいた場合(参院規20条2項)
上位2名による決戦投票(参院規20条3項)
他の議院に指名の議決を通知(国会86条1項)
他の議院に指名の議決を通知(国会86条1項)
衆議院の議決後,参議院が10日以内に指名の議決をしないとき(憲67条2項)
両議院が同一の議決
両議院が異なる議決
参議院が両院協議会を求める(国会86条2項)
成案が得られた場合(国会92条)
成案が得られなかった場合(国会94条)
両議院で可決
衆議院の議決が国会の議決となる(憲67条2項)
内閣総理大臣の指名(憲6条1項・67条1項)

衆議院議長から内閣を経由して天皇に奏上(国会65条2項)
天皇による内閣総理大臣の任命(憲6条1項)
総辞職後の内閣の消滅

＊74頁のⅢ **1❺-1** を見て下さい。
＊＊指名の議決は,具体的には記名投票によって行われる(衆議院規則18条,参議院規則20条)。

憲法66条は83頁を, 6条は103頁を見て下さい。

❸ 内閣総理大臣の権限

第六八条
①内閣総理大臣は、国務大臣を任命する。但し、その過半数は、国会議員の中から選ばれなければならない。
②内閣総理大臣は、任意に国務大臣を罷免することができる。

第七〇条
内閣総理大臣が欠けたとき、又は衆議院議員総選挙の後に初めて国会の召集があつたときは、内閣は、総辞職をしなければならない。

第七二条
内閣総理大臣は、内閣を代表して議案を国会に提出し、一般国務及び外交関係について国会に報告し、並びに行政各部を指揮監督する。

◪憲法は、内閣総理大臣に、国務大臣の任免権（六八条）、国務大臣の訴追についての同意権（七五条）などを与え、内閣の首長として指導力を発揮できるようにしています（Ⅲ**2❸-1**）。他方、憲法は、行政権など国政に関わる実体的権能は合議体としての内閣に与えており、憲法七二条に規定する、議案提出権、行政各部に対する指揮監督権などの権限も、内閣総理大臣が「内閣を代表して」行使するものと考えられています（内閣五条・六条参照）（**判例14**）。その意味で、わが憲法上の内閣総理大臣は、アメリカ大統領のように最終的にひとりの意思と責任で権限を行使する独任制の行政（執行）権者とは異なります。ただし、法律上は、迅速な対処を要する緊急事態には指揮監督権などが内閣総理大臣に与えられています（Ⅲ**2❸-3**）。たとえば、自衛隊法は、外部からの武力攻撃が発生し、またはその明白な危険が切迫する事態等において、事前または事後の国会の承認を条件に、内閣総理大臣が防衛出動命令を発する権限を規定しています（自衛七六条）。

Ⅲ2❸-1 / 内閣総理大臣の指揮監督権と機能

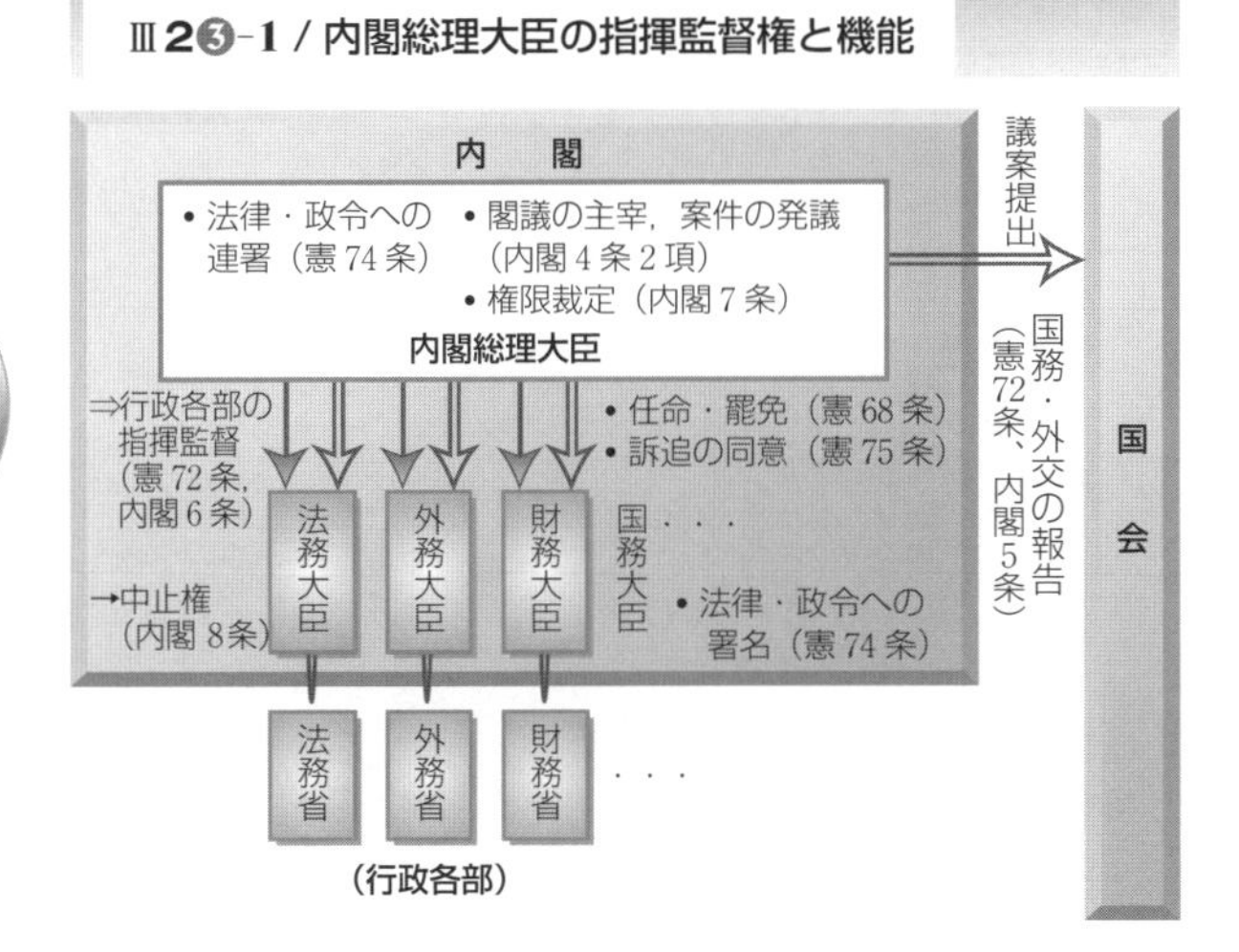

判例14　ロッキード事件丸紅ルート上告審判決

㊫**最大判平成七・二・二二**（刑集四九巻二号一頁）

昭和四七年夏、米ロッキード社の製品販売代理店である丸紅の社長Hらが当時の内閣総理大臣T宅を訪問し、全日空がロ社の航空機を選定購入するよう全日空に対し、運輸大臣を介して間接的に、また自ら直接に、働きかける等の協力を依頼したところ、Tはこれを承諾し、この売込みが成功したらその報酬の趣旨で現金五億円の供与を受ける旨のHとの間の約束に基づき、Tが昭和四八年夏から翌四九年春にかけて四回にわたってロ社の資金合計五億円を受領したとして、TやHらが起訴された刑事事件。判決の論点は多岐にわたるが、最高裁判所はTの職務権限の範囲について、次のように判示した。内閣総理大臣は、憲法上、内閣法上の地位及び権限（憲法六六条、六八条、七二条、内閣法四条、六条、八条）に照らすと、閣議にかけて決定した方針が存在しない場合でも、少なくとも内閣の明示の意思に反しない限り、流動的で多様な行政需要に遅滞なく対応するため、行政各部に対し随時、その所掌事務について一定の方向で処理するよう指導・助言等の指示を与える権限を有するものと解するのが相当である。したがって、内閣総理大臣が運輸大臣に対し、民間航空会社に特定機種の航空機の選定購入を勧奨するよう働きかけることは、運輸大臣に対する指示として、賄賂罪の職務行為に当たる。なお、本判決はTの秘書だった被告人に対するもので、T自身は控訴審判決後死去した（平五・一二・一六）のに伴い、公訴棄却決定がなされた（平五・一二・二四）。

Ⅲ2❸-2 / 戦後の歴代総理大臣

指名した国会回次	指名を受けた者(所属会派)	内閣成立年月日	備考
	東久邇宮稔彦	昭 20. 8.17 東久邇宮内閣	日本国憲法の施行前
	幣原喜重郎	20.10. 9 幣原内閣	
	吉田茂	21. 5.22 第 1 次吉田内閣	
第 1 回国会(特別)	片山哲(社会)	22. 5.24 片山内閣	22. 5.24 総理，同時に各国務大臣の職務を行う。 6. 1 全国務大臣任命
第 2 回(常会)	芦田均(民主)	23. 3.10 芦田内閣	参議院は吉田茂を指名。両院協議会を開いたが意見が一致せず，憲 67 条 2 項により衆議院の議決が国会の議決となった。
第 3 回(臨時)	吉田茂(民自)	23.10.15 第 2 次吉田内閣	23.10.15 総理，同時に各国務大臣の職務を行う。 10.19 全国務大臣任命
第 5 回(特別)	吉田茂(民自)	24. 2.16 第 3 次吉田内閣	23.12.23 解散 24. 1.23 総選挙
第 15 回(特別)	吉田茂(自由)	27.10.30 第 4 次吉田内閣	27. 8.28 解散 10.01 総選挙
第 16 回(特別)	吉田茂(自由)	28. 5.21 第 5 次吉田内閣	28. 3.14 解散 4.19 総選挙
第 20 回(臨時)	鳩山一郎(日本民主)	29.12.10 第 1 次鳩山内閣	
第 22 回(特別)	鳩山一郎(日本民主)	30. 3.19 第 2 次鳩山内閣	30. 1.24 解散 2.27 総選挙
第 23 回(臨時)	鳩山一郎(自民)	30.11.22 第 3 次鳩山内閣	
第 26 回(常会)	石橋湛山(自民)	31.12.23 石橋内閣	31.12.23 総理，同時に各国務大臣の職務を行う。 同日，全国務大臣任命
同上	岸信介(自民)	32. 2.25 第 1 次岸内閣	石橋総理の病気退陣後
第 29 回(特別)	岸信介(自民)	33. 6.12 第 2 次岸内閣	33. 4.25 解散 5.22 総選挙
第 35 回(臨時)	池田勇人(自民)	35. 7.19 第 1 次池田内閣	
第 37 回(特別)	池田勇人(自民)	35.12. 8 第 2 次池田内閣	35.10.24 解散 11.20 総選挙
第 45 回(特別)	池田勇人(自民)	38.12. 9 第 3 次池田内閣	38.10.23 解散 11.21 総選挙
第 47 回(臨時)	佐藤栄作(自民)	39.11. 9 第 1 次佐藤内閣	
第 55 回(特別)	佐藤栄作(自民)	42. 2.17 第 2 次佐藤内閣	41.12.27 解散 42. 1.29 総選挙
第 63 回(特別)	佐藤栄作(自民)	45. 1.14 第 3 次佐藤内閣	44.12.02 解散 12.27 総選挙
第 69 回(臨時)	田中角栄(自民)	昭和 47. 7. 7 第 1 次田中内閣	
第 71 回(特別)	田中角栄(自民)	47.12.22 第 2 次田中内閣	47.11.13 解散 47.12.10 総選挙
第 74 回(臨時)	三木武夫(自民)	49.12. 9 三木内閣	
第 79 回(臨時)	福田赳夫(自民)	51.12.24 福田内閣	51.12. 5 総選挙 (12. 9 衆議院議員任期満了)
第 86 回(臨時)	大平正芳(自民)	53.12. 7 第 1 次大平内閣	
第 89 回(特別)	大平正芳(自民)	54.11. 9 第 2 次大平内閣	54. 9. 7 解散 10. 7 総選挙
第 92 回(特別)	鈴木善幸(自民)	55.07.17 鈴木内閣	55. 5.19 解散 6.12 大平総理死去 6.22 総選挙
第 97 回(臨時)	中曽根康弘(自民)	57.11.27 第 1 次中曽根内閣	
第 101 回(特別)	中曽根康弘(自民)	58.12.27 第 2 次中曽根内閣	58.11.28 解散 12.18 総選挙
第 106 回(特別)	中曽根康弘(自民)	61. 7.22 第 3 次中曽根内閣	61. 6. 2 解散 7. 6 総選挙
第 110 回(臨時)	竹下登(自民)	62.11. 6 竹下内閣	
第 114 回(常会)	宇野宗佑(自民)	平成元. 6. 3 宇野内閣	
第 115 回(臨時)	海部俊樹(自民)	元. 8.1 第 1 次海部内閣	参議院は土井たか子を指名。両院協議会で意見不一致のため衆議院の議決が国会の議決となった。
第 118 回(特別)	海部俊樹(自民)	2. 2.28 第 2 次海部内閣	2. 1.24 解散 2.18 総選挙
第 122 回(臨時)	宮沢喜一(自民)	3.11. 5 宮沢内閣	
第 127 回(特別)	細川護熙(日新)	5. 8. 9 細川内閣	5. 6.18 解散 7.18 総選挙
第 129 回(常会)	羽田孜(新生)	6. 4.28 羽田内閣	6. 4.28 総理，同時に各国務大臣の職務を行う。 同日，全国務大臣任命
同上	村山富市(社会)	6. 6.30 村山内閣	
第 135 回(臨時)	橋本龍太郎(自民)	8. 1.11 第 1 次橋本内閣	
第 138 回(特別)	橋本龍太郎(自民)	8.11. 7 第 2 次橋本内閣	8. 9.27 解散 10.20 総選挙
第 143 回(臨時)	小渕恵三(自民)	10. 7.30 小渕内閣	橋本総理辞任。参議院は菅直人を指名。両院協議会で意見不一致のため衆議院の議決が国会の議決となった。
第 147 回(常会)	森喜朗(自民)	12. 4. 5 第 1 次森内閣	小渕総理脳梗塞（5.14 死去）で退陣後
第 148 回(特別)	森喜朗(自民)	12. 7. 4 第 2 次森内閣	12. 6. 2 解散 6.25 総選挙
第 151 回(常会)	小泉純一郎(自民)	13. 4.26 第 1 次小泉内閣	
第 158 回(特別)	小泉純一郎(自民)	15.11.19 第 2 次小泉内閣	15.10.10 解散 11. 9 総選挙
第 163 回(特別)	小泉純一郎(自民)	17. 9.21 第 3 次小泉内閣	17. 8. 8 解散 9.11 総選挙
第 165 回(臨時)	安倍晋三(自民)	18. 9.26 第 1 次安倍内閣	
第 168 回(臨時)	福田康夫(自民)	19. 9.25 福田内閣	安倍総理辞任。参議院は小沢一郎を指名。両院協議会で意見不一致のため衆議院の議決が国会の議決となった。
第 170 回(常会)	麻生太郎(自民)	20. 9.24 麻生内閣	福田総理辞任。参議院は小沢一郎を指名。両院協議会で意見不一致のため衆議院の議決が国会の議決となった。
第 172 回(特別)	鳩山由紀夫(民主)	21. 9.16 鳩山内閣	21. 7.21 解散 8.30 総選挙
第 174 回(常会)	菅直人(民主)	22. 6. 8 菅内閣	
第 177 回(常会)	野田佳彦(民主)	23. 9. 2 野田内閣	
第 182 回(特別)	安倍晋三(自民)	24.12.26 第 2 次安倍内閣	24.11.16 解散 12.16 総選挙
第 188 回(特別)	安倍晋三(自民)	26.12.24 第 3 次安倍内閣	26.11.21 解散 12.14 総選挙
第 195 回(特別)	安倍晋三(自民)	29.11. 1 第 4 次安倍内閣	29. 9.28 解散 10.22 総選挙
第 202 回(臨時)	菅義偉(自民)	令 2. 9.16 菅内閣	
第 205 回(臨時)	岸田文雄(自民)	3.10. 4 第 1 次岸田内閣	
第 206 回(特別)	岸田文雄(自民)	3.11.10 第 2 次岸田内閣	3.10.14 解散 10.31 総選挙

Ⅲ2❸-3 / 内閣総理大臣の危機管理に関する権限

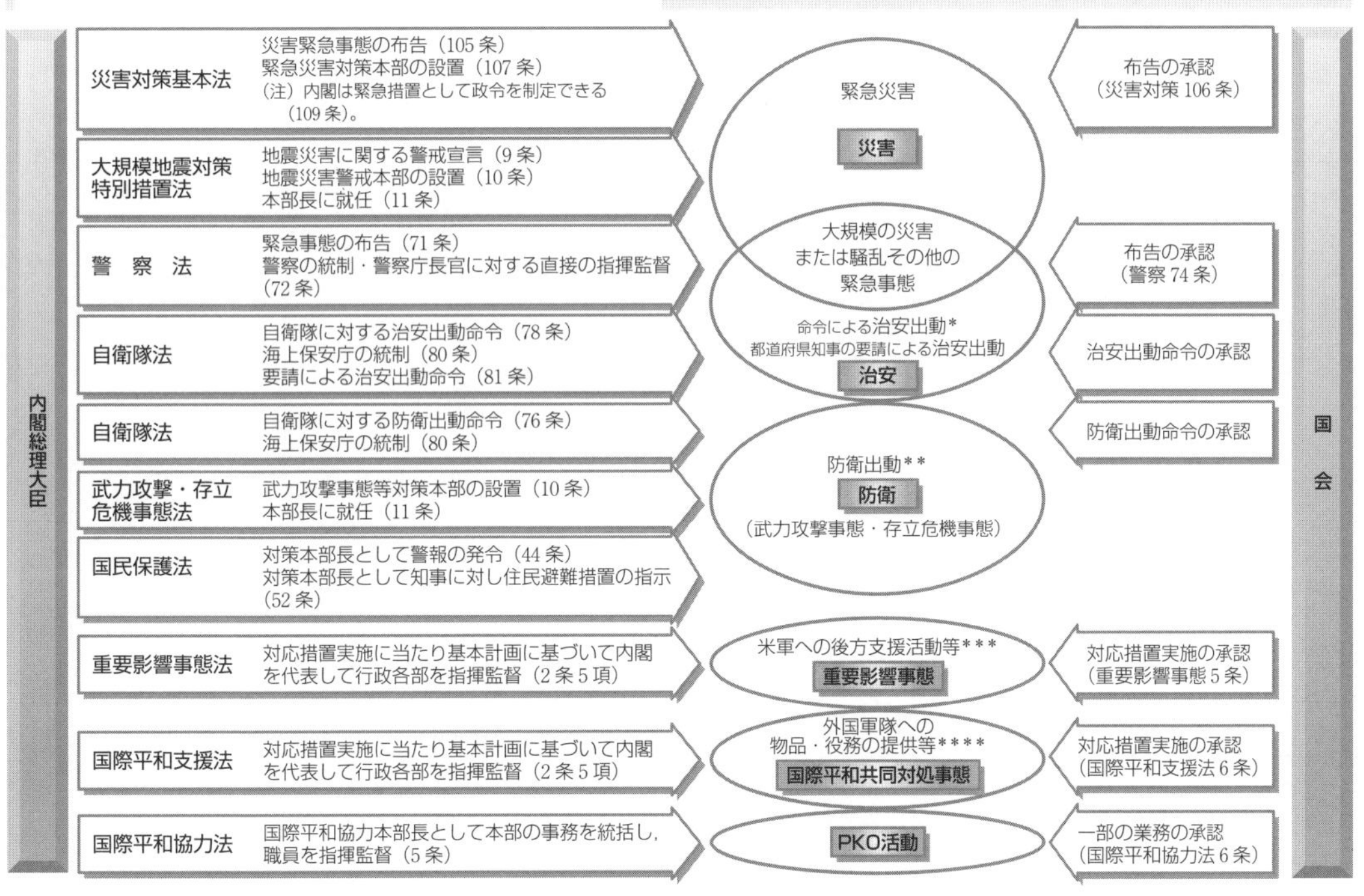

＊自衛隊法の治安出動　間接侵略その他の緊急事態に際して，一般の警察力では治安の維持ができないと認められる場合

＊＊自衛隊法の防衛出動　1　外部からの武力攻撃が発生した事態，または武力攻撃が発生する明白な危険が切迫していると認められるに至った事態
2　我が国と密接な関係にある他国に対する武力攻撃が発生し，これにより我が国の存立が脅かされ，国民の生命，自由および幸福追求の権利が根底から覆される明白な危険がある事態

＊＊＊重要影響事態　そのまま放置すれば我が国に対する直接の武力攻撃に至るおそれのある事態等我が国の平和および安全に重要な影響を与える事態

＊＊＊＊国際平和共同対処事態　国際社会の平和および安全を脅かす事態であって，その脅威を除去するために国際社会が国連憲章の目的に従い共同して対処する活動を行い，かつ，我が国が国際社会の一員としてこれに主体的かつ積極的に寄与する必要があるもの

Ⅲ2❹-1 / 戦後の衆議院解散の一覧表

解散年月日	内　閣	呼　称	総選挙年月日
昭20.12.18	幣　原	終戦解散	昭21. 4.10
22. 3.31	第1次吉田	新憲法解散	22. 4.25
23.12.23	第2次吉田*	なれあい解散	24. 1.23
27. 8.28	第3次吉田	抜き打ち解散	27.10. 1
28. 3.14	第4次吉田*	「バカヤロー」解散	28. 4.19
30. 1.24	第1次鳩山	天の声解散，予告解散	30. 2.27
33. 4.25	第1次岸	話し合い解散	33. 5.22
35.10.24	第1次池田	予約解散，安保解散	35.11.20
38.10.23	第2次池田	ムード解散，所得倍増解散	38.11.21
41.12.27	第1次佐藤	黒い霧解散	42. 1.29
44.12. 2	第2次佐藤	沖縄解散	44.12.27
47.11.13	第1次田中	日中解散	47.12.10
54. 9. 7	第1次大平	一般消費税解散	54.10. 7
55. 5.19	第2次大平*	ハプニング解散	55. 6.22
58.11.28	第1次中曽根	田中判決解散	58.12.18
61. 6. 2	第2次中曽根	死んだふり解散	61. 7. 6
平 2. 1.24	第1次海部	消費税解散	平 2. 2.18
5. 6.18	宮　沢*	政治改革解散	5. 7.18
8. 9.27	第1次橋本	小選挙区解散	8.10.20
12. 6. 2	第1次森	神の国解散	12. 6.25
15.10.10	第1次小泉	マニフェスト解散	15.11. 9
17. 8. 8	第2次小泉	郵政解散	17. 9.11
21. 7.21	麻　生	政権選択解散	21. 8.30
24.11.16	野　田	「近いうちに」解散	24.12.16
26.11.21	第2次安倍	アベノミクス解散	26.12.14
29. 9.28	第3次安倍	「国難突破」解散	29.10.22
令 3.10.14	第1次岸田	「コロナ脱却・V字回復」解散	令 3.10.31

＊は，衆議院による内閣不信任決議案可決によるもの。

4 衆議院の解散

第六九条
内閣は、衆議院で不信任の決議案を可決し、又は信任の決議案を否決したときは、十日以内に衆議院が解散されない限り、総辞職をしなければならない。

第五四条〔⇒68頁〕
第七条三号〔⇒103頁〕

◪衆議院の解散は、これに引き続き四〇日以内に衆議院議員総選挙が行われることにより、国政に国民の意思を反映する機会になるという意味で、わが国の政治制度においてきわめて重要な意義をもっています。衆議院議員総選挙後、三〇日以内に国会を召集しなければならず、その際に内閣は総辞職しなければならない（七〇条）ので、解散は新内閣発足の契機ともなるのです（Ⅲ**2**❹-**1**）。

◪衆議院議員の任期は一応は四年ですが、衆議院解散があるとその時点で議員の資格が失われます。内閣の側から国会、特に衆議院を牽制するという、三権分立の抑制と均衡の仕組みの一環であり、憲法の規定する議院内閣制の重要な特徴のひとつです。日本国憲法のもとで衆議院解散がなく議員が四年の任期を全うしたのは、昭和四七年一二月から五一年一二月までの一回だけです（Ⅲ**2**❸-**2**）。

◪衆議院の解散は天皇の国事行為（七条三号）ですから、これに「助言と承認」を行う内閣が実質的な決定権をもつというのが実務上の解釈です。この立場から、衆議院の解散は、衆議院で内閣不信任決議が可決された場合に限られず、内閣の判断でいつでも行うことができるとされています。理念的にいえば、先の選挙の際に意識されていなかった政治的争点が浮上したときや、それまで内閣を支持していた衆議院の多数派内部で意見が対立して国政が混乱・停滞したときなど、新たに国民の意思を問う必要が生じた場合に衆議院を解散すべきだといえますが、現実には、内閣を支持する政治勢力にとって有利な時期を見計らって解散に踏み切ることがありえます。いずれにせよ、解散の判断は高度に政治的なものであり、裁判所が法に照らして合法・違法の判断を下しうるものではないとされています（**判例15**）。

◪衆議院が解散されると、選挙で次の議員が選ばれるまでは衆議院は存在しませんから、国会の通常の活動はできません。国に緊急の必要があるときは、参議院の緊急集会によって対処することになります（五四条二項・三項）。参議院の緊急集会を求めることができるのは内閣であり、緊急集会で採られた措置は臨時のものとされていますので、次の国会開会の後一〇日以内に衆議院の同意がないときは、その効力がなくなります。

判例15　苫米地事件判決

最大判昭和三五・六・八
（民集一四巻七号一二〇六頁）

衆議院議員苫米地（とまべち）義三（ぎぞう）が、昭和二七年八月二八日のいわゆる「抜き打ち解散」は憲法六九条に定める事態が発生していないのに七条のみに基づいて行われた違憲の解散であり、無効であると主張して、まず直接に最高裁判所にその無効の確認を求めて提訴したが、最高裁判所は、警察予備隊違憲訴訟の判決（最大判昭和二七・一〇・八民集六巻九号七八三頁）を引用して、この訴えを却下した（最大判昭和二八・四・一五民集七巻四号三〇五頁）。そこで苫米地は改めて、この解散が違憲であるから議員としての地位を失っていないとして、その地位確認と任期満了までの残り五カ月分の歳費（二八万五〇〇〇円）を請求して東京地裁に提訴した裁判。最高裁判所は、「直接国家統治の基本に関する高度に政治性のある国家行為は、それが法律上の争訟となり、有効無効の判断が法律上可能である場合であっても裁判所の審査権の外にあり、その判断は主権者たる国民に対して政治的責任を負う政府、国会等の政治部門の判断に任され最終的には国民の政治判断にゆだねられている。これは、司法権の憲法上の本質に内在する制約である」等々と判示し、政府の見解は本件解散が「内閣の助言と承認により適法に行われたものである」とする点にあるのであって、裁判所としては、「この政府の見解を否定して、本件解散を憲法上無効なものとすることはできない」とした。

天皇の国事行為については，103頁を見て下さい。

3 司　法

1 裁判を受ける権利

第三二条
何人も、裁判所において裁判を受ける権利を奪はれない。

◪裁判を受ける権利とは、すべての個人が平等に権利・自由の救済を得るために政治権力から独立した公平な裁判所の裁判を求め、それ以外の機関の裁判を受けない権利です。憲法が特別裁判所の禁止や行政機関による終審裁判の禁止を定めている（七六条二項）のも、裁判を受ける権利の保障と関係しています。裁判を受ける権利は、違憲審査制の下で個人の人権を保障するための前提となる重要な権利といえます。

裁判を受ける権利を奪われないことによって、民事事件や行政事件では裁判所に訴えを起こす権利が認められます。裁判所からみると、裁判を拒絶することができないことを意味します。刑事事件では、被告人は公平な裁判所の裁判によってでなければ刑罰を科せられないことを意味します。この点について、憲法は三七条で重ねて規定しています。

◪わが国の裁判制度は三審制をとり複雑なプロセスとなっているため（Ⅲ3❶-3）、多くの時間と経費や知識が必要となります。憲法は、刑事被告人が貧困などによって弁護人を依頼できないときには国が附する（三七条三項）とし、被告人は、裁判所に対して国選弁護人を請求することができます（刑訴三六条）（Ⅲ3❶-1）。また、刑事事件の被疑者も勾留後に国選弁護人を請求することができます（刑訴三七条の二）。民事事件については、民事訴訟法が訴訟救助の制度を規定しています（民訴八二条～八六条）。今後さらに増加が予想される民事紛争の法的な解決を総合的に支援する体制として、その中核となる日本司法支援センター（法テラス）が平成一八年に設立されました（Ⅲ3❶-2）。

平成13年特（わ）第1375号

国選弁護人選任書

第二東京弁護士会所属
弁護士　○○○○

上記の弁護士を被告人　△△△△　に対する殺人，死体遺棄，覚せい剤取締法違反被告事件の国選弁護人に選任する。

×年　×月　×日

□□地方裁判所刑事第三部

裁判長裁判官　○○○○　㊞

Ⅲ3❶-1 / 国選弁護人選任書

日本司法支援センター
法テラス

誰に相談したらいい?
弁護士、司法書士の費用が心配。
こんなこと聞いていいのかな?
犯罪の被害にあってしまった…

まずは法テラスへ。

はじめてご利用される方は
まず法テラス・サポートダイヤルへお電話ください。
0570-078374
※IP電話からは、03-6745-5600

法テラスは、国が設立した公的な法人です。

Ⅲ3❶-2 / 日本司法支援センターのリーフレット

憲法37条については，47頁を見て下さい。

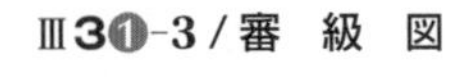

Ⅲ3❶-3／審　級　図

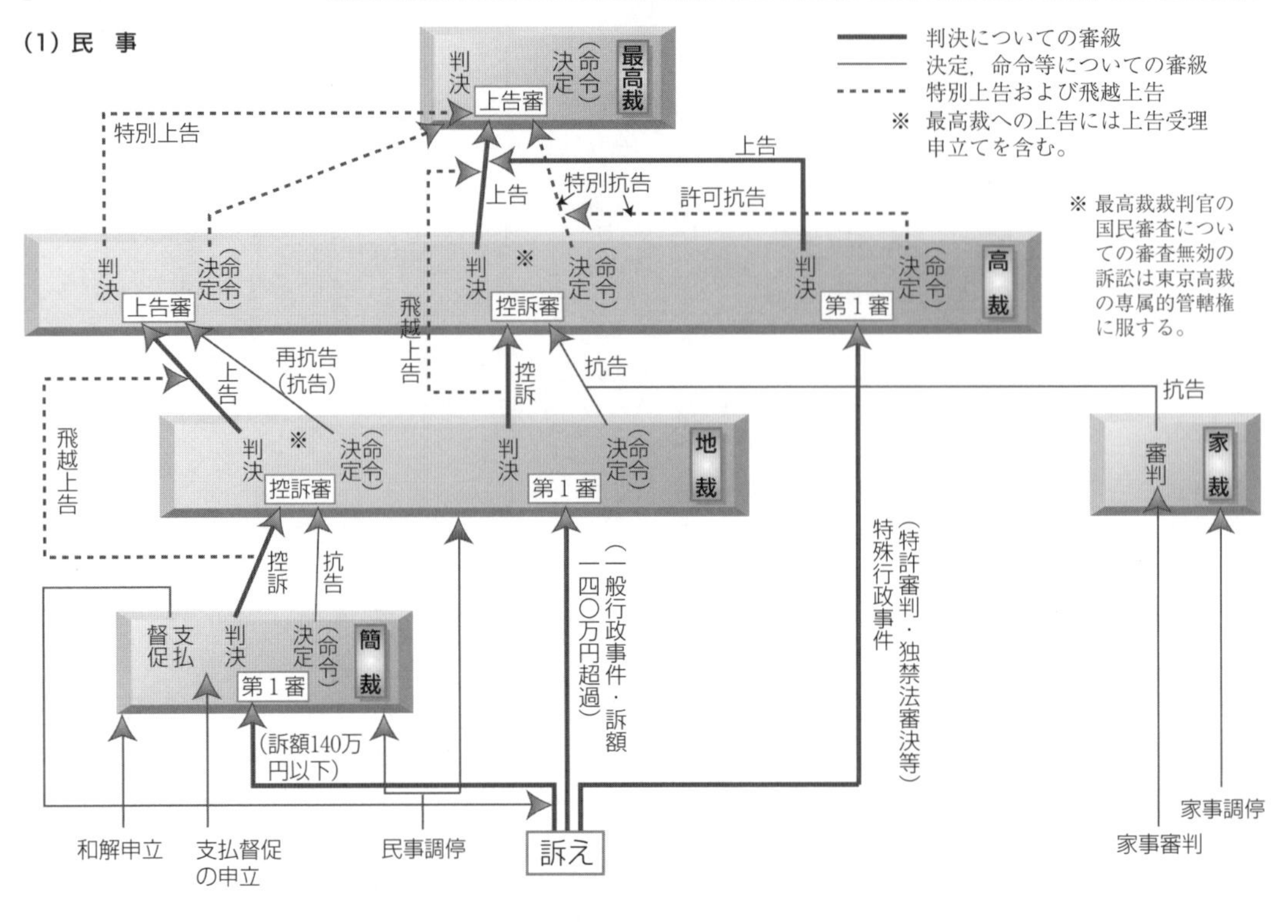

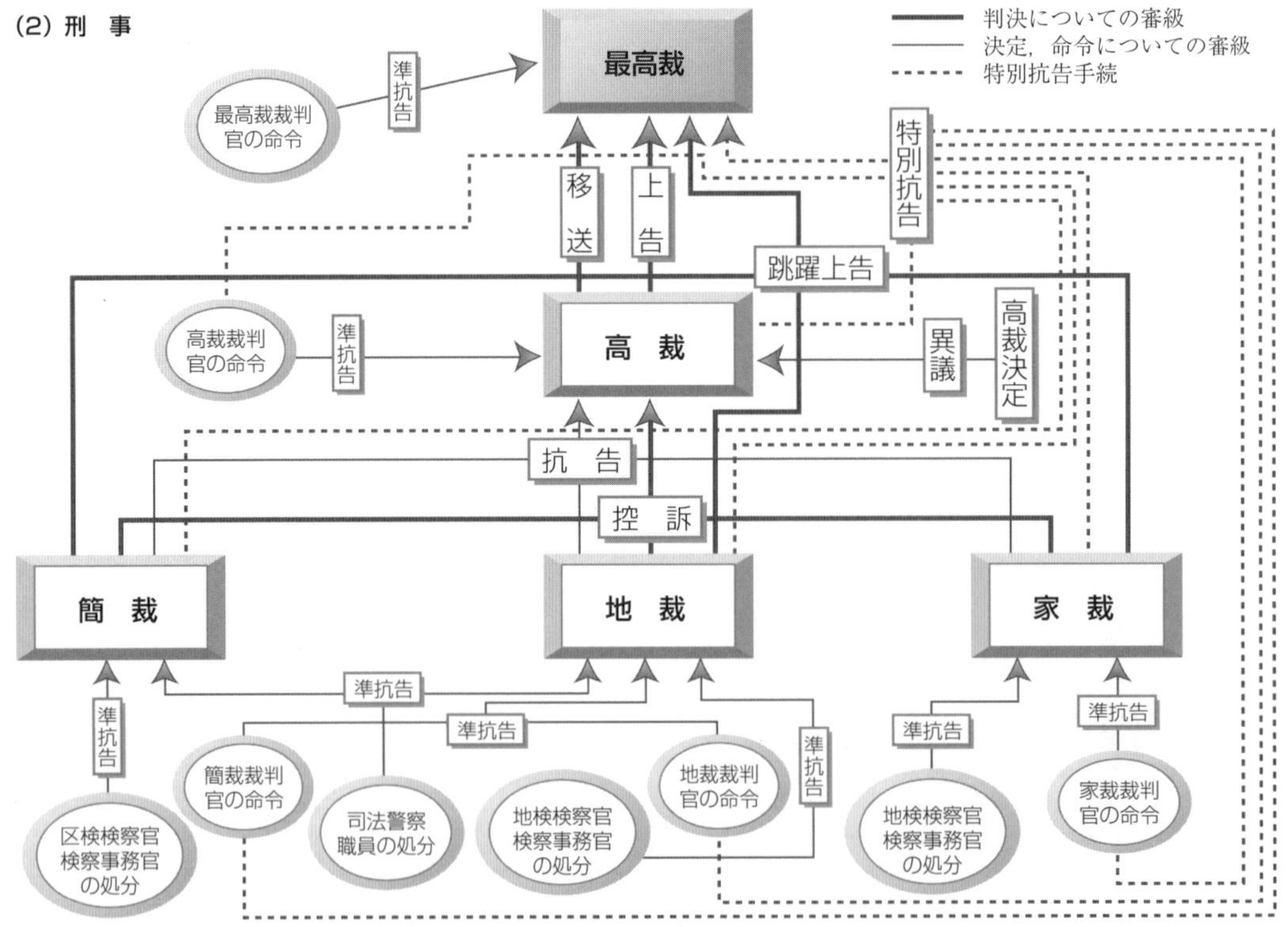

兼子一＝竹下守夫『裁判法〔第4版〕』(法律学全集 34) 有斐閣，473～474頁を参考に作成。

❷ 裁判所の種類

> **第七六条**
> ①すべて司法権は、最高裁判所及び法律の定めるところにより設置する下級裁判所に属する。
> ②特別裁判所は、これを設置することができない。行政機関は、終審として裁判を行ふことができない。
> ③〔⇒95頁〕

◪裁判所には、最高裁判所と下級裁判所として高等裁判所（知的財産高等裁判所を含む）、地方裁判所、家庭裁判所、簡易裁判所があります（裁二条）。高等裁判所、地方裁判所、家庭裁判所には支部や出張所があり、住民が利用しやすくなっています（Ⅲ❸❷-1）。家庭裁判所は戦後新たに設けられた裁判所で、家庭事件や少年事件を専門に扱いますが、通常の裁判所の系列に属していますので、憲法で禁じられている特別裁判所にはあたりません。また、家庭裁判所の数と管轄区域は地方裁判所と同じです。簡易裁判所は、民事事件、刑事事件ともに比較的軽微な事件を簡易かつ迅速に処理するための裁判所で、広く全国各地に置かれています（Ⅲ❸❷-2）。

行政機関は「前審」として司法的機能を行使することがあります（裁三条二項）。

◪最高裁判所は、裁判の面でも司法行政の点でも大きな権限を有しています。裁判面では最高裁判所の違憲審査権（八一条）が重要です。その権限の行使は影響力が大きいため、憲法は国民審査制度を設け裁判官を民主的なコントロールの下に置こうとしています（61頁）。最高裁判所の裁判官は、長官とその他の一四名の裁判官で構成され、それぞれ五人ずつが三つの小法廷に所属します（96頁のⅢ❸❸-3）。憲法判断に関する重要な事件など特定の場合に限って、裁判官全員の大法廷（Ⅲ❸❷-3）で審理します。最高裁判所が司法行政事務を行う際には、裁判

Ⅲ❸❷-1／裁判所の組織

最高裁判所（東京）
↓
高等裁判所（本庁8庁）（支部6庁）（知的財産高等裁判所1庁）
↓
- 家庭裁判所（本庁50庁）（支部203庁）（出張所77カ所）
- 地方裁判所（本庁50庁）（支部203庁）
  ↓
  簡易裁判所（438庁）

Ⅲ❸❷-2／裁判所の所在地

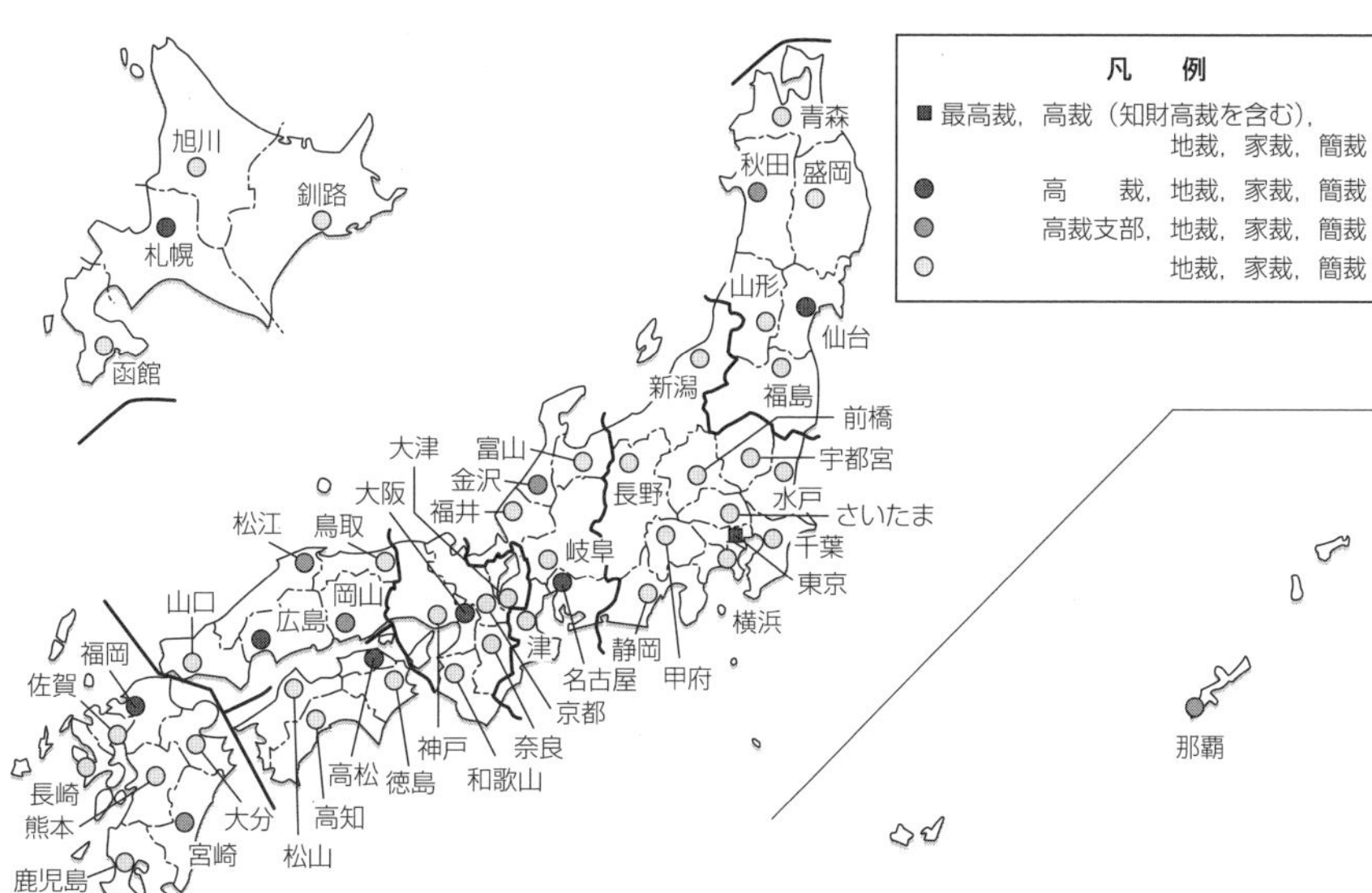

（注） 1. 太線は，高等裁判所の管轄区域を表す。なお，東京高等裁判所に特別な支部として知的財産高等裁判所が設けられている。
2. 点線は，地方裁判所および家庭裁判所の管轄区域を表す。
3. 上記の地図で示したものを入れて，全部で438カ所に簡易裁判所が設置されている。

官会議（Ⅲ3❷-4）により行われます（裁一二条）。

ところで、最高裁判所の裁判官の任命資格について、裁判所法は「識見の高い、法律の素養のある」満四〇歳以上の者としていますが、五人までは必ずしも法律家である必要はありません（裁四一条一項）。これに対し、下級裁判所の裁判官の多くは職業裁判官で占められています（96頁のⅢ3❸-2）。このことは、司法への市民の参加という点からみると十分とはいえません。そこで、司法に対する国民の理解を深め、信頼を向上させることをねらいとして、裁判員制度が導入されました（裁判員一条）。裁判員制度は、かつてわが国で昭和三年に採用されたものの昭和一八年に停止された陪審制（Ⅲ3❷-5）と異なり、一般国民の中から選ばれた六人の裁判員が事実審理ばかりではなく、地方裁判所で行われる一定の重大な刑事事件に三人の裁判官と合議体を形成して参加し、法の適用や量刑について判断するものです。裁判員制度は平成二一年五月二一日から始まりました（Ⅲ3❷-6）。裁判員裁判については、憲法三二条、三七条、七六条などに反し、違憲との声もありますが、最高裁判所は、憲法は国民の司法参加を許容しており、公平な裁判所における法と証拠に基づく適正な裁判も十分保障されているなどとして、合憲との判断を示しました（最大判平成二三・一一・一六刑集六五巻八号一二八五頁）。なお、令和五年五月までに約一万八千件が裁判員裁判として審理されています。

Ⅲ3❷-3 / 最高裁判所大法廷

Ⅲ3❷-4 / 最高裁判所裁判官会議室

Ⅲ3❷-6 / 裁判員裁判の様子（模擬）
①裁判員　②裁判官　③検察官
④弁護人　⑤被告人　⑥書記官

Ⅲ3❷-5 / 東京地方裁判所で開かれた陪審法廷

3 司法権の独立

第七六条
①② 〔⇒93頁〕
③すべて裁判官は、その良心に従ひ独立してその職権を行ひ、この憲法及び法律にのみ拘束される。

第七七条
①最高裁判所は、訴訟に関する手続、弁護士、裁判所の内部規律及び司法事務処理に関する事項について、規則を定める権限を有する。
②検察官は、最高裁判所の定める規則に従はなければならない。
③最高裁判所は、下級裁判所に関する規則を定める権限を、下級裁判所に委任することができる。

第七八条
裁判官は、裁判により、心身の故障のために職務を執ることができないと決定された場合を除いては、公の弾劾によらなければ罷免されない。裁判官の懲戒処分は、行政機関がこれを行ふことはできない。

第七九条 〔⇒61頁〕

第八〇条
①下級裁判所の裁判官は、最高裁判所の指名した者の名簿によつて、内閣でこれを任命する。その裁判官は、任期を十年とし、再任されることができる。但し、法律の定める年齢に達した時には退官する。
②下級裁判所の裁判官は、すべて定期に相当額の報酬を受ける。この報酬は、在任中、これを減額することができない。

◪国民一人ひとりを尊重し人権を保障するためには、裁判が厳正・公平に行われなければなりません。そしてそのためには、裁判に対するいっさいの外部からの干渉や圧力を排除することが必要です。この司法権の独立には、第一に、司法権が立法権や行政権から独立していることが含まれます。明治憲法の下では司法大臣が司法行政権を握っていましたが、憲法七七条・八〇条は最高裁判所に司法行政権を委ねており、ほぼ完全な司法部の独立を保障しています。

第二は、七六条三項が規定する裁判官の職権の独立であり、これを側面から支えるのが、裁判官の身分保障（七八条・七九条六項・八〇条二項）です。七六条三項にいう「良心に従ひ」が問題になるのは、裁判官の個人的良心と法の命じるところが一致しない場合でしょうが、判例は「裁判官は法の範囲内において、自ら是なりと信ずる処に従って裁判をすれば……憲法のいう良心に従った裁判といえる」（最大判昭和二三・一二・一五刑集二巻一三号一七八三頁）として、法が優先すべきものとしています。

裁判官が真に独立して職権を行使するためには、司法部の外部からも内部からも実質的に不当な影響を受けないことが不可欠ですが、職権の独立を脅かすような事件がこれまで何度かありました。外部からのものとしては、昭和二四年の浦和事件❦が有名ですし、内部でのものとしては、大阪地裁の裁判長の訴訟指揮に対して最高裁が「間接的に」批判した昭和二八年の吹田黙とう事件や、長沼事件について一定方向での処理を示唆した平賀書簡問題（Ⅲ3③-1）などがあります。また、裁判官の市民的自由に関し、ある法案の反対集会での発言が裁判所法の禁ずる積極的政治運動にあたるとされた事件（最大決平成一〇・一二・一民集五二巻九号一七六一頁）や、裁判官によるSNSへの投稿に対し二度にわたって懲戒処分がなされた事件（最大決平成三〇・一〇・一七民集七二巻五号八九〇頁、最大決令和二・八・二六集民二六四号四一頁）が注目されます。

Ⅲ3③-1/平賀書簡

長沼ナイキ基地事件担当福島重雄裁判官に対する平賀健太札幌地裁所長の書簡（昭和四四年八月一四日）

前文御免下さい。長途の出張御苦労に存じます。さて例の事件について私が考へてゐることを別紙の通り走り書きしてみました。貴兄の一先輩のアドバイスとしてこのやうな考へ方も有り得るといふ程度で結構ですから、一応御覧の上、もし参考になるやうでしたら大兄の判断の一助にして下さい。明早朝から土曜日にかけてまた出張に出ますので取り敢ず書面を以て貴意を得たく乱筆御免下さい。

八月十四日午後三時四十分　平賀健太

福島重雄様
侍史

追って、このやうな意見を裁判前に担当の裁判長である大兄に申上げることは些か越権の沙汰とも考へますが事件の重大性もさることながら、あくまでも大兄の人柄を信頼した上での老婆心ですから、何卒小生の意のあるところを率直に汲み取って下さるやうにお願いいたします。

浦和事件については，80頁を見て下さい。

Ⅲ3❸-2 / 裁判官の任期，任命方法，人数

裁判所	構　成	定　員	任命資格	任命方法	任期・定年
最　高 裁判所	最高裁長官 最高裁判事	1名 14名	識見の高い，法律の素養のある年齢40歳以上の者。少なくとも10人は，高裁長官・判事の職に10年以上あった者か，高裁長官，判事，簡裁判事，検察官，弁護士または一定の大学の法律学の教授・准教授の職に通算して20年以上あった者（裁41条1項）	• 最高裁長官は，内閣の指名に基づいて天皇が任命（憲6条2項，裁39条1項） • 最高裁判事は，内閣が任命し，天皇が認証（憲79条1項，裁39条2項・3項）	70歳 （裁50条）
高　等 裁判所	高裁長官 判事	8名	• 判事　判事補，簡裁判事，検察官，弁護士，裁判所調査官，司法研修所教官，裁判所職員総合研修所教官または一定の大学の法律学の教授・准教授の職に通算して10年以上ある者（裁42条） • 判事補　司法修習生の修習を終えた者（裁43条）	• 高裁長官，判事，判事補及び簡裁判事は，最高裁が指名した者の名簿によって内閣が任命（憲80条1項，裁40条1項） • 高裁長官は天皇が認証（裁40条2項） • 地家裁所長は各裁判所に所属する判事のうちから最高裁判所が命ずる者（裁29条1項，31条の5）	10年 （憲80条） 65歳 （裁50条）
地　方 裁判所	判　事 判事補	2155名 842名			
家　庭 裁判所	判　事 判事補	（裁15条，23条，31条の2），裁判所職員定員法1条			
簡　易 裁判所	簡易裁判所判事	806名	高裁長官もしくは判事の職にあった者，判事補，検察官，弁護士，裁判所調査官，裁判所事務官，司法研修所教官，裁判所職員総合研修所教官，法務事務官，法務教官または一定の大学の法律学の教授，准教授の職に通算して3年以上ある者（裁44条）。多年司法事務に携わり，その他簡裁判事の職務に必要な学識経験のある者（裁45条1項）		10年 （憲80条） 70歳 （裁50条）

（令和5年6月1日現在）

Ⅲ3❸-3 / 最高裁判所機構図

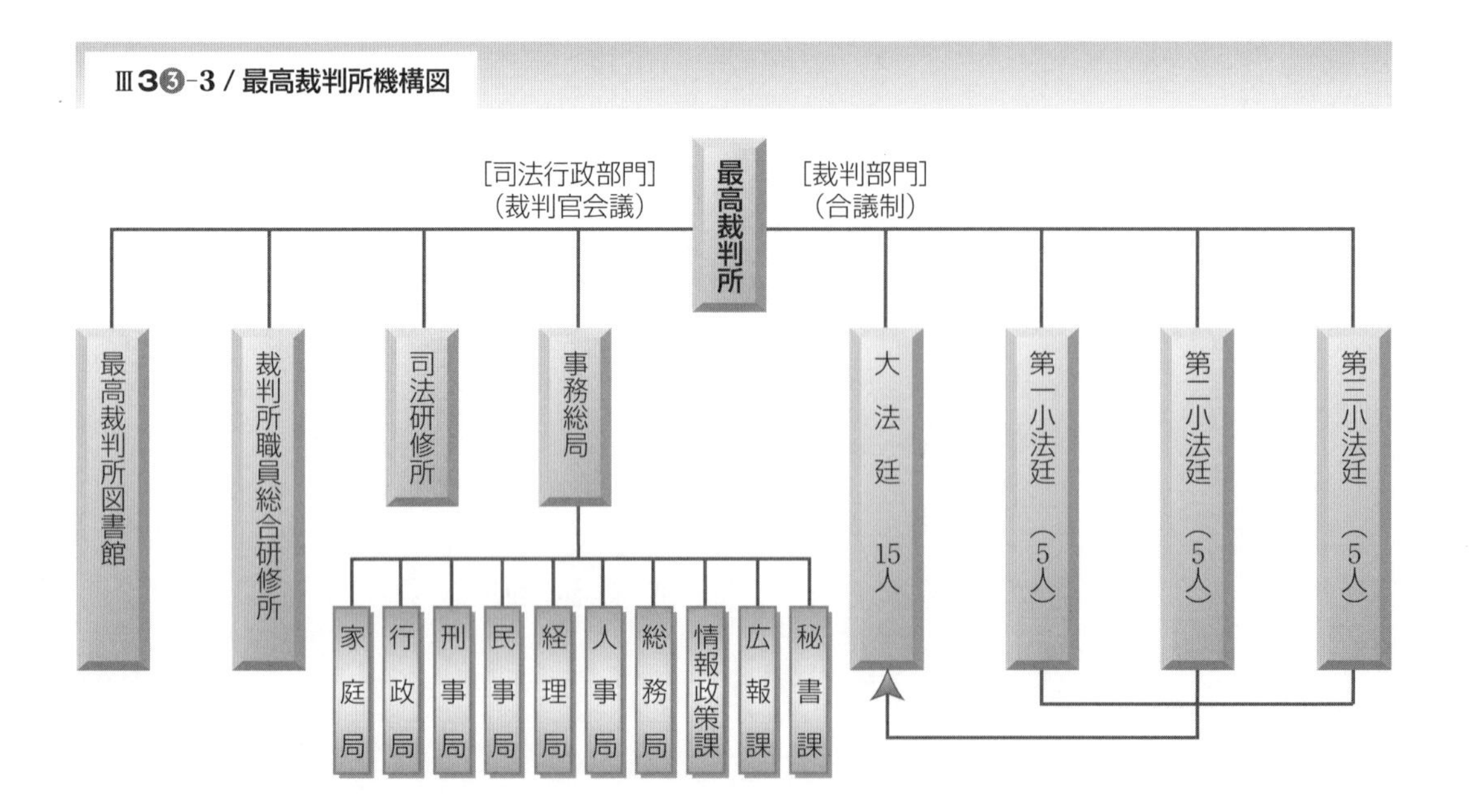

4 裁判のしくみ
——民事・刑事・少年・家裁

◪刑事訴訟は、検察官が被疑者（被告人）に対して公訴を提起します。民事訴訟は、私的紛争の一方当事者（原告）が相手方（被告）に対して請求の訴えを提起します。行政訴訟は、行政庁（被告）によって法的利益を侵害されたとする人（原告）が処分の取消しや無効確認の訴えを提起します。こうして訴訟手続が開始され、各々の訴訟法の規定にしたがって、公開の法廷での対審（101頁）、審理を経て判決に至ります。どの手続においても、対立する当事者の主張・立証に基づいて中立の裁判官が裁定するという当事者主義的構造がとられているのが特徴です。そのほか、一八歳、一九歳の特定少年、一四歳以上二〇歳未満の犯罪少年、一四歳未満で刑罰法令に触れる行為をした触法少年等については少年法が、家庭に関する事件については家事事件手続法が定めています。これらについてはⅢ3④-3・4を参照して下さい。

◪裁判を担う法曹三者は、司法試験に合格し、修習期間を経ていずれかの道を選びます。かねてから日本の法曹の数は少なすぎるとの指摘があり、平成九年の人口一〇万人あたりの法曹人口は、アメリカで三五三人、ドイツで一三六人、フランスで六一人であるのに対し、日本は一七人にとどまっていました。これらの事情を踏まえて平成一三年に提出された司法制度改革審議会報告書は、これまでの事前規制型の行政国家から事後救済型の司法国家への転換を目指して、司法試験合格者を大幅に増加させることとしました。それと同時に、多様な背景をもつ人材に対してプロセスを重視した教育を行う法科大学院制度を導入し、原則としてその修了を司法試験の受験資格としました。これにより法科大学院において国際法や外国法、知的財産法などの幅広い知識や社会の現実に応じた応用力を身につけた法曹が生まれるようになりましたが、法科大学院の設置数の過剰や法科大学院を迂回して司法試験を受験できる予備試験制度などの問題もあり、法学部のあり方も含めた再検討が行われています。

Ⅲ3④-1 / 法曹人口

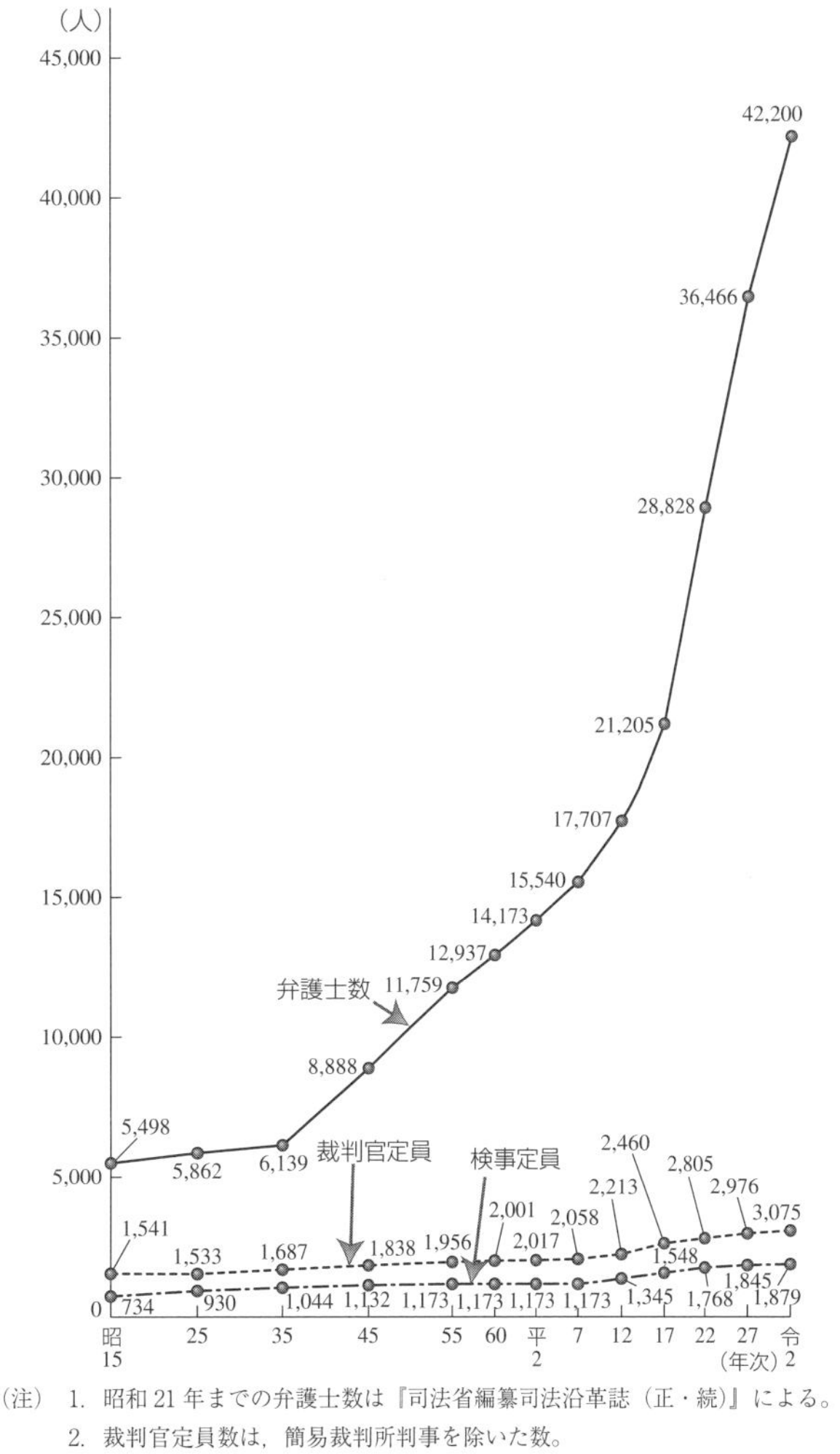

（注）1. 昭和21年までの弁護士数は『司法省編纂司法沿革誌（正・続）』による。
2. 裁判官定員数は，簡易裁判所判事を除いた数。

Ⅲ3④-2 / 法曹三者のバッジ

Q8. 法曹三者というのは何？ またそれぞれのバッジは？（答えは116頁）

Ⅲ3④-3 / 少年裁判の手続

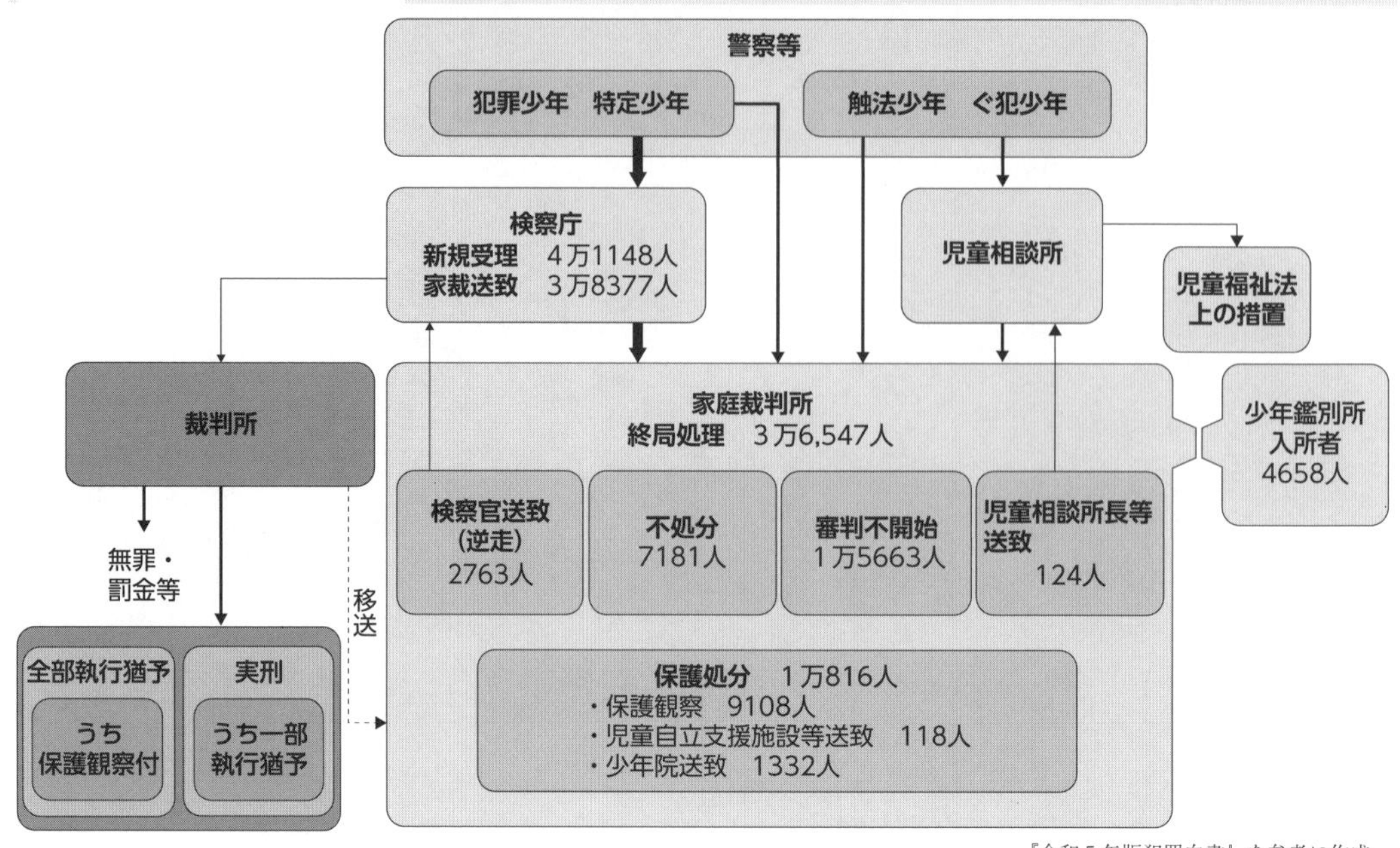

『令和5年版犯罪白書』を参考に作成。

Ⅲ3④-4 / 家事審判の手続

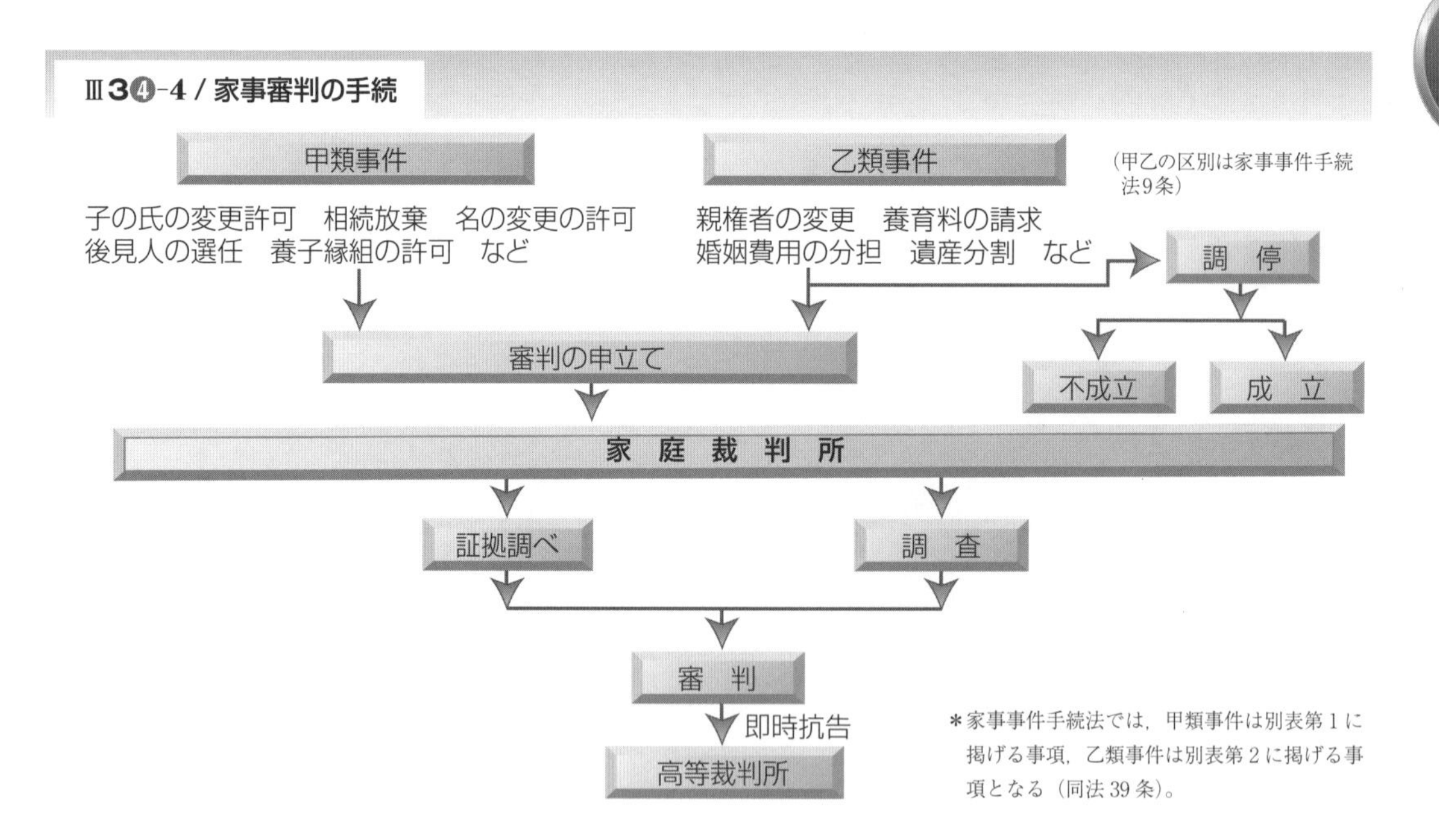

＊家事事件手続法では，甲類事件は別表第1に掲げる事項，乙類事件は別表第2に掲げる事項となる（同法39条）。

民事・刑事の裁判のしくみについては，92頁を見て下さい。

5 司法審査

第七六条〔⇒93・95頁〕

第八一条

　最高裁判所は、一切の法律、命令、規則又は処分が憲法に適合するかしないかを決定する権限を有する終審裁判所である。

第九八条

①この憲法は、国の最高法規であつて、その条規に反する法律、命令、詔勅及び国務に関するその他の行為の全部又は一部は、その効力を有しない。

②日本国が締結した条約及び確立された国際法規は、これを誠実に遵守することを必要とする。

(a) 司法権とその限界

　司法権は、裁判所に属します（七六条一項）。司法権とは、具体的な事件に対して法を解釈・適用してそれを終局的に解決することだとされます。具体的な事件とは、たとえば貸したお金が返ってこないので返して欲しいという訴え（民事事件）や、被告人がある罪を犯したか否か（刑事事件）といった、当事者（民事事件の原告・被告、刑事事件の被告人）の実際の権利利益や義務にかかわる争いを意味します。そのような争いを裁判所が法を用いて解決することを、ここでは「司法審査」と呼んでおきます。

　もっとも、社会に起きる争いのすべてを裁判所が裁くわけではありません。たとえば、大学のサークルの中で、会則違反を理由としてある会員を一定期間の活動停止としたことがおかしいとして、その者が裁判所に訴えを起こしても、裁判所は訴えを受け付けないでしょう。それはサークル内部の問題であって裁判で決着をつけるにはふさわしくないと考えられるからです。このような考え方を「部分社会論」と呼びます。

　部分社会論が持ち出される団体として、大学や宗教団体、政党、地方議会が知られます。もちろん、団体内部の争いでも、それが当事者の権利にかかわるなど重大な問題の場合には裁判所が事件を受け付けることもあります。地方議会の場合、**判例16**のとおり、かつては出席停止処分をめぐる争いは裁判所が受け付けなかったのですが（その一方で除名処分は議員の身分を失わせる重大な問題だとして司法審査を行っていました）この立場を変更して司法審査を行うようになりました。

　このほか、法を解釈・適用して判断を行えるにもかかわらず、問題がきわめて政治的であることを理由に裁判所が判断を避けることがあります。このような考え方を「統治行為論」と呼びます。今までに、衆議院の解散の合憲性が争われた苫米地事件判決（90頁の**判例15**）や日米安全保障条約の合憲性が問題となった砂川事件判決（最大判昭和三四・一二・一六刑集一三巻一三号三二二五頁）で統治行為論が使われています。

判例16　議員懲罰の司法審査可能性

図最大判令和二・一一・二五（民集七四巻八号二二二九頁）

　新潟県山北村の村議会議員が村議会規則に基づく懲罰として受けた三日間の出席停止処分の取消しを求めた事件について、かつて最高裁判所は、普通地方公共団体の議会のように「自律的な法規範をもつ社会ないしは団体」にあっては、「内部規律の問題として自治的措置」に任せるべきだとして、この訴えは「司法裁判権の対象」とはならず不適法だとしていた（最大判昭和三五・一〇・一九民集一四巻一二号二六三三頁）。しかし、宮城県岩沼市の市議会議員が二三日間の出席停止の懲罰処分を受けたため、この処分の取消しと議員報酬の減額分の支払を求めた事件について、最高裁判所は、次のように判示して、上記の旧判例を六〇年ぶりに明示的に変更して、これらの訴えを適法とした。すなわち、出席停止処分の取消しを求める訴えは、「法令の規定に基づく処分の取消しを求めるものであって、その性質上、法令の適用によって終局的に解決し得るものというべきで」あり、議会の議員が出席停止の懲罰を受ければ、憲法上の住民自治の原則を具現化するために議事に参与し、議決に加わるなどの議員としての中核的な活動をすることができなくなり、議員としての責務を十分に果たせなくなるのだから、出席停止処分が議員の権利行使の一時的制限にすぎないものとして、その適否は専ら議会の自主的、自律的な解決に委ねられるべきだということはできず、裁判所は、常にその適否を判断することができ、司法審査の対象となるというべきである。

(b) 違憲審査

憲法八一条は、裁判所に「一切の法律、命令、規則又は処分が憲法に適合するかしないかを決定する権限」すなわち「違憲審査権」を与えています。違憲審査の対象は、立法府が定める「法律」だけでなく、行政府が定める「命令」、議院規則や最高裁判所規則を意味する「規則」、さらには個別的・具体的な行為である「処分」（行政府の行為だけでなく裁判所の裁判も含まれます）に及びます。「一切の」とあるとおり、公権力の活動が広く違憲審査に服するのです。

違憲審査は、裁判所が司法権を行使するのに伴って行われます。民事事件や刑事事件といった具体的な事件を裁く中で、そこに出てくる法律などの合憲性が問われて判断されるわけです。このような仕組みを「付随的違憲審査制」と呼びます。アメリカのやり方を取り入れたのだと最高裁判所みずからが説明しています。

もっとも、最高裁判所が過去に下した違憲判断の数は、アメリカなどと比較すると非常に少ないです。法律の規定を違憲だと判断した例は一二件しかありません。とはいえ、このうち七件は今世紀に入ってからのもので、近年は違憲審査が活性化してきているともいわれます。

最高裁判所が法律の規定を違憲だと判断しても、その規定を修正・削除するのは国会の権限です。しかし、違憲判断に国会が従っていることはⅢ3⑤b-1からもわかります。

Ⅲ3⑤b-1 / 最高裁判所の下した違憲判断の例

事件	年月日	判決・決定内容	判決・決定後の対応
尊属殺人事件	昭48. 4. 4 判決	一般の殺人に較べて尊属殺を重く処罰すること自体は違憲ではないが，刑法200条は刑の加重の程度が極端で合理性を欠き，憲法14条に違反する。	検察は以降刑法200条での訴追をせず。平7.5.12法91号で同条等を削除。
薬事法違憲訴訟	昭50. 4.30 判決	薬局開設距離制限は，不良医薬品の供給防止という警察的・消極的目的と合理的な関連性を有せず，職業選択の自由を保障する憲法22条に違反する。	昭50.6.13法37号で薬事法6条2〜4項を削除。
衆議院議員定数不均衡訴訟	昭51. 4.14 判決	選挙区により議員1人あたりの有権者数が最大で1対4.99の格差に達した昭和47年衆議院選挙時の定数配分は違憲であるが，事情判決の法理により選挙を無効とはしない。	すでに昭50.7.15法63号で是正されていた。
在外国民選挙権訴訟	平17. 9.14 判決	在外邦人の国政選挙への参加について，公職選挙法は両議院の比例代表選挙に限定する（附則8項）が，この制限は事実上不可能・著しく困難などやむを得ない事由があるとはいえず，憲法15条・43条・44条に違反する。	平18.6.14法62号で附則8項を削除。
国籍法違憲訴訟	平20. 6. 4 判決	日本国民である父と日本国民でない母との間に出生し，出生後に父に認知された子について，父母の婚姻により嫡出子たる身分を取得した場合に限り日本国籍の取得を認めている国籍法3条1項は，憲法14条1項に違反する。	平20.12.12法88号で3条1項を改正。
砂川空知太神社事件	平22. 1.20 判決	砂川市が市有地を神社の建物等の敷地として無償で使用させていることは，宗教団体である氏子集団に対する「公の財産」の利用提供行為，ひいては「特権の付与」として，憲法89条・20条1項後段に違反する。	差戻審にて，土地を有償で貸与することで違憲状態は解消されるとされた。
非嫡出子相続分規定事件	平25. 9. 4 決定	非嫡出子の相続分を，嫡出氏の相続分の1/2と定めた民法900条4号ただし書前段は憲法14条1項に違反する。	平25.12.11法94号で当該規定を削除。
再婚禁止期間違憲訴訟	平27.12.16 判決	女性のみ離婚後6カ月の再婚禁止期間を設ける民法733条1項の規定のうち100日を超える部分は，憲法14条1項，24条2項に違反する。	平成28.6.1法71号で再婚禁止期間が100日に短縮。
在外国民国民審査権訴訟	令 4. 5.25 判決	在外国民の最高裁判所裁判官の国民審査への参加について，国民審査法には参加を認める規定がないが，このことには事実上不可能・著しく困難というやむを得ない事由があるとはいえず，憲法15条1項，79条2項・3項に違反する。	令和4.11.18法86号で在外国民に国民審査への参加を可能とするように国民審査法を改正。
性同一性障害者特例法違憲訴訟	令 5.10.25 決定	性同一性障害者の戸籍上の性別変更に生殖腺除去手術を要件とする「性同一性障害者の性別の取扱いの特例に関する法律」3条1項4号は，憲法13条に違反する。	

事情判決については，60頁の判例 **12** を見て下さい。

❻ 裁判の公開

第八二条
①裁判の対審及び判決は、公開法廷でこれを行ふ。
②裁判所が、裁判官の全員一致で、公の秩序又は善良の風俗を害する虞があると決した場合には、対審は、公開しないでこれを行ふことができる。但し、政治犯罪、出版に関する犯罪又はこの憲法第三章で保障する国民の権利が問題となつてゐる事件の対審は、常にこれを公開しなければならない。

◪もし私たち自身が刑事事件の被告人として法廷で裁判を受ける立場になったとした場合、だれも見ていない密室で裁判を受けなくてはならないとしたら、自分に対する裁判が本当に公正に行われるだろうかと、どんなにか不安なことでしょう。憲法八二条は、裁判が原則として国民の見ている前で堂々と行われるように、裁判の公開を保障しています。とくに政治犯罪や人権侵害が問題となっている場合（八二条二項但書）には、公開が義務づけられています。

◪裁判の「公開」というのは具体的には、裁判を見たいと希望する国民に「傍聴」を認めることを意味します。通常は報道機関関係者の席も設けられていますが、もちろん私たち一般市民も（外国人も）、傍聴席に座れる範囲内で裁判を傍聴することができます（Ⅲ3❻-1）。ただ、傍聴できるのは「対審及び判決」の時だけです。対審というのは、訴訟の当事者が口頭でそれぞれの主張をたたかわせる時、つまり民事裁判での「口頭弁論」や刑事裁判での「公判手続」のことで、公判の準備手続までは傍聴できません。

◪ところで従来は、傍聴人が裁判の様子をメモに取ったり写真を撮影することは認められませんでした。今でも写真撮影は一般には認められていません。アメリカ人のレペタ弁護士が研究のため来日して東京地裁での裁判の傍聴をするのに先立って、メモを取ることの許可を担当裁判長に求めましたが、認められなかったため、損害賠償を求めた事件があります（Ⅲ3❻-2）。最高裁判所は、傍聴の権利はメモを取る権利まで認めたものではないとしましたが、同時に、傍聴人が法廷でメモを取ることは、憲法二一条の精神に照らして尊重すべきであって、ゆえなくこれを妨げられてはならないとしました（最大判平成元・三・八民集四三巻二号八九頁）。

◪個人のプライバシーが問題となっている事件や情報公開関連の裁判などで、公開の法廷で裁判をすることがかえって不適当な場合もあり、憲法も例外的に非公開裁判を認めています。

Ⅲ3❻-1 / 裁判の傍聴

Ⅲ3❻-2 / 傍聴許可願い
ローレンス・レペタほか『MEMO がとれない』より。

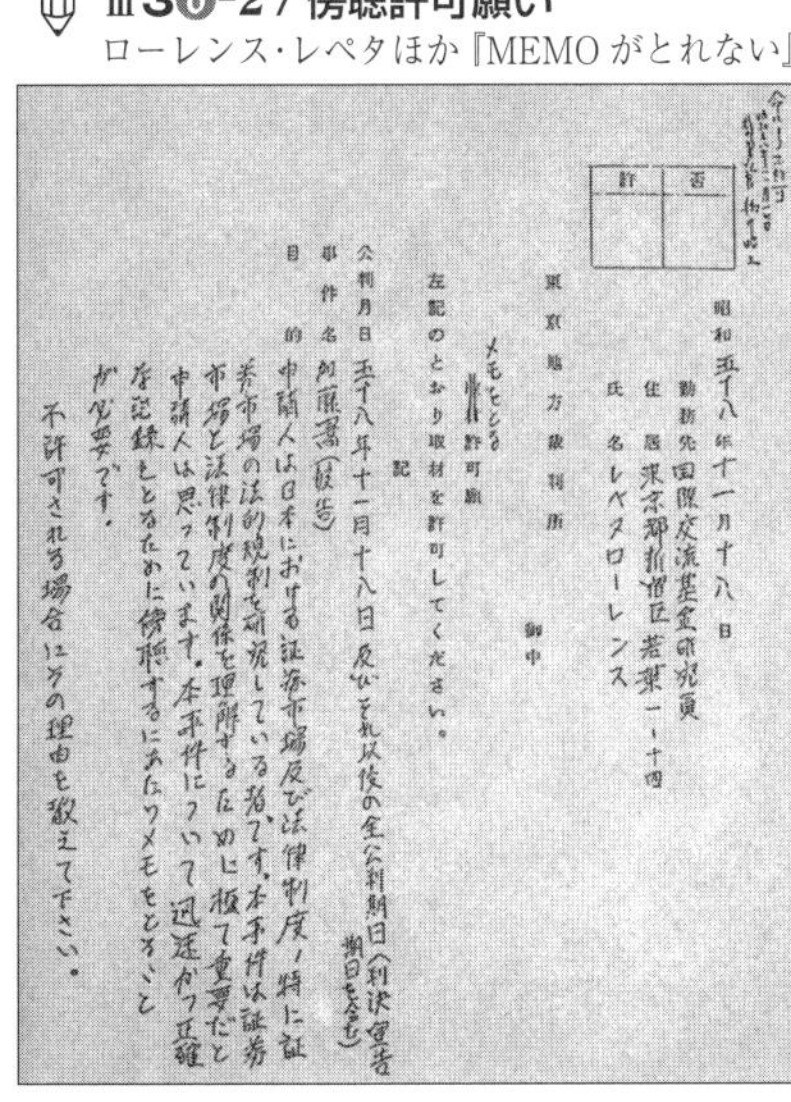

許	否

昭和五十八年十一月十八日
勤務先　国際交流基金研究員
住所　東京都新宿区若葉一-十四
氏名　レペタローレンス
東京地方裁判所　御中
メモをとる許可願
左記のとおり取材を許可してください。
記
公判月日　五十八年十一月十八日及びそれ以後の全公判期日（判決宣告期日を含む）
事件名　[illegible]（被告）
目的　申請人は日本における証券市場及び法律制度、特に証券市場の法的規制を研究している者です。本事件は証券市場と法律制度の関係を理解するために極めて重要だと申請人は思っています。本事件について迅速かつ正確な記録をとるために傍聴するにあたりメモをとることが必要です。
不許可される場合にその理由を教えて下さい。

4 天皇

❶ 天皇の地位

第一条
天皇は、日本国の象徴であり日本国民統合の象徴であつて、この地位は、主権の存する日本国民の総意に基く。

第二条
皇位は、世襲のものであつて、国会の議決した皇室典範の定めるところにより、これを継承する。

第八八条
すべて皇室財産は、国に属する。すべて皇室の費用は、予算に計上して国会の議決を経なければならない。

第九九条
天皇又は摂政及び国務大臣、国会議員、裁判官その他の公務員は、この憲法を尊重し擁護する義務を負ふ。

天皇は、日本国・日本国民統合の象徴とされます（一条）。日本の歴史の中で存在し続けてきた天皇が国の象徴の機能をもつことを前提に、この地位を国民主権のもとで位置づけたものと理解できます。象徴とは、《天皇をみると日本の国を人々が感じるもの》という意味です。実際には人々の感じ方次第であり、この定めに何かを人々に強制する意味はありません。

天皇の地位（皇位）の継承のあり方は世襲の形式をとります。具体的なルールは国民主権のもとで国会が定める皇室典範という名の法律が定めます（二条）。この法律によると、男系男子の皇族が一定の順序に従い皇位を継承します。皇位継承は天皇の崩御時に行われますが、今上天皇の即位は、「天皇の退位等に関する皇室典範特例法」に基づき、先代の天皇（現在の上皇）の退位とともに行われました（Ⅲ4❶-1）。

天皇には、国民主権のもとでの象徴にふさわしい振舞いが求められる一方、象徴にふさわしい待遇が与えられます。天皇には憲法の尊重擁護義務があります（九九条）。このことは今上天皇の誓い（Ⅲ4❶-2）にも表れています。

皇室財産はすべて国に属します（八八条前段）から、皇室は純粋な私産（神器など）以外の財産を持ちません。ただ、国有財産で皇室が必要とするものはその用に供されています。これが皇室用財産です（Ⅲ4❶-3）。皇室の費用は国会の議決を経て支出されます（八八条後段）。

Ⅲ4❶-2／今上天皇の誓い

日本国憲法及び皇室典範特例法の定めるところにより、ここに皇位を継承しました。……

ここに、皇位を継承するに当たり、上皇陛下のこれまでの歩みに深く思いを致し、また、歴代の天皇のなさりようを心にとどめ、自己の研鑽に励むとともに、常に国民を思い、国民に寄り添いながら、憲法にのっとり、日本国及び日本国民統合の象徴としての責務を果たすことを誓い、国民の幸せと国の一層の発展、そして世界の平和を切に希望します。

Ⅲ4❶-1／皇位継承順位

香淳皇后
124代 昭和天皇
美智子上皇后
125代 上皇 明仁（あきひと）
華子妃
③常陸宮正仁親王（ひたちのみやまさひと）（皇叔父）
雅子皇后
126代 今上天皇 徳仁（なるひと）
紀子妃（きこ）
①皇嗣 秋篠宮文仁親王（あきしののみやふみひと）
②悠仁親王（ひさひと）

（注） 丸囲み数字は継承順位。皇室典範2条参照。

Ⅲ4❶-3／皇室用財産

❷ 天皇の権能

第三条
　天皇の国事に関するすべての行為には、内閣の助言と承認を必要とし、内閣が、その責任を負ふ。

第四条
①天皇は、この憲法の定める国事に関する行為のみを行ひ、国政に関する権能を有しない。
②天皇は、法律の定めるところにより、その国事に関する行為を委任することができる。

第五条
　皇室典範の定めるところにより摂政を置くときは、摂政は、天皇の名でその国事に関する行為を行ふ。この場合には、前条第一項の規定を準用する。

第六条
①天皇は、国会の指名に基いて、内閣総理大臣を任命する。
②天皇は、内閣の指名に基いて、最高裁判所の長たる裁判官を任命する。

第七条
　天皇は、内閣の助言と承認により、国民のために、左の国事に関する行為を行ふ。
一　憲法改正、法律、政令及び条約を公布すること。
二　国会を召集すること。
三　衆議院を解散すること。
四　国会議員の総選挙の施行を公示すること。
五　国務大臣及び法律の定めるその他の官吏の任免並びに全権委任状及び大使及び公使の信任状を認証すること。
六　大赦、特赦、減刑、刑の執行の免除及び復権を認証すること。
七　栄典を授与すること。
八　批准書及び法律の定めるその他の外交文書を認証すること。
九　外国の大使及び公使を接受すること。
十　儀式を行ふこと。

　天皇は、象徴として、政治に関与することは許されません。政治は生々しい利害・党派の対立を必ず伴うものだからです。四条一項が天皇は「国政に関する権能を有しない」と定めることにはそのような意味があります。

　日本国憲法は、この点を徹底するため二つのことを定めています。ひとつは、天皇は憲法が定める国事に関する行為（国事行為）のみを行うということです（四条一項）。国事行為は、六条・七条に列挙されています。その中には、内閣総理大臣や最高裁判所長官の任命（Ⅲ4❷-1）、国会の召集や衆議院の解散のように一見すると政治的な行為も含まれますが、あくまで形式的・儀礼的な行為だけを指します。そしてもうひとつ、天皇が国事行為を行う際にも、内閣の助言と承認が必要とされます。形式的・儀礼的な国事行為も内閣の意思によって行われるのです。その行為の結果については内閣が責任を負います（三条）。

　天皇がみずから国事行為を行えないときは、摂政がこれを行います（五条）。皇室典範は、摂政を置く場合を、天皇が成年に達しないときと、天皇が精神・身体の重患または重大な事故によりみずから国事行為を行えないときと定めています。また、一時的に国事行為を委任することもあります（四条二項）。摂政を置くほどでない病気や外国訪問のときなどです。

　実際には、天皇は、国事行為以外に、たとえば国会の開会式での挨拶（おことば）のような公的な行為を行っています。天皇の行為を国事行為に限っている憲法に違反しないかが問題となりますが、天皇は公人である以上、その立場に伴う社交的な行為であれば認められると考えられます。

Ⅲ4❷-1／天皇の国事行為——内閣総理大臣の任命

Q9. 天皇の国事行為は全部でいくつ？（答えは116頁）

財政

第八三条
国の財政を処理する権限は、国会の議決に基いて、これを行使しなければならない。

第八四条
あらたに租税を課し、又は現行の租税を変更するには、法律又は法律の定める条件によることを必要とする。

第八五条
国費を支出し、又は国が債務を負担するには、国会の議決に基くことを必要とする。

第八六条
内閣は、毎会計年度の予算を作成し、国会に提出して、その審議を受け議決を経なければならない。

第八七条
①予見し難い予算の不足に充てるため、国会の議決に基いて予備費を設け、内閣の責任でこれを支出することができる。
②すべて予備費の支出については、内閣は、事後に国会の承諾を得なければならない。

第八九条
公金その他の公の財産は、宗教上の組織若しくは団体の使用、便益若しくは維持のため、又は公の支配に属しない慈善、教育若しくは博愛の事業に対し、これを支出し、又はその利用に供してはならない。

第九〇条
①国の収入支出の決算は、すべて毎年会計検査院がこれを検査し、内閣は、次の年度に、その検査報告とともに、これを国会に提出しなければならない。
②会計検査院の組織及び権限は、法律でこれを定める。

第九一条
内閣は、国会及び国民に対し、定期に、少くとも毎年一回、国の財政状況について報告しなければならない。

第八条
皇室に財産を譲り渡し、又は皇室が、財産を譲り受け、若しくは賜与することは、国会の議決に基かなければならない。

国が活動するには、どのような活動であってもお金が必要です（人件費や物品費、施設の維持費など）。そのお金は基本的に税金で賄います。税金は私たちの生活に大きな影響を与えます。それゆえ、税金をはじめとする国の収入だけでなく、その支出や財産管理のあり方について国民の代表である国会が決めるべきだと考えられます。八三条はその基本原則を定めた条文です。八四条は、とくに税金について、租税法律主義を明記しています。八五条は、支出や支出の約束について、何にいくらまで使うかを国会の議決で決めるべきと定めています。

お金の動きは絶えず起きるので、時間を区切って、会計年度ごとに収入（歳入）と支出（歳出）の見積りを内閣が作成して国会に提出し、国会が審議・議決を行うというやり方で国会がコントロールします。この見積りの文書を予算といい、八六条は予算の作成と審議・議決の手続を定めています。

予算のうち、歳入は単なる予測ですが、歳出にはその範囲内でしか支出できないという法的拘束力があります。予算の範囲を超える歳出を行う場合には補正予算を組む必要があります。緊急の場合には予備費を使います。八七条は予備費の規定ですが、実際には予算の中に「予備費」の項が置かれてこれが使われています（Ⅲ **5-1**）。

年度が終わると、内閣は、その期間の歳入・歳出の実績をまとめた文書を作成します。これを決算といい、九〇条は、決算の会計検査院による検査と国会への提出を義務づけています。数字が正確か、歳出が予算の範囲内か、無駄遣いがないかなどがチェックされます。九一条は、内閣に国会と国民に対する財政状況の報告を義務づけています。これらは財政に関する内閣の説明責任を定めたものですが、実際には十分に機能していません。

八九条は、財政制約規定です。前半は、政教分離原則（31頁参照）の財政における現れです。後半の趣旨は必ずしも明らかではありません。これを厳格に解すると、私学助成など教育への公費支出が違憲となります。しかし、一般には、適切な使用が確保できる場合には「公の支配に属」するので合憲と考えられています。

Ⅲ5-1 / 令和５年度一般会計予算

令和５年度一般会計予算
予算総則

第１条（歳入歳出予算）　令和５年度歳入歳出予算は，歳入歳出それぞれ114,381,235,569千円とし，「甲号歳入歳出予算」に掲げるとおりとする。

第２条（継続費）「財政法」第14条の２の規定による既定の継続費の総額及び年割額の改定並びに新規の継続費は，「乙号継続費」に掲げるとおりとする。

第３条（繰越明許費）「財政法」第14条の３の規定により翌年度に繰り越して使用することができる経費は，「丙号繰越明許費」に掲げるとおりとする。

第４条（国庫債務負担行為）「財政法」第15条第１項の規定により令和５年度において国が債務を負担する行為は，「丁号国庫債務負担行為」に掲げるとおりとする。

甲号　歳入歳出予算

歳　入

主　管	部	款	項	金額（千円）	
国　会	雑収入			2,010,105	
		国有財産利用収入		1,995,651	
			国有財産貸付収入	1,955,247	
			国有財産使用収入	404	
		諸収入		54,454	
			雑　入	9,980	
裁判所	雑収入			64,628,845	
歳入総計				114,381,235,569	

歳　出

所　管	組　織	項	金額（千円）	
皇　室　費		内廷費	324,000	
		宮廷費	6,123,863	
		皇族費	260,165	
		計	6,708,028	
国　　会	衆議院	衆議院	64,885,864	
	参議院	参議院	39,786,892	
	国会所管合計		128,221,173	
裁　判　所	裁判所	最高裁判所	76,417,731	
		下級裁判所	206,034,689	
財務省	財務本省	財務本省共通費	255,855,022	
		国債費	25,250,340,249	
		予備費	500,000,000	

乙号　継続費

所管	組織	項	総額（千円）	年割額 令和元年度（千円）	令和２年度（千円）	令和３年度（千円）	令和４年度（千円）	令和５年度（千円）	令和６年度（千円）	事由
防衛省	防衛本省	令和元年度潜水艦建造費								
		既定	69,923,133	74,772	3,277,296	28,723,136	14,196,848	23,651,081	—	
		改定	69,923,209	74,772	3,277,296	28,723,136	14,196,848	23,651,157	—	〈略〉

丙号　繰越明許費

所管	組織	事項

丁号　国庫債務負担行為

所管	組織	事項	限度額（千円）	行為年度	国庫の負担となる年度	事由

6 地方自治

第九二条
　地方公共団体の組織及び運営に関する事項は、地方自治の本旨に基いて、法律でこれを定める。

第九三条
①地方公共団体には、法律の定めるところにより、その議事機関として議会を設置する。
②地方公共団体の長、その議会の議員及び法律の定めるその他の吏員は、その地方公共団体の住民が、直接これを選挙する。

第九四条
　地方公共団体は、その財産を管理し、事務を処理し、及び行政を執行する権能を有し、法律の範囲内で条例を制定することができる。

① 地方自治の本旨

☑わが国では、明治維新後の近代化の過程で地域的な行政区画が設けられ、市制・町村制（明治二一年）、府県制・郡制（明治二三年）が整えられました。しかし、これらの地方団体には国の強い統制がおよんでおり、また、明治憲法には地方自治・地方組織に関する規定はありませんでした。

　戦後、日本国憲法の制定にあたり、マッカーサー草案（3頁参照）に「地方政治」の章が置かれており、これが現在の憲法第八章「地方自治」のもとになりました。マッカーサー草案では、アメリカの一部の州でみられる制度にならって、自治体が自らの「憲章」を制定する権限を認めていました。「憲章」とは、自治体の組織・手続についての規範をも含むもので、いわ

Ⅲ6❷-1 / 地方自治体と住民の関係

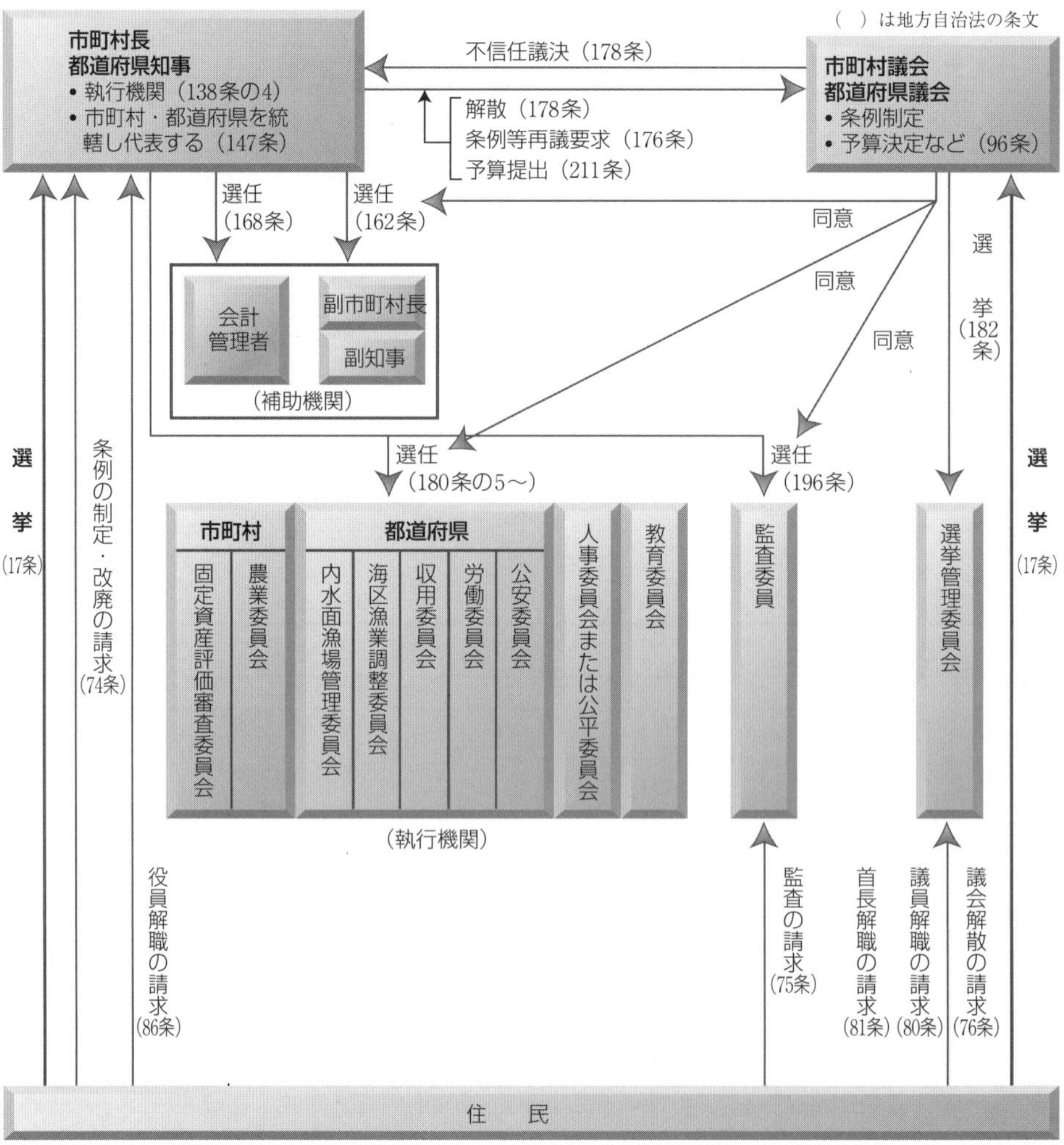

（　）は地方自治法の条文

市町村長
都道府県知事
• 執行機関（138条の4）
• 市町村・都道府県を統轄し代表する（147条）

市町村議会
都道府県議会
• 条例制定
• 予算決定など（96条）

不信任議決（178条）
解散（178条）
条例等再議要求（176条）
予算提出（211条）
選任（168条）
選任（162条）
同意
同意
同意
選挙（182条）

会計管理者
副市町村長
副知事
（補助機関）

選任（180条の5～）
選任（196条）

市町村：固定資産評価審査委員会、農業委員会
都道府県：内水面漁場管理委員会、海区漁業調整委員会、収用委員会、労働委員会、公安委員会
人事委員会または公平委員会
教育委員会
（執行機関）
監査委員
選挙管理委員会

選挙（17条）
条例の制定・改廃の請求（74条）
役員解職の請求（86条）
監査の請求（75条）
首長解職の請求（81条）
議員解職の請求（80条）
議会解散の請求（76条）
選挙（17条）

住　民

ば「自治体の憲法」ともいうべきものです。実際、アメリカ合衆国やドイツ連邦共和国のような連邦国家では、連邦の憲法とは別に各州それぞれが自らの憲法をもっています。しかし、結局、このような連邦制的な規定はわが国になじまないとして、現在のような規定になりました。

◪その代わりに、憲法九二条は「地方自治の本旨」を謳っています。現在、地方自治については、地方自治法という法律が基本的で詳細な規定をしていますが、法律といえども「地方自治の本旨」を侵害する規定は許されないのです。

　では、地方自治の本旨とは何でしょうか。一般に、それは「団体自治」と「住民自治」からなるといわれています。「団体自治」とは、地方自治体が国（中央政府）から独立した地位をもち自主的に運営されること、つまり中央政府の下部機関として従属し一方的に指示・命令を受ける存在ではないことをいいます。「住民自治」とは、地方自治体の運営がその住民の意思に従ってなされることです。ですから、たとえば地方自治体をいっさい廃止するようなことは、今の憲法のもとでは許されません。

◪しかし、これまで地方自治体は財政を国に大きく依存する状態で、事務的にも国の指揮監督を受ける機関委任事務が大きな割合を占めてきました。これを大きく改めるのが平成一一年七月に成立した地方分権一括法です。これによって、基本的に国と地方とは対等な関係となり、自治体に対する国の関与の仕方も明確化され、機関委任事務が廃止されて、自治体の事務は法定受託事務と自治事務とに分けられ、内容的にも後者の比重が高まりました。もっとも、自治体が独自の政策を展開するには財源の手当がなお不十分だとの批判もあります。

◪また、少子高齢化等を背景に市町村の行財政基盤の確立を目的として、平成一一年以来、国の政策として市町村の合併が積極的に推進されてきました。これを「平成の大合併」といいます。その結果、平成一一年三月末には三二三二あった市町村は平成二二年三月末には一七二七に減りました。合併によって行財政の効率化が進んだか、住民サービスが低下していないかなどを検証する必要があるでしょう。

第１号様式

（事務局提出用）

苦情申立書

年　月　日

（あて先）○○市市民オンブズマン

郵便番号
住　所
氏　名
電話番号
（法人その他の団体にあっては，事務所又は事業所の所在地，名称及び代表者の氏名）

○○市市民オンブズマン条例第１２条の規定により，次のとおり苦情の申立てをします。

苦情申立ての趣旨	
苦情申立ての理由	
苦情の申立ての原因となった事実のあった年月日	年　月　日
他の制度への手続の有無	□有（□市民相談　□請願　□陳情　□監査委員　□直接請求　□行政不服審査　□行政事件訴訟　□その他　　）□無　（該当箇所にレ印を記入してください。）

代理人	住所　氏名　電話番号	申立人との関係	受付印

【問合せ先】○○市市民オンブズマン事務局　電話
住　所

Ⅲ6❷-2／オンブズマンへの苦情申立書

❷ 地方の政治制度

◪首長（都道府県知事・市町村長）や議会をはじめとする、地方自治体の諸機関の概要はⅢ6❷-1のとおりです。国レベルでは議院内閣制ですが、地方では、大統領制のように首長も住民が直接選挙します（二元代表制）。首長と議会とは、互いに牽制する手段をもっています。議会は首長に対する不信任の議決をすることができます（ただし、要件は厳しく、この最初の不信任の議決は、議員の三分の二以上が出席しその四分の三以上の賛成が必要です）。これに対して、首長は一〇日以内に議会を解散しなければ失職します。議会が解散されれば選挙が行われ、新たに招集♣された議会で今度は議員の三分の二以上が出席し過半数の賛成で不信任案が可決されれば、首長は失職します（自治一七八条）。首長は、また、条例・予算について議会の議決に異議があるときは議会の再議に付すことができます。この場合には、三分の二以上の賛成で同じ議決がなされれば、その議決が確定します（自治一七六条）。

　地方自治体には、執行機関として、首長だけでなく各種の委員会ないし委員がおかれています。これらの委員の多くは、首長が議会の同意を得て任命しますが、選挙管理委員は議会が選びます。

◪地方自治体では、住民の直接請求の権利が数多く認められています（自治一二条・一三条）。

♣ 国会の「召集」（憲７条２号など）という場合以外は，この「招集」という字を用います。

条例の制定改廃の請求は、その地方自治体の有権者の五〇分の一以上の連署で首長に請求があれば、首長は議会を招集し、意見をつけてこれを付議しなければなりません（自治七四条）。事務の監査も、同様に有権者の五〇分の一以上の連署で監査委員に請求します（自治七五条）。

　議会の解散や首長・議員の解職は、有権者（議員の場合はその選挙区の）の三分の一以上の連署（有権者数が四〇万人を超えるときは要件がやや緩和されました）で選挙管理委員会に請求します。その場合には、解散・解職すべきかどうかの住民投票（議員の場合はその選挙区の）が行われ、過半数が解散・解職に賛成したときは、解散・解職されます（自治七

Ⅲ6❷-3 / ユニークな条例

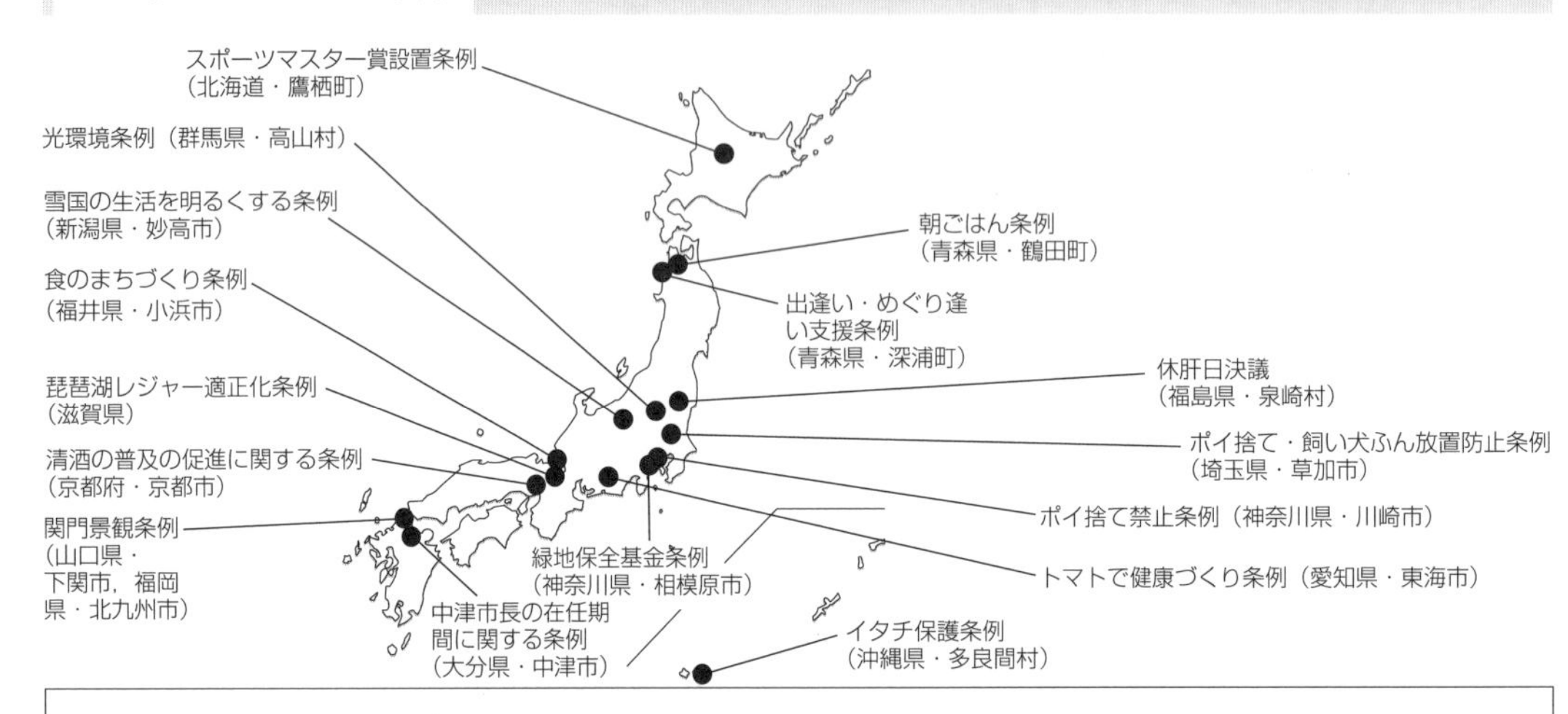

世田谷区多様性を認め合い男女共同参画と多文化共生を推進する条例（抜粋）
（平成30年3月6日条例第15号）

　個人の尊厳を尊重し，年齢，性別，国籍，障害の有無等にかかわらず，多様性を認め合い，自分らしく暮らせる地域社会を築くことは，国境及び民族の違いを越えて私たち人類の目指すべき方向である。また，一人ひとりの違いを認め合うことが，多様な生き方を選択し，あらゆる活動に参画し，及び責任を分かち合うことができる社会の実現につながる。

　世田谷区は，こうした理念を区，区民及び事業者で共有し，一体となって男女共同参画及び多文化共生を推進することにより，多様性を認め合い，人権を尊重する地域社会を実現することを目指し，この条例を制定する。

（目的）
第１条　この条例は，男女共同参画及び多文化共生の推進に関し，基本となる理念を定め，区，区民及び事業者の責務を明らかにするとともに，男女共同参画及び多文化共生を推進する施策（以下「男女共同参画・多文化共生施策」という。）の基本的な事項を定めることにより，男女共同参画社会及び多文化共生社会を形成し，もって全ての人が多様性を認め合い，人権が尊重される社会の実現に寄与することを目的とする。

（定義）
第２条　この条例において，次の各号に掲げる用語の意義は，当該各号に定めるところによる。
（1）　男女共同参画　性別等にかかわらず，全ての人が，自らの意思によって社会のあらゆる分野における活動に参画する機会が確保され，政治的，経済的，社会的及び文化的利益を享受することができることをいう。
（2）　多文化共生　全ての人が，国籍，民族等の異なる人々の互いの文化的違いを認め合い，対等な関係を築こうとしながら，共に生きていくことをいう。
（3）　性別等　生物学的な性別及び性自認（自己の性別についての認識をいう。以下同じ。）並びに性的指向（どの性別を恋愛の対象にするかを表すものをいう。以下同じ。）をいう。
（6）　性的マイノリティ　性自認，性的指向等のあり方が少数と認められる人々をいう。
（7）　ドメスティック・バイオレンス　配偶者，交際相手等の親密な関係にある者又はあった者の間で起こる暴力（これに準ずる心身に有害な影響を及ぼす行動を含む。）のことをいう。

（基本理念）
第３条　男女共同参画及び多文化共生を推進するための基本理念（以下「基本理念」という。）は，次のとおりとする。
（1）　全ての人が，多様性を認め合い，人権が尊重され，尊厳を持って生きることができる。
（2）　全ての人が，自らの意思に基づき個性及び能力を発揮し，多様な生き方を選択することができる。
（3）　全ての人が，あらゆる分野の活動においてともに参画し，責任を分かち合う。

（区の責務）
第４条　区は，基本理念にのっとり，男女共同参画・多文化共生施策を総合的かつ計画的に実施する責務を有する。

（区民の責務）
第５条　区民は，基本理念を踏まえ，男女共同参画及び多文化共生について理解を深め，あらゆる分野の活動において，男女共同参画社会及び多文化共生社会の形成に寄与するよう努めなければならない。
２　区民は，区が実施する男女共同参画・多文化共生施策に協力するよう努めなければならない。

（性別等の違い又は国籍，民族等の異なる人々の文化的違いによる差別の解消等）
第７条　何人も，性別等の違い又は国籍，民族等の異なる人々の文化的違いによる不当な差別的取扱いをすることにより，他人の権利利益を侵害してはならない。
２　何人も，公衆に表示する情報について，性別等の違い又は国籍，民族等の異なる人々の文化的違いによる不当な差別を助長することのないよう留意しなければならない。

（基本的施策）
第８条　男女共同参画・多文化共生施策は，次に掲げるものを基本とする。
（1）　固定的な性別役割分担意識の解消
（2）　ワーク・ライフ・バランス（個人の仕事と生活の調和を図ることをいう。）に係る取組の推進
（3）　ドメスティック・バイオレンスの根絶
（4）　性別等の違いに応じた心及び身体の健康支援
（5）　性的マイノリティの性等の多様な性に対する理解の促進及び性の多様性に起因する日常生活の支障を取り除くための支援
（6）　外国人，日本国籍を有する外国出身者等（以下「外国人等」という。）への情報の多言語化等によるコミュニケーション支援
（7）　外国人等が安心して安全に暮らせるための生活支援
（8）　外国人等との交流の促進等による多文化共生の地域づくりの推進
（9）　外国人等の社会参画及び社会における活躍を推進するための支援
（10）　国籍，民族等の異なる人々の文化的違いによる偏見又は不当な差別の解消
２　区長は，前項に定める基本的施策を効果的に推進するため，必要な教育又は啓発を積極的に行うものとする。

（苦情の申立て等）
第11条　区民又は事業者は，男女共同参画・多文化共生施策に関する事項について，区長に対し苦情若しくは意見の申立て又は相談をすることができる。

（世田谷区男女共同参画・多文化共生苦情処理委員会）
第12条　苦情の申立て等について，公正かつ適切に処理するため，区長の附属機関として，世田谷区男女共同参画・多文化共生苦情処理委員会（以下「苦情処理委員会」という。）を置く。

六～八五条)。

近年では、愛知県名古屋市や鹿児島県阿久根市で、住民の署名による議会の解散請求が法定数に達し、住民投票で過半数の賛成があったため議会が解散された例があります。

また、先に述べた平成の大合併に関して、一定の場合に、有権者の六分の一以上の連署による請求で合併協議会設置協議について住民投票を行うこととされています（市町村の合併の特例に関する法律四条・五条）。

◪近年、オンブズマンという制度が注目されています。これは、法律上の明示的な規定はありませんが、自治体が独自の条例などで設置するもので、自治体の行政に関する住民の苦情などを受けつけ（Ⅲ6❷-2）、調査し、場合によっては必要な勧告などをするものです。オンブズマンの措置に強制力はないにしても、迅速・簡便な紛争解決・権利救済方法として注目されます。

◪地方自治である以上、議会はその地方自治体の実状・需要に応える条例を制定することができます。ただし、それは法律の範囲内でなければなりません。法律に規定のある事項について条例でどこまで規制できるかは、微妙な問題です。内容的に興味をひく条例をⅢ6❷-3に集めてみました。

❸ 住民投票

第九五条
一の地方公共団体のみに適用される特別法は、法律の定めるところにより、その地方公共団体の住民の投票においてその過半数の同意を得なければ、国会は、これを制定することができない。

◪最近、各地で住民投票が注目を集めています。実は、憲法にも住民投票の規定はあるのです。それが九五条です。もっとも、この規定は憲法制定直後の昭和二〇年代には盛んに使われましたが、その後はぱったりと使われなくなりました。これに対して、近年の住民投票の多くは、憲法にも地方自治法などの法律にも根拠のない、地方自治体の条例によるものなのです。

◪まず、憲法九五条の規定から説明しましょう。この規定は、特定の地方自治体にだけ適用される法律（地方自治特別法）を制定するには、通常の法律のように国会の議決だけで成立する（五九条）のではなく、さらに住民投票が要求されるというものです。アメリカの一部の州で実施されていた制度を取り入れたものだといわれています。さらに、もともと恣意(しい)的な権力行使を嫌う「法の支配」の理念からいうと、立法とい

Ⅲ6❸-1／地方自治体で実施された住民投票（例）

自治体	争点	投票日	投票率	投票結果*1	
				賛成	反対
新潟県巻町	巻原発	平 8. 8. 4	88.29%	38.55%（7,904）	60.86%（12,478）
沖縄県	地位協定見直し・米軍基地縮小	8. 9. 8	59.53%	89.09%（482,538）	8.54%（46,232）
岐阜県御嵩町	産業廃棄物処理施設	9. 6.22	87.50%	18.75%（2,442）	79.65%（10,373）
宮崎県小林市	産業廃棄物処理施設	9.11.16	75.86%	40.17%（9,608）	58.69%（14,037）
沖縄県名護市	ヘリポート基地建設	9.12.21	82.45%	45.33%（14,267）*2	52.86%（16,639）*3
徳島県徳島市	吉野川可動堰計画	12. 1.23	55.00%	8.22%（9,367）	90.14%（102,759）
新潟県刈羽村	柏崎原発プルサーマル計画	13. 5.27	88.14%	42.52%（1,533）	53.40%（1,925）
埼玉県北本市	JR高崎線新駅建設	25.12.15	62.34%	23.65%（8,353）	75.88%（26,804）
沖縄県与那国町	陸上自衛隊配備	27. 2.22	85.74%	57.77%（632）	40.68%（445）
沖縄県	名護市辺野古米軍基地建設のための埋立て	31. 2.24	52.48%	18.98%（114,933）	71.73%（434,273）*4
静岡県御前崎市	産業廃棄物処理施設	令元.12. 8	60.81%	9.73%（1,565）	89.59%（14,409）
鹿児島県垂水市	新市庁舎建設	2. 8. 9	68.83%	47.59%（4,080）	51.60%（4,424）

（注）＊1（ ）内は票数。賛成・反対の率は投票者総数を基準に算出した。無効票等があるため両者の合計は100％にならない。
＊2条件付き賛成を含む。＊3条件付き反対を含む。＊4他に「どちらでもない」が8.70％（52,682）ある
＊5東洋経済Online、地方自治研究機構ホームページなどにより作成

うものは一般性、つまり適用対象が特定されないことを重要な要素としますから、地方自治特別法というものは好ましくないと考えられています。そこで憲法は、住民投票という特別の手続を設けてそれをチェックしようとしました。したがって、本来、九五条が適用されるべき法律とは、特定の地方自治体の組織・運営に不利益をもたらすようなものであると考えられます。

Ⅲ6❸-3にあるように、昭和二四年から二六年にかけて広島平和記念都市建設法など一五の都市建設法が、この九五条の規定により制定されました。しかし、これらの法律は、都市建設などに政府が財政援助を与えるためのものですから、憲法九五条の手続によるべき場合であったかどうかは疑問です。首都建設法は、制定の際は住民投票にかけられましたが、その廃止の際には住民投票は行われませんでした。

Ⅲ6❸-2／住民投票の投票用紙

平成27年5月17日執行
大阪市における
特別区の設置についての投票

（注意）
一　特別区の設置について賛成の人は賛成と書き、反対の人は反対と書くこと。
二　他のことは書かないこと。

大阪市選挙管理委員会印

その後、たとえば、昭和五五年の「明日香村における歴史的風土の保存及び生活環境の整備等に関する特別措置法」が問題になったことがありますが、憲法九五条の定める住民投票は行われませんでした。

◪国の法律に基づく住民投票としては、先に述べた地方自治法などに規定されている直接請求のほか、平成二四年に成立した「大都市地域における特別区の設置に関する法律」によるいわゆる「大阪都構想」についての住民投票が有名です（Ⅲ6❸-2）。これは、大阪市を廃止してその代わりに東京都のように特別区を設けるという内容について大阪市民に賛否を問うもので、平成二七年五月と令和二年一一月の二回実施されましたが、いずれも僅差で否決されました。

◪他方、近年、住民投票を求める運動が盛り上がっています。原子力発電所や産業廃棄物処理施設の建設、それに米軍基地のあり方など地域の生活環境に重大な影響を与える事柄について住民投票が要求されることが多く、また、そのうちのいくつかでは住民投票条例が制定されました。そのうち、実際に住民投票が行われたところでは、概して高い投票率を記録していて、住民の関心が高いことを示しています（Ⅲ6❸-1）。

住民投票の意義としては、まず、首長や議会の選挙では十分汲み尽くせない住民の意思を直接的に示すということがあります。しかし、この点については、むしろまず選挙や議会のあり方を工夫すべきではないかとの批判があります。そうだとすると、住民投票の重要性は、むしろ、自治体住民が外に向かって強くアピールする効果にあるのかもしれません。

Ⅲ6❸-3／地方自治特別法

これらの法律は昭和二四年から二六年にかけて制定された。しかし、その後は、憲法九五条により地方自治特別法が制定されたことはない。

広島平和記念都市建設法（昭二四法二一九号）
長崎国際文化都市建設法（昭二四法二二〇号）
(旧)首都建設法(昭二五法二一九号。昭三一法八三号で廃止)
旧軍港市転換法（横須賀・呉・佐世保・舞鶴）（昭二五法二二〇号）
別府国際観光温泉文化都市建設法（昭二五法二二一号）
伊東国際観光温泉文化都市建設法（昭二五法二二二号）
熱海国際観光温泉文化都市建設法（昭二五法二二三号）
横浜国際港都建設法（昭二五法二四八号）
神戸国際港都建設法（昭二五法二四九号）
奈良国際文化観光都市建設法（昭二五法二五〇号）
京都国際文化観光都市建設法（昭二五法二五一号）
松江国際文化観光都市建設法（昭二六法七号）
芦屋国際文化住宅都市建設法（昭二六法八号）
松山国際観光温泉文化都市建設法（昭二六法一一七号）
軽井沢国際親善文化観光都市建設法（昭二六法二五三号）

7 憲法改正

第九六条
①この憲法の改正は、各議院の総議員の三分の二以上の賛成で、国会が、これを発議し、国民に提案してその承認を経なければならない。この承認には、特別の国民投票又は国会の定める選挙の際行はれる投票において、その過半数の賛成を必要とする。
②憲法改正について前項の承認を経たときは、天皇は、国民の名で、この憲法と一体を成すものとして、直ちにこれを公布する。

憲法改正とは、憲法典の個々の条文を、憲法典が定める手続に従って変更することをいいます。憲法は国の根本法であり、また立憲主義や法の支配といった思想に基づき公権力を縛る法ですから、安易に（とくに縛りを緩める方向で）変えることは好ましくありません。しかし、時代状況の変化に対応できなければ、かえって憲法が蔑ろにされてしまうおそれもあります。憲法改正には、憲法を守る意義もあるのです。それゆえ、憲法改正の手続には難しいバランスが求められます。

日本国憲法の改正は、憲法九六条によって、①国会の各議院の総議員の三分の二以上の賛成による発議（提案）、②国民投票で過半数の賛成による承認、③天皇による公布という手続を踏むことが求められます（Ⅲ7-1）。両議院の三分の二の特別多数決と国民投票による承認とが求められるのは、通常の法律制定の手続（76頁）と比べて厳格な手続といえます。国会による憲法改正の発議や国民投票の具体的な手続などを定める法律は長年ありませんでしたが、平成一九年に「日本国憲法の改正手続に関する法律」（いわゆる憲法改正国民投票法）が制定されました。

国会で審議される原案の発議は、衆議院は議員一〇〇人以上、参議院は五〇人以上の賛成で可能とされます（国会六八条の二）。また原案は両議院の憲法審査会によっても発議できるとされます（国会一〇二条の七）。原案の提出は、「内容において関連する事項ごとに区分して行う」（国会六八条の三）とされています。

国民投票は、国会による発議後六〇日から一八〇日の間に行われます。憲法改正国民投票法は「投票総数（憲法改正案に対する賛成の投票の数及び反対の投票の数を合計した数をいう。）」の二分の一を超えれば国民投票による承

Ⅲ7-1 / 憲法改正の手続

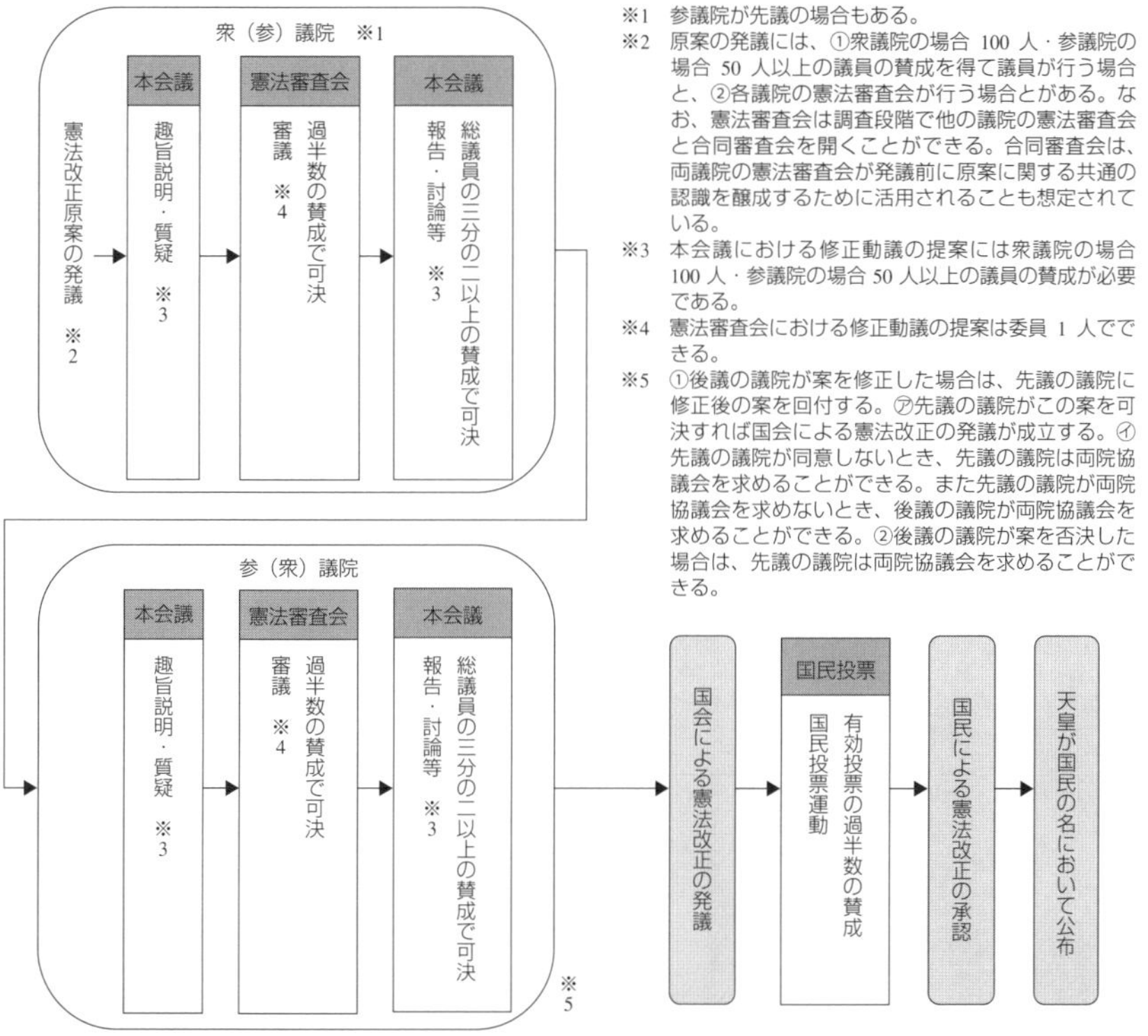

衆（参）議院 ※1
憲法改正原案の発議 ※2 → 本会議：趣旨説明・質疑 ※3 → 憲法審査会：審議 ※4 過半数の賛成で可決 → 本会議：報告・討論等 ※3 総議員の三分の二以上の賛成で可決

参（衆）議院
本会議：趣旨説明・質疑 ※3 → 憲法審査会：審議 ※4 過半数の賛成で可決 → 本会議：報告・討論等 ※3 総議員の三分の二以上の賛成で可決 ※5

→ 国会による憲法改正の発議 → 国民投票：国民投票運動 有効投票の過半数の賛成 → 国民による憲法改正の承認 → 天皇が国民の名において公布

※1　参議院が先議の場合もある。
※2　原案の発議には、①衆議院の場合 100 人・参議院の場合 50 人以上の議員の賛成を得て議員が行う場合と、②各議院の憲法審査会が行う場合とがある。なお、憲法審査会は調査段階で他の議院の憲法審査会と合同審査会を開くことができる。合同審査会は、両議院の憲法審査会が発議前に原案に関する共通の認識を醸成するために活用されることも想定されている。
※3　本会議における修正動議の提案には衆議院の場合 100 人・参議院の場合 50 人以上の議員の賛成が必要である。
※4　憲法審査会における修正動議の提案は委員 1 人でできる。
※5　①後議の議院が案を修正した場合は、先議の議院に修正後の案を回付する。㋐先議の議院がこの案を可決すれば国会による憲法改正の発議が成立する。㋑先議の議院が同意しないとき、先議の議院は両院協議会を求めることができる。また先議の議院が両院協議会を求めないとき、後議の議院が両院協議会を求めることができる。②後議の議院が案を否決した場合は、先議の議院は両院協議会を求めることができる。

Q10. 憲法改正の発案はだれがする？（答えは 116 頁）

認があったものとするとしています（Ⅲ7-2）。

国民投票は、憲法という法（しかも国の根本法）の内容そのものを決めるものですから、法律を定める代表者を選ぶ選挙より重要なものです。国民が原案の内容を十分に理解して賛否の投票を行えるようにするため、国民が多角的で豊かな情報に接することができる必要があります。憲法改正国民投票法は、衆参の国会議員各一〇人からなる国民投票広報協議会が国民投票公報の作成や放送・新聞広告を行い、改正案の要旨や参考となる事項、そして賛成・反対の政党等が行う広告を掲載することとしています。

国民投票の運動の際には、国民自身による意見表明や議論も重要です。選挙の際には公職選挙法により細かな規制が多くあるのですが、憲法改正国民投票運動については規制が減らされています。もっとも、公務員や教育者の地位利用による運動禁止はなお規制のやりすぎなのではないかとの意見もあります。他方で、放送での広告は投票日の一四日前まで自由に行えることとされていますが、これだと経済力のある者の意見が影響力をもってしまうのでこの点の規制がもう少し必要ではないかとの意見もあります。

憲法改正をめぐっては、占領下においてGHQの意向を無視できない中で制定されたという現行憲法の制定過程に異議を唱え（「押しつけ憲法」論）、自主憲法の制定を主張する改憲論者と、いかなる改正にも絶対反対という護憲論者との間のイデオロギー的な対立が長年続いてきました。この対立は現在も根強いですが、近年の改正論議は、改憲を主張する立場が具体的な条文を挙げ、その内容の是非をめぐって行われるようになってきています。

憲法審査会は、「日本国憲法及び日本国憲法に密接に関連する基本法制について広範かつ総合的に調査を行い、憲法改正原案、日本国憲法に係る改正の発議又は国民投票に関する法律案等を審査する」ため、衆参両議院に設置されている機関です（国会一〇二条の六。Ⅲ7-3）。平成一三年から活動を開始しました。憲法改正国民投票法の改正案の審議をするほかは、一般的な憲法のトピックについて、各会派（政党）から出される委員が自己の見解を述べ、他の委員から質問や意見があれば若干の議論を行うということが続けられています。令和四年春には、新型コロナウイルスがまん延した場合のオンライン審議が憲法上許されるかが、憲法五六条一項の「出席」にオンラインでの出席を含めることができるかというかたちで検討されました。衆議院憲法審査会は「例外的にいわゆる『オンラインによる出席』も含まれると解釈することができる」とする「意見の大勢」をとりまとめ報告したことが知られます。

憲法改正に限界があるかどうかも問題となります。日本国憲法は国民主権の原理に基づき国民が定めたものですから（5頁）、国民主権を変更することはできないと考えられます。しかし、これ以外となると学説は分かれます。基本的人権の尊重、平和主義という基本原理は変えられないとする説、また憲法改正手続そのもの（憲九六条）を改正することはできないとする説があります。

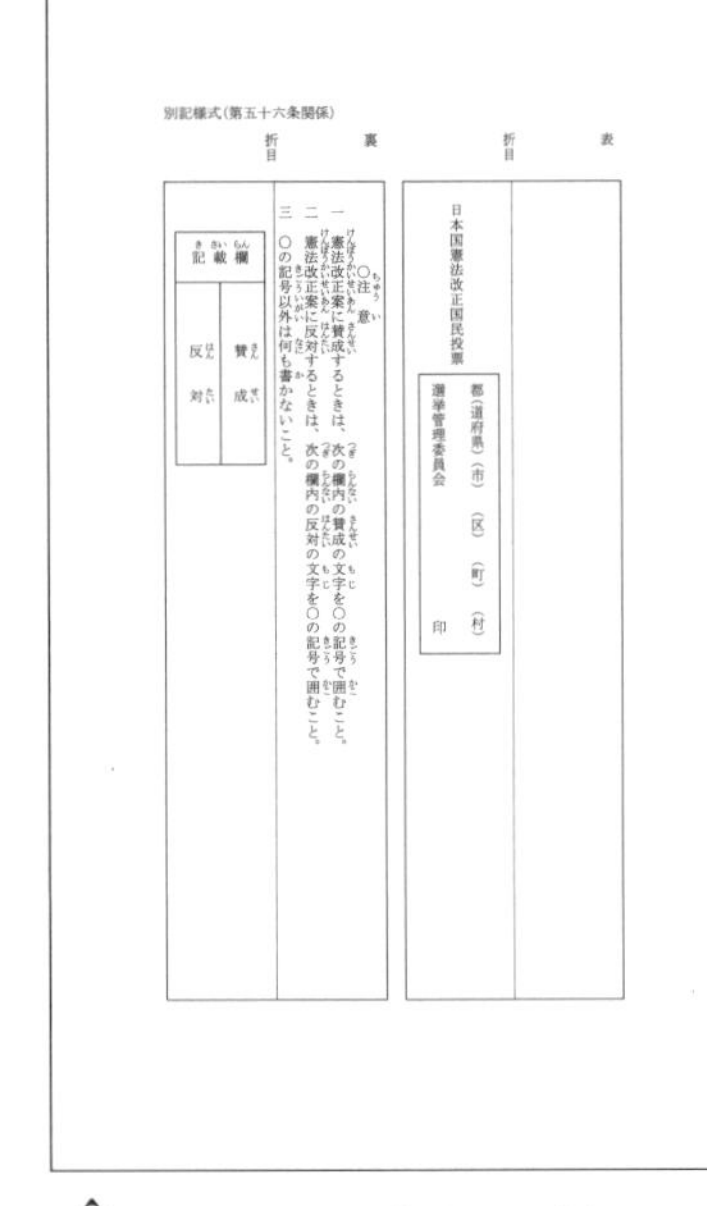
別記様式（第五十六条関係）

表　折目　裏　折目

日本国憲法改正国民投票

都（道府県）（市）（区）（町）（村）
選挙管理委員会　印

○注意
一　憲法改正案に賛成するときは、次の欄内の賛成の文字を○の記号で囲むこと。
二　憲法改正案に反対するときは、次の欄内の反対の文字を○の記号で囲むこと。
三　○の記号以外は何も書かないこと。

記載欄
賛成
反対

Ⅲ7-2／国民投票の用紙

Ⅲ7-3／憲法審査会

◩この本のそれぞれの頁に出てこない条文については、条文の内容も付けてあります。

◩「上諭」は厳密にいえば日本国憲法の一部ではなく、天皇による日本国憲法の「公布文」に当たるものです。原典には、このあとに天皇の御名御璽や公布年月日、当時の首相や国務大臣の署名がありますが（4頁参照）、ここでは省略してあります。

上諭　朕は、日本国民の総意に基いて、新日本建設の礎が、定まるに至つたことを、深くよろこび、枢密顧問の諮詢及び帝国憲法第七十三条による帝国議会の議決を経た帝国憲法の改正を裁可し、ここにこれを公布せしめる。

第一八条　何人も、いかなる奴隷的拘束も受けない。又、犯罪に因る処罰の場合を除いては、その意に反する苦役に服させられない。

第三八条　①何人も、自己に不利益な供述を強要されない。
②強制、拷問若しくは脅迫による自白又は不当に長く抑留若しくは拘禁された後の自白は、これを証拠とすることができない。
③何人も、自己に不利益な唯一の証拠が本人の自白である場合には、有罪とされ、又は刑罰を科せられない。

第三九条　何人も、実行の時に適法であつた行為又は既に無罪とされた行為については、刑事上の責任を問はれない。又、同一の犯罪について、重ねて刑事上の責任を問はれない。

第五八条　①両議院は、各〻その議長その他の役員を選任する。

②両議院は、各〻その会議その他の手続及び内部の規律に関する規則を定め、又、院内の秩序をみだした議員を懲罰することができる。但し、議員を除名するには、出席議員の三分の二以上の多数による議決を必要とする。

第六三条　内閣総理大臣その他の国務大臣は、両議院の一に議席を有すると有しないとにかかはらず、何時でも議案について発言するため議院に出席することができる。又、答弁又は説明のため出席を求められたときは、出席しなければならない。

第七五条　国務大臣は、その在任中、内閣総理大臣の同意がなければ、訴追されない。但し、これがため、訴追の権利は、害されない。

第一〇一条　この憲法施行の際、参議院がまだ成立してゐないときは、その成立するまでの間、衆議院は、国会としての権限を行ふ。

第一〇二条　この憲法による第一期の参議院議員のうち、その半数の者の任期は、これを三年とする。その議員は、法律の定めるところにより、これを定める。

第一〇三条　この憲法施行の際現に在職する国務大臣、衆議院議員及び裁判官並びにその他の公務員で、その地位に相応する地位がこの憲法で認められてゐる者は、法律で特別の定をした場合を除いては、この憲法施行のため、当然にはその地位を失ふことはない。但し、この憲法によつて、後任者が選挙又は任命されたときは、当然その地位を失ふ。

国会議事堂

最高裁判所

写真・資料等提供

参議院……Ⅲ**1** ❶-2, Ⅲ**1** ❼-2 (a)(b)
憲政記念館……PART Ⅰ・Ⅲ中扉写真
最高裁判所……Ⅲ**3** ❷-3, Ⅲ**3** ❷-6
裁判官弾劾裁判所……Ⅲ**1** ❾-1
内閣府……Ⅲ**1** ❶-3, Ⅲ**1** ❼-2 (c)(d), Ⅲ**2** ❶-2
総務省……Ⅱ**3** ❹-2
法務省……Ⅲ**3** ❹-1, Ⅲ**3** ❹-2
出入国在留管理庁……Ⅱ**1** ❶-4
外務省……Ⅱ**1** ❷-1
文部科学省……Ⅱ**4** ❹-3, Ⅱ**8** ❷-1
文化庁……Ⅱ**4** ❷ a-2, Ⅱ**4** ❷ a-3
農林水産省……Ⅱ**5** ❶-1
UN/DPI……Ⅱ**3** ❶-1
国立公文書館……Ⅰ**1**-2, Ⅰ**1**-3
国立国会図書館……Ⅰ**1**-1, Ⅰ**2** ❶-1(1)(2)(3), Ⅲ**1** ❷-1
衆栄会……Ⅲ**1** ❶-4
首相官邸……Ⅲ**2** ❶-1, Ⅲ**2** ❶-4
東京都選挙管理委員会……Ⅱ**9** ❶-7
大阪市選挙管理委員会……Ⅲ**6** ❸-2
栃木県選挙管理委員会……Ⅲ**1** ❸-2
新潟県……Ⅲ**3** ❹-1
下田市……Ⅱ**4** ❸ d-5
日本近代文学館……Ⅱ**2** ❷-1
日本弁護士連合会……Ⅲ**3** ❹-2
日本司法支援センター……Ⅲ**3** ❶-2
国立大学法人奈良国立大学機構, 奈良女子大学……Ⅱ**3** ❸-4
三康図書館……Ⅱ**4** ❹-1
川崎市市民オンブズマン……Ⅲ**6** ❷-2
市川房枝記念会……Ⅱ**9** ❶-1
毎日新聞……Ⅰ**1**-4, Ⅱ**2** ❹-1, Ⅱ**4** ❷ b-1, Ⅱ**4** ❸ a-1, Ⅱ**4** ❸ d-1, Ⅱ**4** ❹-2, Ⅱ**5** ❸-1, Ⅱ**7**-7, Ⅱ**8** ❸ a-3, Ⅱ**8** ❸ b-5, Ⅱ**9** ❶-2, Ⅲ**1** ❶-1, Ⅲ**1** ❷-2, Ⅲ**3** ❻-1
共同通信……Ⅰ**2** ❸-5, Ⅱ**1** ❶-2, Ⅱ**3** ❸-3, Ⅱ**3** ❹-5, Ⅱ**4** ❸ d-2, Ⅱ**4** ❸ e-1, Ⅱ**6** ❶-1, Ⅱ**8** ❸ b-3, Ⅱ**11**-1, Ⅱ**11**-2, Ⅲ**4** ❷-1, Ⅲ**7**-3
朝日新聞……Ⅱ**8** ❶-2, Ⅲ**1** ❽-1, Ⅲ**3** ❷-5
読売新聞……Ⅱ**8** ❸ b-4
日本経済新聞……Ⅱ**10** ❶-1
文藝春秋……Ⅱ**4** ❸ d-3
大月書店……Ⅱ**4** ❸ c-2
三一書房……Ⅱ**4** ❸ c-3
ロイター＝共同……Ⅱ**2** ❹-2
EPA＝時事……Ⅱ**4** ❸ d-4
AP/アフロ……4頁顔写真
日本放送協会……Ⅱ**4** ❸ e-2

協力者

大脇雅子……Ⅲ**1** ❸-4
勝原士郎……Ⅱ**4** ❸ c-1
金森文雄……4頁顔写真
高良鉄美……Ⅲ**1** ❸-5
福島瑞穂事務所……PART Ⅱ中扉写真
ローレンス・レペタ……Ⅲ**3** ❻-2

カメラマン

橋本照嵩……Ⅰ**2** ❶-1(1)(2)(3), Ⅲ**1** ❸-4
根来大策……Ⅱ**5** ❷-4, Ⅲ**1** ❼-2, Ⅲ**1** ❼-5, Ⅲ**2** ❶-2
中田和良……Ⅰ**1**-1

太田爾子
鈴木あい
上條愛理（京都大学法科大学院）
山本健人（慶應義塾大学大学院法学研究科）

席して「おことば」を述べるのが通例になっていますが，衆議院議場には写真右上に見えるような天皇の臨席する場所がなく，旧憲法下の貴族院の議場であった参議院議場が用いられているのです。

⇒ 72 頁

左側が衆議院議員のバッジで，右側が参議院議員のもの。大きさは参議院議員のバッジの方が大きいことがわかりますが，逆に（写真ではわかりにくいですが）左の衆議院議員のバッジの方が分厚いのだそうです。

⇒ 74 頁

臨時会（臨時国会）です。衆議院が解散された後の総選挙後に召集される国会（憲 54 条⇒ 66 頁）は，74 頁のⅢ**1** ❺**-1** にあるように「特別会」ですが，国会法2条の 3 第 1 項に「衆議院議員の任期満了による総選挙が行われたときは，その任期が始まる日から 30 日以内に臨時会を召集しなければならない」と定められています。ただし，その期間内に常会が召集された場合は別です。

⇒ 81 頁

裁判官弾劾法3条は，「裁判官弾劾裁判所」と「裁判官訴追委員会」の所在地について，単に「東京都に置く」と定めているだけで，それが具体的にどこに設置されるかについては何も定めていません。実は「裁判官訴追委員会」はこの図の衆議院第二議員会館の 2 階にあり，また「弾劾裁判所」の方は参議院第二別館の 9 階にあります。裁判官の弾劾という 1 つの問題についても衆参両院で仕事が分担されているというのは面白いですね。

⇒ 97 頁

法曹三者というのは，裁判官，検察官および弁護士のことをいいます。右下が裁判官のバッジであることはわかりやすいですね。その上が検察官のバッジで，その左側が弁護士のものです。

⇒ 103 頁

13 です。天皇の国事行為は，憲法 6 条に 2 つ，そして 7 条に 10 の事項が列挙されていますので，答えは合計 12 というのが素直な答えで，そういう説明がなされることも少なくありませんが，憲法4条2項の国事行為を委任する行為自体も，やや特殊ですが，やはり天皇の国事行為の一つといえます。これに関して，「国事行為の臨時代行に関する法律」2条は，天皇が「精神若しくは身体の疾患又は事故があるときは，摂政を置くべき場合を除き，内閣の助言と承認により，国事に関する行為を……摂政となる順位にあたる皇族に委任して臨時に代行させることができる」と定めています。ですから，この委任行為は，摂政のように法律上当然に置かれるのではなく，天皇の意思に基づいて臨時になされることであり，他の国事行為と同様に「内閣の助言と承認」によって行われることになります。

⇒ 111 頁

憲法は改正について「各議院の総議員の三分の二以上の賛成で，国会が，これを発議し」と定めているだけですので，発案権が誰にあるかについては従来から議論があります。この問いに対する定まった答えはありません。各議院の議員が発案できることはだれもが認めていますが，問題は内閣にも発案権があるかどうかです。通常の法律については，内閣法 5 条が「内閣総理大臣は，内閣を代表して内閣提出の法律案，予算その他の議案を国会に提出し……」と定めていますが，憲法改正案には触れていません。そこで，法律や予算の場合と同様に内閣にもあるとする説と，憲法改正の特殊性・重要性を重視して，内閣には発案権がないとする説や，法律で内閣に発案権を認めることは差し支えないとする説などがあり，定説はないといえます。

クイズの答え

この本には，ところどころに，読者のあなたへの10のクイズが作られています。それらのクイズは，どこかの頁の下の欄外に，Ⓠの印を付けて出してあります。以下の答えを読む前に，まずそれぞれのクイズの答えを自分で考えてみて下さい。どうしてもわからなかったら，この頁を開いて答えを読んでください。あなたはいくつのクイズに正しく答えられましたか？　きっと，知っているようで意外に知らなかったこともあると思いますよ。

Ⓠ ⇒4頁

右がマッカーサー（Douglas MacArthur, 1880-1964）で，左は金森徳次郎（1886-1959）です。マッカーサーはアメリカ陸軍の元帥であり，日本占領の連合国総司令官です。昭和21年2月13日に総司令部が日本政府に示した憲法草案は「マッカーサー草案」とも呼ばれています。また金森は日本国憲法の制定会議である第九十回帝国議会で吉田内閣の憲法審議担当の国務大臣として，憲法草案についての政府側の答弁を一手に引き受けましたので，「新憲法の産婆役」とも呼ばれている人です。憲法の「前文」の前に並んでいる閣僚たちの名前（Ⅰ**1**-**3**）の中に出ていますので，確認してください。

Ⓠ ⇒24頁

「羈絆」は「きはん」と読み，「束縛」つまり「行為の妨げになるものや事柄」のことです。「瘋癲」は，「ふうてん」と読み，「風癲」とも書きます。精神障害（者）に対するかつて用いられた俗称です。「壻養子」は比較的簡単でしょう。「むこようし」です（ただし「壻」の字は現在ではふつう「婿」と書きます）。古い法律には，このほかにも大変読み方の難しい言葉がたくさんありましたが，今では比較的少なくなっています。上記の3つの語はどれも，今では使われていません。現行法にある言葉で，「心神耗弱」（しんしんこうじゃく＝刑法39条2項）とか「御璽」（ぎょじ＝刑法154条，164条）なども，正しく読めますか？

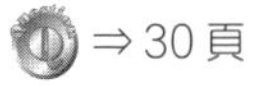

⇒30頁

いわゆる神体山として信仰の対象とされている富士山八合目以上の土地は，明治初年以来国有地でしたが，昭和22年施行の「社寺等に貸し付けてある国有財産の処分に関する法律」1条にいう「その社寺等の宗教活動を行うのに必要なもの」であるとして，富士山本宮浅間（せんげん）神社に譲与されています。憲法89条との関係でこの処分を疑問とする考えもあります（最判昭49. 4. 9判時740号42頁参照）。

Ⓠ ⇒68頁

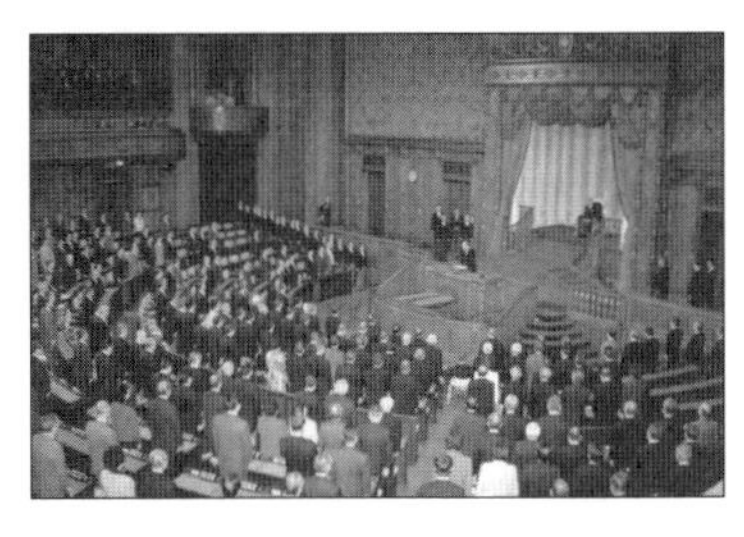

これは参議院議場の写真です。国会の開会式は，会期の始めに，ふつうは衆議院議長が主宰して行われる儀式ですが，これをどこで行うかについては，開会式について定めている国会法（8条・9条）や衆議院規則（19条）等には何の規定もありません。『衆議院先例集』（69頁のⅢ**1** ❶-**4**）によると，「開会式は，両議院の議長，副議長，常任委員長，特別委員長，参議院の調査会長および両議院の議員が参列して参議院議場において行われる」とあります。開会式では天皇が出

目で見る憲法〔第6版〕

Visual Materials on Constitutional Law, 6th edition

1999年 3月30日 初 版第1刷発行
2003年 3月30日 第2版第1刷発行
2007年 4月15日 第3版第1刷発行
2011年 12月20日 第4版第1刷発行
2018年 3月20日 第5版第1刷発行
2024年 3月30日 第6版第1刷発行

編著者 初宿正典
大沢秀介
高橋正俊
常本照樹
髙井裕之
上田健介

発行者 江草貞治

発行所 株式会社 有斐閣
郵便番号 101-0051
東京都千代田区神田神保町2-17
https://www.yuhikaku.co.jp/

装丁・キタダデザイン 印刷／製本・大日本法令印刷株式会社

ISBN 978-4-641-22865-8